KOSMOS – Discover Global Affairs

MInter Group s.r.l.
Collana di libri di Geopolitica

Copyright @ 2024 MInter Group s.r.l.
Piazza Achille Venzaghi 2, 21052 Busto Arsizio (VA)
https://www.mintergroup.eu

Direttore Scientifico
Michele Pavan

Coordinamento Editoriale
Kaitlyn Elizabeth Rabe

Progettazione grafica e impaginazione
Federico Danesi

Con il contributo di Mondo Internazionale APS, Opinio Juris e SpecialEurasia

ISBN:9798367381139

KOSMOS

Discover Global Affairs

INDICE

America Settentrionale

Assetti spaziali nella visione USA: verso una fusione tra funzioni spaziali commerciali e militari?

Matteo Frigoli - Head Researcher, Mondo Internazionale G.E.O. - Difesa & Sicurezza

> *Space is now a potential battle zone…the Air Force wants to ensure "space superiority," which he says means "freedom from attack and freedom to maneuver."*

General John Hyten, head of the US Strategic Command

L'esplorazione dello spazio e dei corpi celesti costituisce da sempre un settore caratterizzato da un notevole progresso tecnologico. Le opportunità per il genere umano che ne derivano hanno rappresentato una vera e propria rivoluzione, al punto che tutti gli Stati beneficiano dei servizi garantiti dai satelliti, anche se privi della capacità di lanciarne in orbita uno proprio (basti pensare al sistema satellitare GPS).

Infatti, le attività spaziali hanno permesso lo svolgimento di attività un tempo inimmaginabili, acquisendo un ruolo essenziale in svariati settori economici. Basti pensare alle telecomunicazioni globali, al posizionamento e navigazione, alla meteorologia e al trasferimento dati internet e transazioni bancarie. È stato calcolato che *il volume di affari generato dalle attività satellitari* vale attualmente 350 miliardi di dollari e le previsioni economiche prevedono un'impennata di questo valore fino a un trilione di dollari (Foust 2018).

Lo spazio *extra*-atmosferico si presenta come l'ambiente ideale per l'acquisizione di informazioni di importante valore strategico-militare, al punto che fin dalla sua origine lo sviluppo della tecnologia spaziale è stato , strettamente legato al suo potenziale uso per scopi militari // fin dalla sua origine la tecnologia spaziale si è sviluppata fortemente in vista dell'uso per scopi militari // proprio il pontenziale uso per scopi militari della tecnologia spaziale ne ha guidato lo sviluppo fin dalla sua origine.

Durante la Guerra Fredda, Stati Uniti e Unione Sovietica investirono ingenti risorse economiche nei rispettivi programmi spaziali. A ciò seguì una crescente militarizzazione dello spazio, tanto che, attualmente, come affermato dal Comandante dello U.S. Strategic Command Gen. Hyten: *"Space today is, from a military perspective, fundamental to every single military operation that occurs on the planet today (…). Every operation, from humanitarian operations to major combat operations, is critically dependent on space capabilities* (…). *Every fighter aircraft, every bomber aircraft, every ship, every wheeled vehicle, every single soldier, every single airman, Marine and sailor is critically dependent on space to conduct their operations*" (Hyten 2017).

Le forze armate statunitensi hanno infatti/dunque profondamente integrato gli assetti spaziali nelle operazioni nel teatro / sul campo di battaglia. Ogni singolo soldato usufruisce del supporto fondamentale dei satelliti militari. Alcuni esempi di tali sistemi satellitari sono i satelliti del *Defense Support Program* (DSP), i quali, attraverso sensori infrarossi che rilevano il calore emesso dall'accensione dei missili balistici, consentono di rilevare la posizione di missili ostili in volo[1]. A questi si accostano/aggiungono i sistemi satellitari di posizionamento e navigazione (cosiddetti sistemi GNSS), di estrema importanza dal punto di vista militare e preziosa risorsa strategica degli Stati, tra i quali primeggiano il sistema GPS statunitense, il sistema Beidou della Cina, il GLONASS russo e il sistema Galileo sviluppato dall'Unione Europea. Altri i assetti spaziali rilevanti dal punto di vista militare sono inoltre i satelliti per l'osservazione e la ricognizione, come la serie di satelliti statunitensi KEYHOLE, i satelliti Yantar russi e il sistema italo-francese COSMO-SkyMed.

Le applicazioni militare spaziali garantiscono comunicazioni immediate tra i combattenti impegnati in operazioni, permettono l'osservazione dei movimenti e delle infrastrutture delle forze ostili, operano velivoli UAV, identificano gli obiettivi di eventuali attacchi. "Inoltre, provvedono a guidare munizioni e missili verso le forze ostili e, infine, allarmano le forze e le infrastrutture dispiegate dell'arrivo di attacchi missilistici nemici. I satelliti procurano dunque vantaggi militari non altrimenti raggiungibili, da nessun'altra tecnologia, e forniscono un supporto decisivo. Si sono imposti come autentici "moltiplicatori di forza".

Lo spazio come teatro/campo di battaglia

La guerra si è già virtualmente spostata nello spazio. O più precisamente, ogni conflitto sulla Terra tra grandi potenze è destinato ad estendersi allo spazio (Freese 2018). L'importanza fondamentale dei satelliti per le forze armate, tuttavia, rende tali assetti l'obiettivo "per eccellenza" di un eventuale attacco.

Il ruolo critico dei satelliti e la loro manifesta debolezza in caso di aggressione sono riconosciuti da tempo in ambito militare. In tal senso, è eloquente una dichiarazione dell'Assemblea parlamentare della NATO del 2017: "Il ventunesimo secolo si rivelerà il secolo della corsa allo spazio. I sistemi spaziali sono fattori chiave che abilitano il funzionamento delle infrastrutture fondamentali nazionali e internazionali di oggi e di domani. L'attuale sviluppo tecnologico indica che il ritmo di diffusione di tecnologie dipendenti dai sistemi spaziali non farà altro che aumentare. Di conseguenza, lo spazio sta diventando sempre più un ambiente congestionato, contestato e competitivo" (NATO, 2017).

Ci sono alcuni punti fermi che caratterizzano lo scenario spaziale odierno. Tra questi, due aspetti fondamentali riguardano l'uso duale civile-militare degli assetti spaziali e l'estrema fragilità dei satelliti a svariati tipi di attacchi, cui è connessa la questiona della proliferazione di sistemi antisatellite (ASAT).

Per quanto concerne il secondo aspetto, i sistemi satellitari rappresentano un obiettivo particolarmente vulnerabile, tanto da venire considerati *"easy and soft targets"*. Infatti, non sono adeguatamente protetti contro possibili attacchi missilistici, elettromagnetici o cibernetici, seguono orbite prevedibili e non possono eseguire complicate manovre evasive. Inoltre, non sono facilmente sostituibili, perciò la distruzione o il danneggiamento anche di pochi di essi avrebbe un considerevole impatto sulle capacità militari della potenza che ne faccia uso (Koplow, 2008). Per di più, anche solo spostare l'orbita di un satellite potrebbe degradarne le funzionalità. Infine, satelliti e veicoli spaziali dotati di bracci robotici e in grado di manovrare nelle orbite spaziali potrebbero essere usati per danneggiare altri oggetti spaziali (Pelton 2015). In tal senso, nel settembre 2013, la Cina ha testato il satellite SJ-15 dotato di un braccio robotico per operazioni di manutenzione e *upgrade* di altri satelliti già in orbita. Le manovre effettuate dal satellite cinese hanno quindi sollevato preoccupazioni internazionali e secondo alcuni osservatori "il test è andato oltre gli obiettivi dichiarati e costituisce una copertura per sperimentare armamenti anti satellite in orbita" (Pollpeter 2014).

A tutto ciò, come anticipato, si somma la diffusione dei sistemi ASAT. Ad oggi, infatti, le armi ASAT sono relativamente facili da sviluppare. Poiché ne Esistono vari tipi, questi armamenti vengono generalmente divisi in due categorie: armi ad energia cinetica e armi ad energia diretta.

Le armi ad energia cinetica, più comuni, danneggiano il bersaglio grazie all'impatto fisico contro lo stesso.

Le armi ad energia diretta, d'altro canto, come suggerisce il loro nome, fanno affidamento sulla trasmissione diretta di energia al bersaglio per danneggiarlo temporaneamente o permanentemente. Ne costituiscono un esempio le armi laser ad alta energia, le armi cibernetiche e le armi in grado di generare un impulso elettromagnetico.

In questo contesto, anche i missili antibalistici (ABM) potrebbero essere usati come armi ASAT senza modifiche significative (Grego 2012). La proliferazione di questi sistemi antimissile con la capacità di attaccare i satelliti rappresenta dunque una minaccia concreta per le attività spaziali A titolo di esempio, è stato riportato che anche sistemi missilistici meno avanzati ma molto diffusi, come i missili SCUD dell'era sovietica, potrebbero avere la capacità di attaccare i satelliti. Lo stesso si potrebbe dire anche delle varie derivazioni degli SCUD sovietici, come il missile nord-coreano *Nodong* e il missile pachistano *Ghauri* (Space Security 2014). Ne consegue pertanto che anche paesi non dotati di tecnologie missilistiche avanzate potrebbero acquisire la capacità di attaccare e distruggere satelliti e altri veicoli spaziali in orbita (Baines 2003).

Inoltre, come anticipato, i satelliti hanno una capacità di compiere manovre evasive limitate. Un satellite bersaglio avrebbe un tempo di preavviso stimato di 8-15 minuti prima dell'impatto, in caso di un attacco condotto con un vettore missilistico basato a terra. Per contrastare tale attacco, durante questo lasso di tempo, il centro di comando del satellite bersaglio dovrebbe eseguire queste operazioni: identificare il lancio del missile ASAT, individuare il satellite bersaglio ed infine manovrarlo in una nuova orbita, sempre considerando che l'energia per compiere manovre orbitali è limitata, e che il solo spostamento potrebbe compromettere la futura mobilità del satellite.

Tratti dell'utilizzo militare e civile degli assetti spaziali nella strategia USA

L'altro aspetto fondamentale quando si parla di utilizzo militare dello spazio è il cosiddetto "uso duale" dei satelliti, ossia, l'impiego per scopi militari di satelliti civil-commerciali.

È innanzitutto rilevante notare che alcuni sistemi satellitari vengono progettati direttamente per un uso duale, È questo il caso del sistema satellitare Cosmo-SkyMed, commissionato dall'Agenzia spaziale italiana e dal Ministero della Difesa (Borrini 2006).

A titolo di esempio del ruolo cruciale svolto da questo tipo di tecnologia, nel contesto dell'operazione *Enduring Freedom* (condotta a partire dal 2001 dagli Stati Uniti e da alcuni alleati NATO e volta alla caduta del regime politico dei Talebani, poi completata/avvenuta il dicembre dello stesso anno) i satelliti commerciali fornirono il 60% delle telecomunicazioni militari.

Nella successiva operazione *Iraqi Freedom* (iniziata/inaugurata il 20 marzo 2003, portò alla caduta del regime di Saddam Hussein e la sua

cattura nel dicembre dello stesso anno), il contributo dei satelliti commerciali garantì addirittura l'80% delle telecomunicazioni militari della coalizione a guida statunitense (Forest 2007). È dunque evidente come le capacità militari e civili della tecnologia spaziale siano intrecciate a tal punto che un satellite civile potrebbe legittimamente essere considerato un bersaglio militare durante un conflitto armato.

I tratti della fusione tra assetti spaziali civili e militari si notano in almeno due trend di notevole impatto: le operazioni di rimozione di detriti spaziali e di servizi di manutenzione ed upgrade in orbita, e l'adattamento di satelliti civili con software ad utilizzo militare.

Per quanto concerne il primo punto, la rimozione attiva dei detriti spaziali si riferisce a qualsiasi azione diretta a rimuovere un veicolo o un oggetto spaziale defunto dall'orbita terrestre. Ciò include un'ampia gamma di attività, tra cui si distingue l'impiego di assetti spaziali in grado di cambiare direttamente o indirettamente l'orbita dell'oggetto spaziale.

Dall'altra parte, i servizi satellitari orbitali rientrano nell'ampio contesto delle misure ADR (Active Debris Removal). In particolare, le Orbital Satellite Services (OSS) comprendono le tecnologie realizzate da dispositivi robotici per prolungare la vita dei satelliti funzionali. La stessa tecnologia potrebbe essere utilizzata per ridurre la popolazione di detriti orbitali modificando, riciclando, o aggiornando un oggetto spaziale defunto, o collegandolo ad altri oggetti spaziali per formare un utile sottosistema o persino un satellite funzionale completo. A questo proposito, il Progetto Phoenix della Defense Advanced Research Projects Agency (DARPA) mira a sviluppare tecnologie di assistenza e assemblaggio di satelliti robotici in grado di riciclare componenti di oggetti spaziali ancora intatti e costruire satelliti funzionali. Anche l'Agenzia Spaziale Europea (ESA) è coinvolta nelle tecnologie di rimozione dei detriti spaziali. In particolare, il primo sistema europeo per la rimozione attiva dei detriti con reti (ADR1EN) sta testando tecnologie di rete sul campo con l'obiettivo successivo di commercializzarle.

Il secondo trend, invece, ovvero l'adattamento di satelliti civili con software ad utilizzo militare è visibile soprattutto nelle costellazioni più numerose di satelliti commerciali. Va in questa direzione il recente stanziamento da parte del Governo degli Stati Uniti di ben 125 milioni di dollari per il programma militare "Blackjack" (Wall 2021) il quale prevede l'integrazione di software o dispositivi militari all'interno della struttura dei satelliti commerciali, al fine di sfruttare la capacità di lancio delle compagnie spaziali commerciali. L' aumento delle attività spaziali commerciali e non in tutto il mondo amplifica le complessità dell'ambiente spaziale. Tali attività forniscono vantaggi nel campo della sicurezza e forniscono, nel contempo, l'infrastruttura necessaria per porre in essere attività commerciali globali. Per tale motivo l'elemento critico riguardo l'uso duale degli assetti spaziali risiede nella possibilità di difenderli da possibili attacchi al fine di proteggere le loro funzioni critiche.

Utilizzo delle tecnologie di Active Debris Removal e di Orbital Satellite Servicing per scopi militari

Nel corso degli ultimi 40 anni gli USA hanno sviluppato la capacità di condurre operazioni spaziali attraverso l'utilizzo di satelliti dotati di bracci robotici al fine di condurre *robot rendezvous and proximity operations* (RPO, d'ora in poi anche operazioni di prossimità).

Come già detto più sopra questi satelliti vengono utilizzati in vario modo, sia per estendere la vita dei satelliti tuttora orbitanti oppure per de-orbitare satelliti od altri oggetti spaziali diminuendo l'impatto della presenza di detriti spaziali nelle orbite. Dall'altra parte, le missioni RPO sono servite a scopi difensivi per condurre, in particolare, ispezioni di altri satelliti.

L'applicazione in campo militare delle operazioni satellitari di rendezvous e prossimità

Le operazioni di prossimità sono una serie di manovre orbitali eseguite per posizionare e mantenere un veicolo spaziale in prossimità di un altro oggetto spaziale in un'orbita prestabilita e per una durata di tempo specifica per raggiungere gli obiettivi della missione. Il "rendezvous" è un processo in cui due oggetti spaziali vengono avvicinati intenzionalmente attraverso una serie di manovre orbitali. Nel loro insieme, le tecnologie civili RPO (*rendezvous and proximity operations*) consentono un'ampia gamma di capacità per supportare le attività spaziali commerciali come le ispezioni in orbita, la riparazione, il rifornimento di carburante, l'assemblaggio e l'estensione della vita dei satelliti. Le capacità dell'RPO possono essere utilizzate anche per attività spaziali militari, come intelligence, la sorveglianza e, inoltre, come una vera e propria ASAT co-orbitale. Dalla fine della Guerra Fredda, la US Air Force (USAF), la National Aeronautics and Space Administration (NASA) e la Defense Advanced Research Projects Agency (DARPA) hanno condotto diverse dimostrazioni di tecnologie robotiche di avvicinamento ravvicinato e rendez-vous in orbita terrestre bassa (LEO) e in orbita geosincrona (GEO) (Weeden 2022).

Missioni militari e di intelligence in LEO con assetti spaziali robotici duali

Durante il lancio di un satellite della constellazione Gps, il 29 gennaio 2003, l'USAF ha lanciato il microsatellite militare XSS-10 come carico secondario su un vettore Delta-2. Il microsatellite XSS-10 ha condotto una serie di manovre RPO di avvicinamento all'ultimo stadio del vettore Delta, avvicinandosi ad una distanza di 50m (David 2018). Allo stesso modo, l'XSS-11 è stato lanciato l'11 aprile 2005 e nei successivi 12-18 mesi il veicolo spaziale "*conduct[ed] [RPO] maneuvers with several U.S. owned, dead or inactive resident space objects near its orbit*" (Air Force Directorate 2018).

Le forze armate statunitensi non hanno pubblicato alcuna informazione sulla posizione per l'XSS-11 mentre era in orbita o da allora.

Nel 2007, DARPA ha condotto una dimostrazione della tecnologia RPO nel contesto di un'operazione di manutenzione satellitare nella sua missione "Orbital Express". La missione Orbital Express consisteva in due veicoli spaziali, il veicolo di servizio ASTRO e il veicolo cliente NEXTSat che furono lanciati insieme in orbita, ASTRO ha dimostrato la capacità di rifornire autonomamente carburante a NEXTSat e utilizzare un braccio robotico per sostituire i componenti di quest'ultimo. I due veicoli spaziali si sono quindi separati e hanno trascorso i mesi successivi dimostrando molteplici scenari di rendez-vous e di acquisizione, incluso il primo utilizzo in assoluto di un braccio robotico per catturare autonomamente un altro oggetto spaziale (Orbital Express 2007). Mentre la missione NEXTSat e ASTRO è diretta alla ricerca di modi per porre in essere missioni di assistenza satellitare, il fatto che siano state condotte sotto la direzione DARPA porta ad una possibile applicazione duale civile-militare.

Il ruolo dei microsatelliti USA per missioni di intelligence in orbita in campo militare

Per quanto concerne le missioni RPO nel campo militare, il primo esempio noto di utilizzo di satelliti robotici per missioni militari e di intelligence è un satellite chiamato Prowler1 (Weeden 2022). Secondo quanto osservato, Prowler è stato dispiegato su uno Space Shuttle nel 1990 e posizionato in orbita GEO (Geostationary Earth Orbit). Il satellite Prowler ha manovrato in prossimità di più più satelliti russi per raccogliere informazioni sulle loro caratteristiche e capacità rimanendo inosservato dai sistemi di sorveglianza spaziale russi (Windrem 2004). Fino ad oggi, gli Stati Uniti non hanno mai riconosciuto ufficialmente l'esistenza di Prowler e lo elencano come un missile extra dal lancio dello Shuttle nel loro catalogo di satelliti pubblici (Weeden 2022).

Nel 2006, l'USAF ha lanciato due piccoli satelliti, ufficialmente designati come *Micro-satellite Technology Experiment* (MiTEx), con la missione ufficiale di identificare, integrare, testare e valutare le tecnologie dei piccoli satelliti per supportare e migliorare le future missioni spaziali statunitensi (Ray 2006). Nel 2009, è stato rivelato che i due microsatelliti furono utilizzati per condurre voli ravvicinati, cosiddetti *fly-by,* del satellite di pre-allarme missilistico degli Stati Uniti denominato DSP-23, il quale è andato perduto in orbita, in circostanze non pubblicamente note, poco dopo il lancio (Weeden 2009).

Negli ultimi anni, l'USAF ha applicato le lezioni apprese con i satelliti Prowler e MiTEx a un programma operativo noto come Geosynchronous Space Situational Awareness Program (GSSAP). GSSAP utilizza due coppie di microsatelliti dispiegati leggermente al di sopra e al di sotto dell'orbita GEO, questi satelliti forniscono ispezioni ravvicinate di altri oggetti spaziali in orbita GEO (Butler 2004). La prima coppia di satelliti GSSAP è stata lanciata il 28 luglio 2014, la seconda coppia il 19 agosto 2016 e una terza coppia è stata lanciata nel gennaio 2022 (Gunter Space Page 2018). Sebbene i dati sulle manovre dei microsatelliti GSSAP non siano pubblicamente noti, la rete di sorveglianza spaziale russa "ISON", indica che i satelliti GSSAP hanno condotto centinaia di manovre dal 2014 e hanno condotto avvicinamenti ravvicinati o operazioni di prossimità di più di una dozzina di satelliti operativi in GEO (Weeden 2018). Nell'agosto 2020, è stato riportato che microsatelliti USA hanno effettuato un'operazione di prossimità ed ispezione del satellite SJ-20 cinese e nel gennaio 2022 del satellite SY-12(01) e SY-12(02), entrambi appartenenti al governo cinese (Clark 2021).

Le implicazioni sull'utilizzo di satelliti robotici per operazioni militari nello spazio extra-atmosferico

Come Consultato più sopra, lo spazio extra-atmosferico è attualmente teatro di operazioni militari. Gli strumenti giuridici rilevanti in materia, in particolare il Trattato sullo spazio extra-atmosferico (UNTS 205), vietano il solo posizionamento in questo ambiente di armi di distruzione di massa. Il posizionamento di strumenti militari spaziali difensivi, di tipo convenzionale, è perciò rientrante nella norma internazionale.

Infatti, quella che viene definita la "prima guerra spaziale" è risalente all'operazione Desert Storm del 1991, data l'integrazione sistematica delle tecnologie spaziali in tutti gli aspetti dei combattimenti nel teatro di battaglia. Se tale "prima guerra spaziale" ha preConsultato solo l'uso delle tecnologie spaziali nell'esclusivo ruolo di supporto per le operazioni terrestri, la futura "seconda guerra spaziale", ritenuto un evento inevitabile (Freese 2017), vedrà lo spazio come il principale teatro di operazioni militari.

Infatti, se nei decenni passati lo spazio era considerato come dominio in cui compiere attività militari cosiddette passive, ossia limitate al supporto di altre operazioni militari, attualmente, in un eventuale conflitto tra potenze spaziali, difendere i propri satelliti e neutralizzare elettronicamente o materialmente quelli ostili, diverrà uno degli obiettivi più importanti.

Le conquiste tecnologiche scientifiche in questo ambito, in particolare nel campo dei microsatelliti robotici, hanno dimostrato di avere una immediata applicazione dal punto di vista militare. Come visto, A titolo di esempio, gli stessi satelliti in grado di ripulire le orbite dai detriti spaziali potrebbero ispezionare o danneggiare altri assetti spaziali in orbita.

Questa tendenza riveste un'importanza primaria nel pianificare una strategia militare che prenda in considerazione la difesa degli assetti spaziali, sia civili sia militari, da eventuali attacchi. Infatti, il supporto fondamentale che gli assetti spaziali forniscono alle operazioni militari nel campo dell'intelligence, dell'osservazione e delle comunicazioni, riveste un obiettivo critico di qualsiasi attore in grado di disabilitare il supporto dallo spazio. Data la fragilità delle costellazioni satellitari, una strategia basata sulla commistione tra assetti civili e militari, su microsatelliti low-cost facilmente sostituibili, costituisce un importante elemento che una più elevata resilienza nel dominio spaziale in caso di attacco.

Fonti:

A Butler, *"USAF Reveals Sats to Offer Unprecedented Space Intel,"* Aviation Week & Space Technology, 2004, disponibile al sito: http:// aviationweek.com/awin/usaf-reveals-sats-offer-unprecedented-space-intel.
Air Force Research Laboratory, Space Vehicles Directorate, "XSS-11 Micro Satellite" disponibile al sito http://www.kirtland.af.mil/Portals/52/documents/AFD-111103-035.pdf?ver=2016-06-28-110256-797.
P. J. Baines, *Prospects for "Non-Offensive" Defenses in Space*, in J. C. MOLTZ (eds.), *New Challenges in Missile Proliferation, Missile Defense, and Space Security* (Highfield, 2003) p. 37.
B. Chapman, Space Warfare and Defense: A Historical Encyclopedia and Research Guide, 2008, pp. 110-116.
T.M. Davis and D. Melanson, *"XSS-10 Micro-Satellite Flight Demonstration"* paper n.7 SecDef.
B. M. Deblois, R. L. Garwing, R. S. Kemp, J. C. Marwell, *Space Weapons, Crossing the U.S. Rubicon*, in (2004) vol. 29 International Security pp. 60-61.
B. M. Deblois, R. L. Garwing, R. S. Kemp, J. C. Marwell,, *Space Weapons, Crossing the U.S. Rubicon*, in *International Security*, vol. 29, 2004, pp. 60-61. Si veda altresì P. HAYS ET AL., *Space Security Index 2014* cit., p. 73.
B. D. Forest, *An Analysis of Military Use of Commercial Satellite Communications*,2008, p. 2; K. K. NAIR, Space: The Frontiers of Modern Defence, 2007, pp. 27-28.
J. Foust 'A trillion-dollar space industry will require new markets', 5 luglio 2018, disponibile al sito web: https://spacenews.com/a-trillion-dollar-space-industry-will-require-new-markets/
L. Grego, A History of Anti-satellite Programs, in Union of Concerned Scientists, January 2012, p. 12, disponibile al sito:
https://www.ucsusa.org/sites/default/files/legacy/assets/doc uments/nwgs/a-history-of-ASAT-programs_lo-res.pdf.
P. Hays et al., *Space Security Index 2014* p. 73. The North Korean missile *Nodong* and the Pakistani missile *Ghauri*, both derived from SCUDs, could be used to attack satellites. J.E. Hyten, Commandante dello US Strategic Command, presso il "Center for Security and Cooperation" dell'Università di Stanford, 24 gennaio 2017,disponibile al

sito: http://www.stratcom.mil/Media/Speeches/Article/1063244/center-for-international-security-and-cooperation-cisac/.

J. Johnson-Freese, Space Warfare in the 21st Century: Arming the Heavens, 2017, pp. 61-62.

D.A. Koplow *Death by Moderation: The U.S. Military's Quest for Useable Weapons*, (Routledge, 2009) pp. 156-158.

J.L. Klein, *Space Warfare Strategy, principles and policy*, (Routledge, 2006), p. 75.

G.D. Krebs. *"GSSAP 1, 2, 3, 4, 5, 6 (Hornet 1, 2, 3, 4, 5, 6)"*. Gunter's Space Page, disponibile al sito web: https://space.skyrocket.de/doc_sdat/gssap-1.htm

J.N. Pelton, *New Solutions for the Space Debris Problem*, 2015, p. 54.

K. Pollpeter, *'China's Space Robotic Arm Programs'* (2013) SITC Bulletin Analysis; SpaceSecurity.org, Space Security 2014, p. 78. Disponibile al sito http://spacesecurityindex.org/wpcontent/uploads/2014/11/Space-Security-Index-2014.pdf.

"The space domain and allied defense" (Defense and Security Committee Draft Report - 068 DSCFC 17 E, 20 March 2017), NATO Parliamentary Assembly.

M. Wall, "US Military Aims to Launch Cheap New 'Blackjack' Spy Satellites in 2021". https://www.space.com/41639-darpa-cheapspy-satellites-2021-launch.html. See also M. Jackson, "Senate Committee Proposes Additional $110M to Accelerate Blackjack LEO Satellite Program". https://www.executivegov.com/2018/06/senate-proposesadditional-110m to-accelerate-blackjack-leo-satellite-program/.

B. Weeden, US Military and Intelligence Rendezvous and proximity operations in space, SW Foundation, 2022.

R. Windrem, *"What is America's Top-Secret Spy Program? Experts Think Democrats Objected to Satellite Weapon,"* NBC News, 2004. http://www.nbcnews.com/id/6687654/ns/us_news-security/t/what-americas-top-secret-spy-program/.

Space Security 2014, p. 78, SpaceSecurity.org,

http://spacesecurityindex.org/wpcontent/uploads/2014/11/Space-Security-Index-2014.pdf.

Lo U.S. Army e le Multi-Domain Operations: Prepararsi per i Conflitti del Futuro

Saverio Lesti - Head Researcher, Mondo Internazionale G.E.O. - Difesa & Sicurezza

Abstract

Riferendosi agli Stati Uniti quale attore globale, la National Defense Strategy del 2018 affermava "Today, we are emerging from a period of strategic atrophy, aware that our competitive military advantage has been eroding" (Mattis, 2018). L'ascesa della Cina e la rinascita della Russia, uniti al rapido progresso tecnologico, stanno rendendo il prossimo potenziale conflitto con un avversario *near to peer o peer* una vera sfida per gli Stati Uniti. Perciò, lo U.S. Army ha scelto di modernizzare la sua struttura per le Multi-Domain Operations, competendo e sconfiggendo gli avversari nei domini di terra, mare, aria, spazio e cyberspazio. L'entità del cambiamento è di vasta portata in termini di sfide e incognite, e come disse l'allora comandante dell'esercito statunitense del Pacifico nel 2019, "Tutte le formazioni dovranno diventare multi-dominio, o saranno irrilevanti"(Freedberg, 2019).

La necessità di rivedere le capacità nel confronto Peer to Peer

Quanto avvenuto in Ucraina nel 2014-15 ha sancito il ritorno di Mosca come potenza. La politica del *fait accompli* ha allarmato i membri orientali della NATO, in particolare Esto
nia, Lettonia e Lituania. Durante la Guerra Fredda, la NATO disponeva di otto Corpi al confine con il Patto di Varsavia (RAND, 2016), un mix di unità statunitensi ed alleate a cui si sarebbero aggiunti ulteriori rinforzi. Nel 2015 la NATO ha predisposto la rotazione di unità di livello Battaglione nei Paesi, una misura che uno studio della RAND Corporation ha riconosciuto inadeguata contro una potenziale invasione russa. Una serie di *wargames* condotti tra il 2014 e il 2015, hanno Consultato le forze russe arrivare alla periferia di Tallinn e Riga entro 60 ore, evidenziando quattro fattori critici (RAND, 2016):

- Proporzione delle forze in campo a netto vantaggio della Russia, contrapponendo unità motorizzate, meccanizzate e carri armati russe alle forze leggere schierate dalla NATO. Decisivo vantaggio russo nel supporto di fuoco operativo e tattico, allora consistente in dieci battaglioni di artiglieria autonomi.
- Limitata manovrabilità delle unità NATO, rendendo possibile alle forze russe il loro fissaggio, aggiramento e distruzione.
- Efficacia delle forze aeree della NATO limitata dalla rapida avanzata russa, dalla necessità di eliminare le difese antiaeree avversarie e difendere le proprie retrovie.

Come credibile alternativa era indicata una forza di reazione rapida di sei/sette Brigate, di cui almeno tre pesanti e con adeguato supporto aereo, navale, di artiglieria, difese antiaeree e logistica (RAND, 2016). Una soluzione fattibile per disporre di forze adeguate, ha portato al pre-posizionamento dell'equipaggiamento di unità corazzate statunitensi in Europa (Schmitt, Myers, 2017). Tuttavia, tali unità necessitano di adeguati supporti di artiglieria, difesa antiaerea, logistica e genieri mentre lo U.S. Army aveva ridotto l'artiglieria e quasi eliminato la difesa aerea dalle sue forze di manovra. Sarebbe stato inoltre necessario riattivare un comando di Corpo in Europa, per svolgere l'attività di pianificazione e di supporto necessaria a supportare questi reparti (RAND, 2016).

La strategia e dottrina russe prevedono l'uso coordinato di forze di terra, navali, aerospaziali, attacchi di precisione a lungo raggio e attività asimmetriche contro un avversario. L'obiettivo è impedire la capacità di proiezione dell'avversario con capacità *Anti-Access/Area Denial* (A2/AD) (RAND, 2017). L'approccio russo punta sulla combinazione di intelligence, sorveglianza e ricognizione, difese aeree integrate a livello strategico, operativo e tattico, massiccio supporto dell'artiglieria per rallentare ed indebolire l'avversario (RAND, 2017). A titolo di paragone, un *Brigade Combat Team* (BCT) statunitense schiera un battaglione di artiglieria, mentre una Brigata ad armi combinate russa ne allinea ben tre, oltre a unità anticarro, antiaeree e di guerra elettronica (Lesti, 2022). In un confronto diretto, le unità russe identificano e fissano un'unità nemica per sfruttare la superiorità in termini di fuoco e tipologie di munizioni impiegabili per infliggere perdite all'avversario (Lesti, 2022)

La necessità di rivedere l'assetto e le capacità dello strumento militare statunitense fu messa tra le priorità della National Security Strategy dell'amministrazione Trump nel 2017. I principali competitors venivano indicati nella Cina che cerca di dominare la regione dell'Indo-pacifico, e nella Russia che vuole ristabilire sfere di influenza ai suoi confini (White House, 2017). Si prendeva atto che "gli avversari hanno studiato lo stile di guerra americano e hanno iniziato a investire in capacità che miravano ai nostri punti di forza e cercare di sfruttare le debolezze percepite" (White House, 2017). Per mantenere la propria superiorità, gli Stati Uniti devono ripristinare la capacità di produrre capacità innovative, la prontezza operativa ed aumentare la consistenza delle forze disponibili per poter operare in maniera prolungata, su larga scala ed in molteplici scenari. Il documento identificava cinque aree in cui intervenire (White House, 2017):

- Modernizzazione. Miglioramento dei sistemi esistenti e sviluppo di nuove capacità per creare un vantaggio e porre costosi dilemmi agli avversari.
- Acquisizione. Perseguire nuovi metodi di acquisizione, controllo dei costi e delle tempistiche, sfruttare tecnologie innovative sviluppate anche al di fuori della base industriale della difesa.
- Capacità. Aumentare le forze disponibili, addestrarle, ammodernarle per operare su basi adeguate e in maniera prolungata.
- Migliorare la Prontezza Operativa. Concentrarsi sulla formazione, logistica e manutenzione, per avere una forza preparata, mobile, di schieramento rapido e una solida forward posture.
- Full-Spectrum Force. Sviluppare nuovi concetti e capacità nei domini aereo, marittimo, terrestre, spaziale e del cyberspazio, anche al di fuori del confronto militare convenzionale.

Anche la National Security Strategy dell'amministrazione Biden conferma che "La RPC e la Russia sono sempre più allineate tra loro, ma le sfide che pongono sono, in modo importante, distinte. Daremo la priorità al mantenimento di un vantaggio competitivo duraturo sulla RPC, limitando al contempo una Russia ancora profondamente pericolosa" (White House 2022). L'obiettivo è di "We will modernize the joint force to be lethal, resilient, sustainable, survivable, agile, and responsive, prioritizing operational concepts and updated warfighting capabilities...We are investing in a range of advanced technologies including applications in the cyber and space domains, missile defeat capabilities, trusted artificial intelligence, and quantum systems, while deploying new capabilities to the battlefield in a timely manner" (White House, 2022). Una strategia definita di

Integrated Deterrence, la combinazione di capacità per convincere i potenziali avversari che i costi delle loro attività ostili superano i loro benefici (White House, 2022):

- Integration Across Domains. Identificare e applicare le azioni nei domini militari (terra, aria, mare, cyber, spazio) e non militari (economia, tecnologia, informazione) degli avversari.
- Integration Across Regions. Comprendere che i competitors combinano ambizioni di espansione con capacità crescenti contro gli interessi degli Stati Uniti in patria e all'estero.
- Integration Across the Spectrum of Conflict. Impedire ai concorrenti di alterare lo status quo per i nostri interessi vitali al di sotto della soglia di conflitto armato.
- Integration Across the U.S. Government. Sfruttare i vantaggi degli Stati Uniti: diplomazia, intelligence, strumenti economici, assistenza alla sicurezza e postura delle forze militari.
- Integration With Allies and Partners. Investire nell'interoperabilità, nello sviluppo di capacità congiunte, nella pianificazione negli approcci diplomatici ed economici coordinati.

Il Pamphlet "The U.S. Army in Multi-Domain Operations 2028"

Partendo dalla National Security Strategy del 2018, lo U.S. Army introduce il quadro dottrinale per le *Multi-Domain Operations* (MDO) nell'United States Army Training and Doctrine Command (TRADOC) Pamphlet 525-3-1. Nel contesto operativo esistente, Cina e Russia impiegano una varietà di strategie, sistemi politici e militari in modo da creare una situazione di stallo strategico ed operativo. Lo spazio, il cyberspazio, la guerra elettronica e le informazioni sono diventate componenti chiave. L'obiettivo dello U.S. Army è far fronte ai problemi presentati dalla Russia a breve-medio termine ed adattarsi alle sfide della Cina nel medio-lungo termine (TRADOC, 2018). Le MDO vede l'impiego dello U.S. Army dentro la Joint Force nazionale per prevalere in un confronto militare: l'esercito farà breccia e distruggerà i sistemi A2/AD avversari, sfruttando la libertà di manovra acquisita per conseguire obiettivi strategici, combinando i seguenti principi (TRADOC, 2018):

- Calibrated Force Posture. Affrontare un avversario in maniera rapida, imprevedibile e con molteplici combinazioni di forze aiuta a scoraggiare l'aggressione. In caso di conflitto penetrare e distruggere i sistemi A2/AD nemici ed ottenere la vittoria in tempi brevi.

- Multi-Domain. Le formazioni dell'esercito devono condurre manovre indipendenti e coordinare azioni di fuoco tra multi-domain. Dotazioni tecnologiche, metodologie d'impiego ed addestramento adeguati garantiranno la loro resilienza alle azioni avversarie.
- Convergence. Le capacità vengono riunite in combinazioni di stimulate-see-strike o see-strike che interrompono, degradano, distruggono, disintegrano i sistemi nemici e creano finestre di opportunità.

Lo U.S Army, come parte di una Joint Force nazionale capace di condurre operazioni multi-domain, può raggiungere obiettivi strategici e sconfiggere l'avversario in tre modi diversi (TRADOC, 2018):

- Compete. La Joint Force deve sconfiggere l'avversario nel raggiungere i suoi obiettivi strategici e scoraggiare l'escalation militare espandendo i confini della competizione. Le forze dell'esercito svolgono un ruolo fondamentale, impegnandosi attivamente in tutti i domini.
- Penetrate, Dis-integrate, and Exploit. In caso di conflitto armato, il mix di advanced ed expeditionary forces consentono la sconfitta dell'aggressione combinando la calibrated force posture, multi-domain formations e convergence. L'esercito, superati e distrutti i sistemi A2/AD, sfruttano le vulnerabilità di unità e sistemi avversari per raggiungere gli obiettivi della campagna.
- Re-compete. Le forze dell'esercito contribuiscono al consolidamento delle conquiste strategiche, assicurando l'iniziativa e mantenendo il controllo operativo dei vari domini.

In sintesi, "Multi-Domain Operations (MDO) describes how the U.S. Army, as part of the joint force can counter and defeat a near-peer adversary capable of contesting the U.S. in all domains in both competition and armed conflict. The concept describes how U.S. ground forces, as part of the joint and multinational team, deter adversaries and defeat highly capable near-peer enemies in the 2025-2050 timeframe" (CRS, 2021).

Il Paper "Army Multi-Domain Transformation Ready to Win in Competition and Conflict"

Si tratta del documento, redatto dal Comando dello U.S. Army per definire l'approccio MDO ai futuri conflitti. L'assunto di partenza è che, dal 1991, Cina e Russia hanno studiato il modo in cui gli Stati Uniti conducono un conflitto, progettando concetti e capacità per contrastarne i punti di forza e sfruttarne le debolezze (DA, 2021). La Joint Force nazionale dovrà affrontare un continuo attrito attraverso lo spazio di battaglia a causa dell'aumento della portata, della velocità, della letalità e della precisione dei sistemi d'arma avversari. Gli avversari agiranno per interrompere i sistemi di comando e controllo, con azioni multi-domain e contro le infrastrutture militari critiche, grazie alla proliferazione di tecnologie disruptive e dual use (DA, 2021). Lo U.S. Army dovrà affrontare le sfide del tempo e della distanza, che gli avversari sfrutteranno per raggiungere i propri obiettivi prima che si concretizzi una risposta efficace. La soluzione è avere il giusto mix di forze in posizione avanzata, in caso contrario sarà indebolita la capacità di mobilitare e schierare una forza di combattimento. Le MDO prevedono di affrontare in maniera vittoriosa i futuri conflitti con le seguenti azioni (DA, 2021):

- Sustain the Fight. Sviluppare reti di comunicazione solide e resilienti, a protezione e sostegno di un processo di modernizzazione generale. Serviranno approcci innovativi per pre-posizionare unità, equipaggiamento e personale, impiegando le capacità in tutti i domini per sostenere, estendere ed espandere la portata delle azioni sia difensive che offensive.
- Expand the Battlespace. Sfruttare le capacità emergenti e la disponibilità di forze avanzate per espandere lo spazio di battaglia. L'esercito fornisce strumenti di contrasto asimmetrico contro avversari *near to peer*. I vantaggi asimmetrici si basano sulla sua capacità di manovrare e comunicare rapidamente, colpire a distanza e sopravvivere su terreni complessi, creando effetti multi-domain.
- Strike in Depth Across Domains. La capacità di colpire in profondità con effetti letali e non letali tra i domini è fondamentale per creare un *overmatch* nelle operazioni contro un avversario *peer to peer* (South, 2019). Le forze dell'esercito saranno organizzate ed equipaggiate per estendere gli effetti delle operazioni terrestri in altri domini.

Gli attacchi di precisione a corto, medio e lungo raggio, forniscono la profondità strategica, operativa e tattica essenziale contro un nemico *peer to peer* che gode di superiorità numerica e sistemi difensivi A2/AD. Questo fornisce un vantaggio asimmetrico permettendo di ottenere la libertà di movimento.

- Gain and Maintain Decision Dominance. La capacità di condurre attacchi multi-domain in profondità, richiede la trasformazione della gestione del comando e controllo a tutti i livelli dello U.S. Army: "Decision dominance is enabled by convergence, the ability to see, sense, communicate, shoot, and move at speed and scale, connecting all sensors with the best shooter and the right C2 node" (DA, 2021).
- Create Overmatch. Espandendo lo spazio di battaglia e colpendo in profondità, l'esercito sfrutta la velocità, la portata e la convergenza di tecnologie all'avanguardia per fornire ai comandanti della Joint Force nazionale il predominio decisionale e l'*overmatch* necessario per prevalere nei combattimenti su larga scala.
- Prevail in Large-Scale Combat. Nel 2035 l'esercito continuerà a detenere la capacità e l'abilità di prevalere nei combattimenti su larga scala. Nelle campagne integrate a livello globale, le forze dell'esercito proteggono i terreni chiave, come il Canale di Panama e lo Stretto di Malacca, e forniscono le basi per la difesa nazionale.

Le MDO affrontano anche il tema della *competition*, come deterrenza necessaria ad evitare un conflitto armato diretto. L'U.S. Army agirà in tre aree di competizione (DA, 2021):

- Narrative Competition. Si basa sulla percezione generale della forza, affidabilità e determinazione di un paese, e l'esercito vi contribuisce quale forza di deterrenza credibile, preparata e letale verso alleati, partner e avversari.
- Direct Competition. Comprende l'intera gamma di competizione, da quelli sotto la soglia del confronto armato alla conduzione di un conflitto su larga scala.
- Indirect Competition. Si tratta di acquisire un vantaggio negandolo ad un avversario, mediante una gamma di opzioni credibili a bassa e moderata intensità e rischi.

La competizione prevede soprattutto il ricorso ad attività dimostrative di dissuasione e rassicurazione, come esercitazioni, cooperazione ed assistenza in materia di sicurezza, attività di scambio del personale, basi all'estero, condivisione di informazioni e soccorso in caso di calamità. A questo proposito, la concorrenza indiretta non è un concetto operativo sconosciuto, richiedendo la revisione di una serie di attività e collocandole al di fuori del tradizionale confronto armato. Lo U.S. Army deve prepararsi a vincere i conflitti del futuro contro avversari *peer* o *near to peer*, rimodellando la propria organizzazione e le relative capacità per operare in ottica *multi-domain* con gli altri componenti della Joint Force. Al contempo deve rafforzare la sua forza quale strumento di deterrenza e rassicurazione in patria ed all'estero, per far fronte alle nuove forme di confronto che si svolgono al di fuori ed al di sotto del tradizionale livello di confronto tipico di un conflitto armato.

U.S. Army Modernization Strategy, Project Convergence e la Aimpoint Force Structure Initiative

La capacità della Joint Force di scoraggiare e vincere un conflitto è notevolmente migliorata se lo U.S. Army è solo attrezzato per combattere a terra ed influenzare anche i domini di aria, mare, spazio e cyberspazio (Lloyd, Rozman, 2022). La strategia di modernizzazione dell'U.S. Army ha individuato nell'Army Futures Command (AFC) il soggetto deputato a sviluppare il proprio concetto di MDO nell'ambito del Joint All-Domain Command and Control (JADC2)(CRS, 2022). A seguito della formulazione del concetto di MDO da parte del TRADOC, prese avvio il processo di ammodernamento delle forze terrestri per integrare "the elements of doctrine, organizations, training, materiel, leader development and education, personnel, facilities, and policy within the Army" (Army, 2019). L'Army Modernization Strategy (AMS) 2019 parte dalle priorità delineate nel 2018: Long Range Precision Fires; Next Generation Combat Vehicles; Future Vertical Lift; Army Network; Air and Missile Defense Capabilities; Soldier Lethality (Bates, 2022). Il nuovo piano inserisce il processo di modernizzazione nel più vasto processo per rendere l'esercito una forza MDO entro il 2035, ricollocando a questo scopo 39.5 miliardi di $ nel 2021 (Army, 2021).

Il processo di perfezionamento e convalida dell'MDO è in atto mediante sperimentazioni, *wargames* ed analisi per supportare la progettazione organizzativa, le soluzioni materiali e l'addestramento. L'esercito deve fornire una gamma completa di capacità per consentire al comandante della Joint Force nazionale di scoraggiare, competere e passare rapidamente alla fase del conflitto armato, disponendo di adeguate capacità di proiezione per fornire rinforzi al teatro operativo. Gli assetti con capacità MDO combineranno piattaforme *manned* e *unmanned*, capacità di attacco, *electronic* e *cyber warfare*, intelligence, sorveglianza, ricognizione, genio, logistica e comunicazioni (Army, 2019). Con l'MDO, i comandi di Divisione e Corpo devono tornare al ruolo di combattimento, in cui impiegavano unità subordinate e assegnavano i necessari supporti (CRS, 2021).

Il principale banco di prova per le innovazioni delle MDO è il Project Convergence (PC), una campagna di apprendimento continua progettata per far "*convergere*" rapidamente gli effetti in tutti i domini (terra, aria, mare, spazio, cyberspazio) per plasmare la dottrina, l'organizzazione, l'addestramento, le capacità e gli sviluppi del *multi-domain* in seno allo U.S. Army (UASA, 2022). Le innovazioni saranno testate a livello annuale (CRS, 2022):

- PC20. Si è concentrato a livello tattico sui BCT, Combat Aviation Brigades (CAB) e Expeditionary Signal Battalion-Enhanced (ESB-E). A livello di sistema, ha coinvolto l'UA MQ 1C Grey Eagle dell'esercito, l'Air Launched Effects (ALE) e la rete tattica di comando, controllo, comunicazioni, intelligence e sistemi informatici di combattimento.

- PC21. Ha coinvolto 9000 effettivi, 900 data collector e 107 tecnologie sperimentali (Judson, 2021), la Multi-Domain Task Force (MDTF)(South, 2021), l'82ª Airborne Division, il Ground/Air Task-Oriented Radar (GATOR) ed il missile SM-6 della marina, velivoli F-35 e B-1 dell'aeronautica, testando sette scenari: "test joint all-domain situational awareness and incorporate space sensors in low earth orbit; Conduct a joint air-and-missile defense engagement in response to an enemy missile attack; Conduct a joint fires operation as the force transitions from crisis to conflict; Conduct a semiautonomous resupply mission; Conduct an AI and autonomy-enabled reconnaissance mission; Conduct an air assault mission employing the Integrated Visual Augmentation System (IVAS); Conduct a mounted AI-enabled attack".

- PC22. Oltre al CJTF di livello Corpo o Divisione, è prevista la partecipazione di una MDTF, un certo numero di BCT ed elementi di comando alleati e partner (AFC, 2022). Saranno testati due scenari predisposti dai comandi statunitensi per l'Europa e l'Indo-Pacifico.

	PC 2020 *Enhancing the Close Fight*	PC 2021 *Driving Joint Integration*	PC 2022 *Leveraging Joint & Allied Partners*
Operational Theme	Multi-Domain Operations (MDO) • Penetrate • Dis-integrate • Exploit	• Interoperability, Joint Warfighting Concept (JWC) • Units vs. scientists/engineers • Scalability, optionality, simultaneity, complexity • Joint Systems Integration Lab (JSIL) & Data Collection, fully integrated	• Concept-driven (MDO & JWC) • Combined and joint (Australia, Great Britain)
Concepts	• AI-enabled decision agents to support Long-Range Precision Fires (LRPF) • AI-enabled target recognition • Complex teaming and autonomous operations • Aerial retrains to extend tactical mesh network	• Integration of Army modernization programs of record • Linkage to Air Force Advanced Battlefield Management System (ABMS) • Integrate 5th generation fighters (as sensor/shooter) • Operations in contested/denied environments • Cloud technology at the edge	• Capture, assess, disseminate targeting data across joint/ multinational force • Exploit Low-Earth Orbit (LEO) capabilities at lowest echelon • Directed energy • Cloud technology at the edge (scale)
Formation	• Brigade Combat Team (BCT) • Combat Aviation Brigade (CAB) • Expeditionary Signal Battalion-Enhanced (ESB-E)	• Division headquarters • Multi-Domain Task Force (MDTF) • BCT	• Combined Joint Task Force (CJTF) • MDTF • BCT • Mission Partner Command Element

Figura 1, Army Futures Command Project Convergence Strategy FY20–22, Achieving Decision Dominance Through Convergence, Association of the United States Army, SPOTLIGHT 22-1, February 2022, Pag. 4.

Le Multi-Domain Task Force

Le *Multi-Domain Task Force* (MDTF) sono "theater-level Maneuver elements designed to synchronize precision effects and precision fires in all domains against adversary anti-access/area denial (A2/AD) networks in all domains, enabling joint forces to execute their operational plan (OPLAN)-directed roles" (ACS, 2021). Le MDTF svolgono la fase di sperimentazione dell'MDO, quali elementi di manovra *multi-domain* sincronizzando le azioni nel dominio elettromagnetico, spaziale, cyber e informativo con attacchi di precisione a lungo raggio (McEnany, 2022).
La prima MDTF nasce nel 2017 alla Joint Base Lewis-McChord (Brading,2021), su base 17ª *Field Artillery Brigade* (FAB) (South, 2018) per coprire l'Indo-Pacifico. La seconda fu attivata il 16 settembre 2021 presso Wiesbaden in Germania (USAEA, 2021), per coprire Europa e Africa, schierando anche unità di artiglieria, difesa aerea e missilistica, intelligence, cyberspazio, guerra elettronica, operazioni spaziali, aviazione e di supporto (CRS, 2022). La terza MDTF è attiva dal 23 settembre 2022, basata alle Hawaii per coprire anch'essa l'Indo-Pacifico (Shimooka, 2022). Rimangono da attivare due MDTF per coprire l'Artico e garantire una copertura a livello globale (McEnany, 2022).

I componenti della MDTF sono personalizzabili, garantendo componenti organizzative specifiche per massimizzarne il valore a seconda dell'area di operazioni (McEnany, 2022). Integrando gli effetti non cinetici e cinetici in tutti i domini, gli MDTF forniscono opzioni avanzate contro le reti A2/AD (McEnany, 2022), con un *All-Domain Operations Center* (ADOC) per monitorare 24/7 le attività avversarie nel *multi-domain* (CRS, 2022). Ogni MDTF nasce da una FAB, potenziata con un'unità di *Intelligence, Information Operations, Cyber, Electronic Warfare and Space* (I2CEWS) (CRS, 2022), ridenominato *Multi-Domain Effects Battalion* (MDEB)(McEnany, 2022), le cui attività confluisce nello *Strategic Fires Battalion* (SFB)(McEnany, 20222). La MDTF include un Air Defense Battalion, con capacità antimissile e *Direct Energy Weapons* (DEW) per contrastare sistemi di puntamento e sciami di droni (McEnany, 2022). Infine, c'è anche una forza di sicurezza e il Battaglione per il supporto logistico (McEnany, 2022). Le capacità delle MDTF di coordinare attacchi di artiglieria a lungo raggio (South, 2018), sono state verificate nel corso dell'esercitazione a fuoco che ha portato all'affondamento di una nave in disarmo (South, 2018). Va notato che le capacità relative indicate come *Mid-Range Capabilities* (MRC) e *Long-Range Hypersonic Weapon* (LRHW) non sono ancora completamente sviluppate ed operative. Di fatto la prima unità LRHW, il 5° Battalion, 3° Field Artillery Regiment, 17ª Field Artillery Brigade del I° Corps, ha iniziato ad essere equipaggiata il 7 ottobre 2021. L'attrezzatura consegnata includeva un centro operativo della batteria, quattro lanciatori, camion e rimorchi modificati, in modo da iniziare l'addestramento e lo sviluppo di dottrine, tattiche, tecniche e procedure (CRS; 2022).

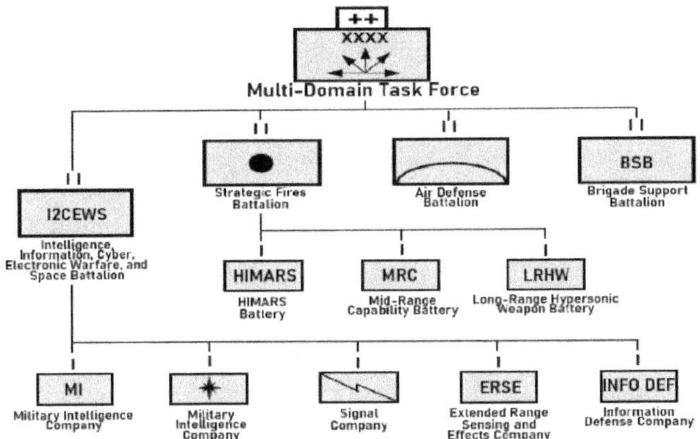

Figura 2, Multi-Domain Task Force, Chief of Staff Paper #1 Army Multi-Domain Transformation Ready to Win in Competition and Conflict, March 16, 2021, p. 12.

L'Army 2030 e la Penetration Division

Nello sviluppo delle MDO, centrale è il comando di Corpo, come dimostra la riattivazione del V° Corpo nel 2020 (Army, 2020) e quella del 56° Artillery Command per coordinare l'impiego dei sistemi missilistici e di artiglieria a lungo raggio, quale Theater Fires Command (Army, 2021). Il I° Corpo ha condotto la sperimentazione delle attività di comando nelle MDO durante l'Army Warfighter Exercise di settembre (South, 2022). È stato simulato il *joint forcible entry operations*, ossia lo svolgimento di combattimenti già durante l'ingresso in teatro operativo, in cui il I° Corpo ha coordinato la 25ª Infantry Division (ID) delle Hawaii, la 4ª (ID) del Colorado, le forze nemiche simulate ed i supporti logistici basati in Kansas e Virginia (South, 2022). Lo staff di comando ha condotto in precedenza varie esercitazioni nell'area del Pacifico per verificare le modalità di comando e controllo tramite cloud informatico su piattaforme terrestri, aeree e navali (Brunson, 2022).

Durante la fase della competizione, il comando d'Armata pre-posiziona le forze, penetrando la minaccia A2/AD nemica prima del conflitto. All'avvio del conflitto, l'Armata e il Corpo, attaccano e distruggono le minacce a lungo raggio, consentendo a Divisioni e Brigate di manovrare all'interno della sfera A2/AD nemica. Questo vantaggio è temporaneo, permettendo all'avversario di reagire a livello di *multi-domain* (Skates, 2021). Le unità in avanzata identificano e sondano le difese del nemico in cerca di vulnerabilità, manovrando per contrastare le minacce avversarie con attacchi a lungo raggio e difese antiaeree. I comandi di Corpo e Divisione rimuovono l'A2/AD nemico per creare spazi di manovra, mentre le unità subordinate utilizzano azioni *multi-domain*, degradando le capacità d'attacco e di difesa aerea del nemico (Skates, 2021). La Divisione massimizza le azioni *multi-domain* adattandosi rapidamente al mutamento delle condizioni operative, mentre le Brigate devono sfruttare i vantaggi creati manovrando rapidamente contro le indebolite formazioni nemiche.

Lo sviluppo di una formazione con vari livelli di supporto di fuoco e capacità di ricognizione in profondità, rappresenta un cambiamento concettuale verso lo sviluppo delle MDO, prevedendo l'impiego della manovra di penetrazione oltre a quelle tradizionali di fiancheggiamento e avvolgimento (Jennings, 2022). Questa nuova metodologia di impiego delle Divisioni e delle Brigate è stata codificata nel progetto Waypoint 2028 per combattere e vincere il confronto nelle MDO (TRADOC, 2021). Tale progetto è stato ridenominato Army 2030 e prevede di ridisegnare la struttura delle Divisioni secondo cinque modelli (AUP, 2021): *Penetration, Heavy, Light, Joint Force Entry Air Assault, Joint Force Entry Airborne.*

L'introduzione della *Penetration Division* per garantire un *rapid forcible entry*, ha quindi implicazioni fondamentali rilevanti non solo per gli Stati Uniti ma per i loro alleati e partner (Jennings, 2022). I test sulla *Penetration Division* cercano di colmare le lacune emerse dall'impiego dei BCT, scegliendo la 1ª Cavalry Division per concludere la sperimentazione entro il 2023 (Wasserbly, 2021). I piani prevedono di creare uno Squadrone di cavalleria divisionale che sarà "gli occhi e le orecchie" della Divisione (South, 2022). Come riportato dal Maj. Gene. John B. Richardson, "Critical to a successful penetration is the execution of an exploitation, a type of offensive operation that follows a successful attack, designed to disorganize the enemy in-depth and win decisively", dato che la chiave è velocità, slancio e sfruttare le capacità multi-dominio per rivelare le posizioni nemiche (South, 2022). Analizziamo la struttura della Penetration Division in fase di sperimentazione sul campo. Il suo vertice è il comando divisionale con un Battaglione Comando e Controllo (AUP, 2021).

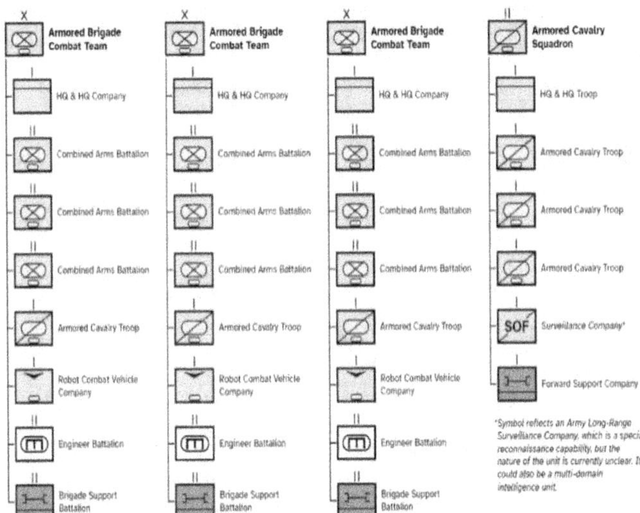

Figura 3, Ingrandimento The Manouver, Penetration Division, U.S. Army's Way Forward: 5 New Division Organizations, Battle Order.

La componente di manovra è composta da 3 Armored Brigade Combat Team, a loro volta comprendenti 1 Compagnia HQ, 3 Battaglioni ad Armi Combinate, 1 Compagnia di Cavalleria Corazzata, 1 Compagnia di Robot Combat Vehicle, 1 Battaglione del Genio e Battaglione di Supporto (AUP, 2021). Accanto alle Brigate corazzate viene inserito uno Squadrone di Cavalleria Corazzata, composto da 1 Compagnia HQ, 3 Compagnie di Cavalleria Corazzata, 1 Compagnia di Sorveglianza, 1 Compagnia di Supporto (AUP, 2021).

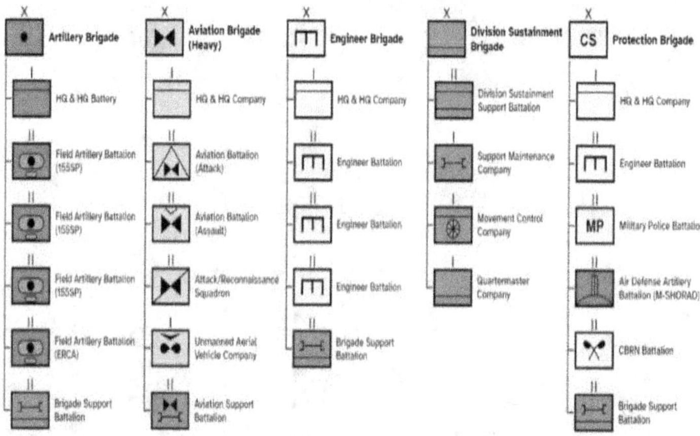

Figura 4, Ingrandimento The Fires, The Aviation, The Combat Support, The Sustainment, Penetration Division, U.S. Army's Way Forward: 5 New Division Organizations, Battle Order.

La Brigata di Artiglieria si articola sulla Compagnia HQ, 1 Battaglione di Supporto, 3 Battaglioni di Artiglieria Campale Battalion dotati di obici semoventi M109A7 da 155 mm (AUP, 2021). È inoltre presente un assetto innovativo, 1 Battaglione dotato di *Extended Range Cannon Artillery* (ERCA), ossia M109A7 dotati del nuovo cannone M1299, capace di raggiungere distanze d'ingaggio di 70 km (CRS, 2022). Lo U.S. Army sta per designare il primo Battaglione dotato del nuovo sistema d'artiglieria, in modo da passare alla fase dei test sulla nuova munizione XM1113 che utilizza propellente sovralimentato, dopo il successo delle prove con il munizionamento di precisione Excalibur (Judson, 2021). I nuovi prototipi di obici semoventi sono in fase di assemblaggio e la prima unità completamente equipaggiata dovrebbe essere pronta per la fine del 2023 (Army, 2022).

È prevista 1 Aviation Brigade, con 1 Battaglione di Elicotteri d'Attacco, 1 Battaglione di Elicotteri d'Assalto, 1 Squadrone di Attacco/Ricognizione ed 1 Compagnia di UAV (AUP, 2021). La Brigata del Genio schiera 3 Battaglioni di Genieri (AUP, 2021) che possono svolgere tutte le attività relative compresa la costruzione di ponti, il superamento di ostacoli, operazioni di contro-mobilità ed attraverso in massa di un fiume. Infine, la Brigata di Protezione per le retrovie, comprendente 1 Battaglione del Genio, 1 Battaglione di Polizia Militare, 1 Battaglione di Difesa Aerea con il sistema M-SHORAD con base a Stryker (Army, 2021), 1 Battaglione NBCR ed il Battaglione di Supporto. Infine, la Brigata di Supporto comprende unità addette ai vari aspetti della logistica necessaria a sostenere la logistica della Divisione: 1 Battaglione di Supporto, 1 Compagnia per la Manutenzione, 1 Compagnia per il Controllo del Traffico, 1 Quartermaster Company (AUP, 2021).

Conclusioni

Con la transizione ad una struttura della forza capace di competere nelle MDO, lo U.S Army affronta la più significativa trasformazione negli ultimi quarant'anni. La principale missione rimane la deterrenza a vantaggio della Nazione, degli Alleati e dei Partner, come dimostra il dispiegamento in Europa di considerevoli forze terrestri (Army, 2022). Questo ha recepito i rilievi emersi dallo studio condotto dalla RAND sulla minaccia russa verso il Baltico. Più in generale l'evoluzione del contesto strategico globale, il ritorno della competizione con Cina e Russia che stanno incrementando le loro capacità A2/AD, hanno reso inevitabile rispolverare concetti come la una presenza militare avanzata, la rotazione delle unità e l'invio di rinforzi. La definizione finale della strategia *multi-domain* dello U.S. Army è stata rinviata a causa del conflitto tra Ucraina e Russia, per poter analizzare le *lessons learned* di questo conflitto (Eversden, 2022).
È innegabile che l'adozione di nuove tipologie di *Division*, tra cui quella *Penetration*, rappresenta una particolare soluzione di manovra a un problema difficile da trattare e risolvere. Mettendo la penetrazione operativa al centro del suo concetto di battaglia, lo U.S. Army sta ancora una volta allineando la sua forma e funzione per ottenere una vittoria decisiva in circostanze difficili (Jennings, 2022). Tuttavia, per avere successo una simile unità necessita di tenere conto di pregi e difetti di questa scelta.
In primo luogo, la Divisione deve possedere una decisiva mobilità organica e capacità per eseguire attacchi in profondità nelle retrovie nemiche, rendendo prioritaria la capacità di sostenere un ritmo di marcia sostenuto, capace di creare molteplici dilemmi per i difensori minandone la coesione (DA, 2021). Il rischio che ne deriva suggerisce che i Corpi e le Divisioni sincronizzino esattamente le capacità di attacco congiunte, le risorse del genio e gli elementi d'assalto garantendo così tassi di avanzamento continui (DA, 2013).
Altro fattore critico è la capacità di sostegno tattico, dato che linee di comunicazione allungate saranno vulnerabili a molteplici fattori ambientali ed umani, mentre la formazione di testa deve trasportare la maggior parte del carburante, delle munizioni e delle provviste con i suoi mezzi. Questa esigenza di sostenere la

continua estensione della portata operativa crea dilemmi significativi circa la sostenibilità di linee di comunicazione capaci di alimentare la Penetration Division. Per tale motivo, la Divisione sarà obbligata a trasportare la maggior parte e/o tutte le scorte necessarie, per evitare crisi logistiche e/o di movimento (DA, 2019).

Rilevante è anche la necessità di un concetto operativo che operi a livello *multi-domain* per creare dilemmi ineludibili per il comando nemico. Questo significa che la *Penetration Division* deve sfruttare gli attacchi congiunti in tutti i domini, oltre a sviluppare tecnologie *disruptive* come IA, robotica, armi con raggio esteso, droni, guerra elettronica e capacità spaziali, per creare finestre di opportunità (Taliaferro, Jennings, 2021). Ciò fornisce il tempo e lo spazio necessari affinché l'assalto di terra raggiunga la necessaria profondità per sbilanciare il comando nemico (DA, 2019).

Serve anche la capacità di saper catalizzare un fallimento sistemico dell'avversario. Questo obiettivo richiede una comprensione profonda del centro di gravità operativo dell'avversario, delle vulnerabilità critiche e degli aspetti psicologici connessi per consentire un'accurata progettazione della campagna. Nelle MDO, la manovra terrestre deve sia sfruttare che abilitare attacchi congiunti, capacità multinazionali ed effetti interagenzia per disintegrare le reti A2/AD nemiche, colpendo o isolando elementi chiave e creando così interruzioni e confusione.

Da non tralasciare è anche il ricorso all'inganno operativo per creare condizioni vantaggiose affinché la forza di penetrazione raggiunga il suo obiettivo. Questo si rivelerà probabilmente fondamentale per ottenere una penetrazione operativa anche nel prossimo futuro, come ci ha dimostrato il conflitto russo-ucraino con la controffensiva di Kharkiv. In futuro il miglioramento delle condizioni difensive ed offensive passerà attraverso il ricorso a strumenti di guerra elettronica ed informatica per ingannare l'avversario, con l'obiettivo di portarlo a rivelare o scoprire il suo dispositivo in modo da colpirne un punto critico (Rein, 2018).

Infine, va sottolineato che la penetrazione operativa è correlata alla strategia militare. Il potenziale impiego di questa manovra all'interno del concetto di battaglia nelle MDO richiede l'assunzione di un rischio elevato a fronte di un alta percentuale di ottenere un successo strategico. Infatti, se da un lato la penetrazione operativa è esposta al rischio di esaurirsi anticipatamente a causa dell'attrito clausewitziano, dall'altro offre un intrigante strumento per arrivare ad una vittoria decisiva jominiana con perdite limitate. Se il primo aspetto richiede un'analisi razionale delle probabilità favorevoli e delle potenziali intenzioni del nemico, il secondo rimane un'opzione sensibile per eserciti con un alto livello di sofisticazione ma anche una limitata capacità di sopportare l'attrito imposto dal campo di battaglia.

Fonti

J. Allen, "M-SHORAD system bolsters Army's air defense capabilities", U.S. Army, 23 April 2021.
https://www.army.mil/article/245530/m_shorad_system_bolsters_armys_air_defense_capabilities
"The Army's AimPoint and Army 2030 Force Structure Initiatives", Congressional Research Service, 31 January 2022.
https://crsreports.congress.gov/product/pdf/IF/IF11542/2
"Army Modernization Strategy 2021", U.S. Army, 2021.
https://armypubs.army.mil/epubs/DR_pubs/DR_a/ARN34818-SD_08_STRATEGY_NOTE_2021-02-000-WEB-1.pdf
"The Army's Multi-Domain Task Force (MDTF)", Congressional Research Service, 31 May 2022.
https://sgp.fas.org/crs/natsec/IF11797.pdf
"Army Multi-Domain Transformation Ready to Win in Competition and Conflict", Chief of Staff Paper #1, Headquarters, Department of the Army, 16 March 2021.
https://api.army.mil/e2/c/downloads/2021/03/23/eeac3d01/20210319-csa-paper-1-signed-print-version.pdf
"The Army's Project Convergence", Congressional Research Service, 2 June 2022.
https://sgp.fas.org/crs/weapons/IF11654.pdf
https://www.ausa.org/sites/default/files/publications/LWP-146-Army-Readiness-and-Modernization-in-2022-v2.pdf
L. Bates, "Army Readiness and Modernization in 2022", Land Warfare Paper 146, Association of the United States Army, June 2022.
J. Biden, "National Security Strategy", White House, October 2022.
https://www.whitehouse.gov/wp-content/uploads/2022/10/Biden-Harris-Administrations-National-Security-Strategy-10.2022.pdf
S. Boston, D. Massicot, "The Russian Way of Warfare", RAND Corporation, 2017.
https://www.rand.org/pubs/perspectives/PE231.html
T. Brading, "First Multi-Domain Task Force plans to be centerpiece of Army modernization", U.S. Army, 1 February 2021.
https://www.army.mil/article/242849/first_multi_domain_task_force_plans_to_be_centerpiece_of_army_modernization
Lt. Gen. X. Brunson, "Operating Differently: I Corps Tests 6 Purpose-Driven Pillars to Meet Demands of Multidomain Missions", Association of the United States Army, 25 August 2022.

https://www.ausa.org/articles/operating-differently-i-corps-tests-6-purpose-driven-pillars-meet-demands-multidomain

G. P. Coan, Jr., "The Army on Point: a Detailed Summary of Current Operations and Responsibilities (2022)",
Association of the United States Army, 5 August 2022.
https://www.ausa.org/publications/army-point-detailed-summary-current-operations-and-responsibilities-2022
C. Dickey, "56th Artillery Command re-activates as Theater Fires Command in Wiesbaden", U.S. Army, 8 November 2021.
https://www.army.mil/article/251803/56th_artillery_command_re_activates_as_theater_fires_command_in_wiesbaden
A. Eversden. "Army delays multi-domain doctrine, sends team to glean info from Ukraine fight", Breaking Defense, 3 June 2022.
https://breakingdefense.com/2022/06/army-delays-multi-domain-doctrine-sends-team-to-glean-info-from-ukraine-fight/
A. Feickert, "Defense Primer: Army Multi-Domain Operations (MDO)", Congressional Research Service (CRS), 22 October 2021.
https://sgp.fas.org/crs/natsec/IF11409.pdf
S. J. Freedberg, "Army's Multi-Domain Unit 'A Game-Changer' In Future War", Breaking Defense, 1 April 2019.
https://breakingdefense.com/2019/04/armys-multi-domain-unit-a-game-changer-in-future-war/
Lt. Col. N. Jennings, "Considering the Penetration Division Implications for Multi-Domain Operations", Land Warfare Paper 145, Association of the United States Army, April 2022.
https://www.ausa.org/publications/considering-penetration-division-implications-multi-domain-operations
"Joint All-Domain Command and Control (JADC2)", Congressional Research Service, 21 January 2021.
https://sgp.fas.org/crs/natsec/IF11493.pdf
J. Judson, "At next Project Convergence, 7 scenarios will test American tech against adversaries", Defense News, 7 September 2021.
https://www.defensenews.com/training-sim/2021/09/07/at-next-project-convergence-7-scenarios-will-test-american-tech-against-adversaries/
J. Judson, "US Army nears choosing first battalion for extended-range cannon", Defense News, 18 March 2021.
https://www.defensenews.com/digital-show-dailies/global-force-symposium/2021/03/18/us-army-nears-choosing-first-battalion-for-extended-range-cannon/

S. Lesti, "Batalonnaya Takticheskaya Gruppa: Origini, Struttura, Impiego e Capacità", Mondo Internazionale G.E.O., Mondo Internazionale APS, 22 Giugno 2022.
https://mondointernazionale.org/focus-allegati/batalonnaya-takticheskaya-gruppa-origini-struttura-impiego-e-capacit%C3%A0
S. Lesti, "God of War: Impiego, Struttura ed Evoluzione recente dell'Artiglieria Russa", Mondo Internazionale G.E.O., Mondo Internazionale APS, 19 Ottobre 2022.
https://mondointernazionale.org/focus-allegati/god-of-war-impiego-struttura-ed-evoluzione-recente-dellartiglieria-russa
W. Lewis, "2nd Multi-Domain Task Force Activation Ceremony Live Stream", U.S. Army Europe and Africa, 16 September 2021.
https://www.europeafrica.army.mil/Units/2ndMDTF/
Lt. Col. B. Lloyd, 2 Lt. J. Rozman, "Achieving Decision Dominance through Convergence The U.S. Army and JADC2", Spotlight 22-1, Association of the United States Army, February 2022.
https://www.ausa.org/sites/default/files/publications/SL-22-1-Achieving-Decision-Dominance-through-Convergence-The-US-Army-and-JADC2.pdf
E. Lopez, "Army's steady path to more powerful artillery leverages experience, broad expertise at Picatinny Arsenal", U.S. Army, 28 September 2022.
https://www.army.mil/article/260599/armys_steady_path_to_more_powerful_artillery_leverages_experience_broad_expertise_at_picatinny_arsenal
J. Mattis, "Summary of the 2018 National Defense Strategy", Department of Defense, 2018.
https://dod.defense.gov/Portals/1/Documents/pubs/2018-National-Defense-Strategy-Summary.pdf
C. McEnany, "Multi-Domain Task Forces A Glimpse at the Army of 2035", Spotlight22-2, Association of the United States Army, March 2022.
https://www.ausa.org/publications/multi-domain-task-forces-glimpse-army-2035
"Offense and Defense", Volume 1, FM 3-90-1, Headquarters, Department of the Army (DA), March 2013.https://armypubs.army.mil/epubs/DR_pubs/DR_a/NOCASE-FM_3-90-1-002-WEB-0.pdf
E. Pilgrim, "Historic V Corps activates at Fort Knox on 'picture perfect' day", U.S. Army, 16 October 2020.
https://www.army.mil/article/240038/historic_v_corps_activates_at_fort_knox_on_picture_perfect_day

"Project Convergence 2022 to demonstrate futuristic joint, multinational warfighting technologies", Army Futures Command (AFC), 19 September 2022.
https://www.army.mil/article/260345/project_convergence_2022_to_demonstrate_futuristic_joint_multinational_warfighting_techn ologies
C. M. Rein, "Weaving the Tangled Web Military Deception in Large-Scale Combat Operations", Military Review Special Edition, September-October 2018.
https://www.armyupress.army.mil/Journals/Military-Review/English-Edition-Archives/September-October-2018/Tangled-Web/

E. Schmitt, S. Lee Myers, "U.S. Is Poised to Put Heavy Weaponry in Eastern Europe", The New York Times, 13 June 2015.
https://www.nytimes.com/2015/06/14/world/europe/us-poised-to-put-heavy-weaponry-in-east-europe.html
R. K. Shimooka, "Third Multi-Domain Task Force activated for Indo-Pacific duty", U.S. Army, 23 September 2022.
https://www.army.mil/article/260505/third_multi_domain_task_f orce_activated_for_indo_pacific_duty
D. A. Shlapak, M. W. Johnson, "Reinforcing Deterrence on NATO's Eastern Flank", RAND Corporation, 2016.
https://www.rand.org/pubs/research_reports/RR1253.html
Maj. J. L. Skates, "Multi-Domain Operations at Division and Below", Military Review, January-February 2021.
https://www.armyupress.army.mil/Journals/Military-Review/English-Edition-Archives/January-February-2021/Skates-Multi-Domain-Ops/
T. South, "As multi-domain operations evolve, commanders will see the concept at all levels", Defense News, 20 October 2019.
https://www.defensenews.com/news/your-army/2019/10/20/as-multi-domain-operations-evolve-commanders-will-see-the-concept-at-all-levels/
T. South, "Not just for the Navy: Army uses RIMPAC to give this new task force its first real-world tryout", Army Times, 8 August 2018.
https://www.armytimes.com/news/your-army/2018/08/07/not-just-for-the-navy-army-uses-rimpac-to-give-this-new-task-force-its-first-real-world-tryout/
T. South, "New in 2021: The Army's Project Convergence scales up", Army Times, 4 January 2021.
https://www.armytimes.com/news/your-army/2021/01/04/new-in-2021-the-armys-project-convergence-scales-up/

T. South, "Return of fires: How the Army is getting back to its big guns as it prepares for the near-peer fight", Army Times, 27 August 2018.
https://www.armytimes.com/news/your-army/2018/08/27/return-of-fires-how-the-army-is-getting-back-to-its-big-guns-as-it-prepares-for-the-near-peer-fight/

T. South, "The Army's transformation begins with these new units", Army Times, 11 April 2022.
https://www.armytimes.com/news/your-army/2022/04/11/the-armys-transformation-begins-with-these-new-units/

T. South, "These soldiers will reinvent cavalry over the next two years", Army Times, 23 February 2022.
https://www.armytimes.com/news/your-army/2022/02/23/these-soldiers-will-reinvent-cavalry-over-the-next-two-years/#:~:text=Cavalry%20soldiers%20are%20preparing%20to,adversaries%20at%20the%20corps%20level

"Statement on the Posture of the United States Army", Committee on Armed Services United States Senate, Second Session, 117th Congress, 5 May 2022.
https://www.army.mil/e2/downloads/rv7/aps/aps_2022.pdf

"Sustainment Operations", FM 4-0, Headquarters, Department of the Army, July 2019.
https://armypubs.army.mil/epubs/DR_pubs/DR_a/pdf/web/ARN19602_FM%204-0%20FINAL%20WEB%20v2.pdf

Lt. Col. A. Taliaferro, Lt. Col. N. Jennings, "Tempo, Cohesion, and Risk: Towards a Theory of Multi Domain Warfare", Wavell Room 18 June 2021.

D. J. Trump, "The National Security Strategy of the United States of America", White House, December 2017.
https://history.defense.gov/Historical-Sources/National-Security-Strategy/

"The U.S. Army in Multi-Domain Operations 2028", TRADOC Pamphlet 525-3-1, U.S. Army Training and Doctrine Command (TRADOC), 6 December 2018.
https://adminpubs.tradoc.army.mil/pamphlets/TP525-3-1.pdf

"U.S. Army's Way Forward: 5 New Division Organizations", Battle Order, Consultato il 28 Ottobre 2022.
https://www.battleorder.org/post/waypoint-divisions

D. Wasserbly, "AUSA 2021: 1st Cavalry Division to serve as pilot for army's return to division-level structure", Janes, 12 October 2021.
https://www.janes.com/defence-news/news-detail/ausa-2021-1st-cavalry-division-to-serve-as-pilot-for-armys-return-to-division-level-structure

"WayPoint in 2028 – Multidomain Operations", Army University Press (AUP), 3 December 2021.
https://www.youtube.com/watch?v=OUZp01CjdiI
"Waypoint 2028-2029", U.S. Army Combined Arms Center, U.S. Army Training and Doctrine, 6 August 2021.
https://www.army.mil/standto/archive/2021/08/06/
https://wavellroom.com/2021/06/18/tempo-cohesion-and-risk-towards-a-theory-of-multi-domain-warfare/
"2019 Army Modernization Strategy", U.S. Army, 2019.
https://www.army.mil/e2/downloads/rv7/2019_army_modernization_strategy_final.pdf

America Centro-Meridionale

Panoramica energetica del Centro e Sud America

Fabio di Gioia - Caporedattore, Mondo Internazionale Post - Diritti Umani

Abstract

La seguente analisi si pone l'obiettivo di fotografare le situazioni energetiche di produzione e consumo dei 23 paesi del Centro e Sud America e nello specifico verranno riprese le diversificazioni per fonte energetica ed i volumi di consumo per tre settori principale di uno Stato quali industrie, abitazioni e servizi commerciali o pubblici; quando possibile saranno segnalati anche i settori dell'agricoltura e dei trasporti.

Introduzione

Premesse

A causa della crisi pandemica globale che ha avuto inizio nel 2020, i report internazionali con i dati aggregati risultano aggiornati al 2019 e pertanto, se non specificato diversamente, i dati qui raccolti faranno dunque riferimento a quell'anno.

Al fine di facilitare la comprensione dei tanti dati, si lascia qui una legenda:

1 Terajoule = 0,000 277 Terawattora = 0,277 Gigawattora

1 Wattora = 3600 Watt = 3600 Joule

1 Joule = 0,000 277 Wattora

Una centrale nucleare di 1000MWh = 1GWh produce idealmente 24 GW al giorno per 8760 GW all'anno, corrispondenti a 8.760 TJ

Joule: unità di lavoro o di energia nel Sistema Internazionale di Unità di Misura (SI); è pari al lavoro compiuto da una forza di un newton che agisce attraverso un metro. In termini elettrici, il joule equivale a un watt-secondo, ossia all'energia rilasciata in un secondo da una corrente di un ampere attraverso una resistenza di un ohm.

Watt: unità di potenza nel Sistema Internazionale di Unità di Misura (SI) pari a un joule di lavoro al secondo, o a 1/746 cavalli vapore. Un equivalente è la potenza dissipata in un conduttore elettrico che trasporta un ampere di corrente tra punti con una differenza di potenziale di un volt.

Genericamente i Watt indicano la potenza generata mentre i Joule l'energia, o anche il lavoro svolto per fornire la potenza di un Watt

L'energia come bene strategico

Quando si tratta di energia elettrica è sempre bene ricordare quanto sia oggi più che mai accertato si stia parlando di un bene di prima necessità e di importanza strategica: l'energia elettrica permette infatti il corretto funzionamento della quasi totalità delle vite nel mondo; da questa dipendono sistemi essenziali quali lo scambio di informazioni, il funzionamento di sistemi sanitari, siano essi ospedali o ambulatori mobili in zone di guerra. La nostra stessa economia si basa sul sottinteso che l'accesso all'energia elettrica sia scontato per le comunicazioni istantanee in tutto il pianeta o per lo scambio di moneta tra banche e la nuova frontiera delle criptovalute potrebbe rappresentare un ulteriore segnale di proiezione verso un futuro in cui la potenza di calcolo e l'energia per alimentare i calcolatori saranno sempre più priorità strategiche per ogni Paese.

Panoramica della regione

Il Centro e Sud America si compone di 23 paesi per una popolazione di 522.14 milioni di persone.

Nel 2019 l'area ha prodotto 27 022 412 TJ con il seguente ordine di contribuzione: Brasile a capofila con 12 255 107 TJ, Argentina con 3326085, Colombia con 1844236, Cile con 1731560, Repubblica Bolivariana del Venezuela con 1 386 298 TJ, Perù 1 084 751 TJ, Trinidad e Tobago con 716 858 TJ, Ecuador con 644 056 TJ, Guatemala 609 036 TJ, Repubblica Dominicana con 411 504 TJ, Cuba con 400 646 TJ, Stato Plurinazionale della Bolivia con 383 635 TJ, Paraguay con 301 021 TJ, Honduras con 240 168 TJ, Costa Rica con 221 854 TJ, Uruguay con 220 688 TJ, Panama con 205 332 TJ, El Salvador con 191 356 TJ, Haiti con 189 818 TJ, Nicaragua con 167 113 TJ, Jamaica con 128 278 TJ, Suriname con 43 919 TJ e Curacao con 32 150 TJ.

Il 39% della produzione totale dell'area è da ricondursi a petrolio con 10 626 053 TJ, circa il 22% da biocarburanti e rifiuti 5 907 582 TJ, altro 21% da gas naturale 5 810 163 TJ, 9% da Idroelettrico con 2 495 677 TJ, 5% da carbone con 1 355 678 TJ ed il rimanente 4% tra eolico, solare e nucleare. Di questi solo

Brasile e Argentina possiedono centrali nucleari per una produzione totale di 268 440 TJ divisa tra 175 951TJ prodotti dal Brasile e 92 489 TJ prodotti dall'Argentina.

Sul totale della produzione mondiale di energia, la regione si è classificata ultima rispetto al resto del pianeta che si è così suddiviso: Medio Oriente penultimo con 31□146□453 TJ, a salire Africa con 35□881□965 TJ, Eurasia con 39□921□429 TJ, Europa con 81□666□597 TJ, Nord America con 113□129□673 TJ ed infine Asia e Pacifico con 260□132□572 TJ e la sola Cina a produrre 141□903 286 TJ.

Nel 1990 i consumi della regione erano così ripartiti: industria con 754 704 TJ, consumi abitativi con 40 8064 TJ, attività commerciali e di servizio pubblico 271 850 TJ, agricoltura 31 334 TJ, trasporti 7 628 TJ e pesca con 328 TJ. Di questi, hanno visto una crescita particolarmente vertiginosa ma anche fisiologica i consumi industriali, da esigenze abitative e per le attività commerciali con un trittico evidenziante in astratto anche la crescita dell'area geografica e il suo sviluppo economico; La crescita industriale in particolare ha visto due leggere flessioni in concomitanza con le crisi del 2008 e 2013 con costumi a 1 422 594 TJ nel 2008, 1 386 464 TJ nel 2009 ma già 1 475 852 TJ nel 2010 segno di rapida ripresa del tessuto industriale; cosa non avvenuta dopo la crisi del 2013, anno che ha contato un picco di consumi di 1 604 383 TJ per arrivare a 1 488 663 TJ nel 2019. I consumi residenziali sono saliti invece costantemente fino al 2019 con un picco finale di 1 136 740 TJ. Ugualmente i consumi di attività commerciali e di servizi statali hanno raggiunto il picco nel 2019 con 981 832 TJ. Il consumo pro capite è passato infine da 1.2MWh nel 1990 a 2.1 MWh, molto vicino al raddoppio in soli 30 anni.

Quadro generale dei singoli paesi

Brasile

Il Brasile è il paese che si estende maggiormente nell'area del Centro e Sud America coprendo 8 510 821 Km^2 con una popolazione di 216,3 milioni di abitanti e un PIL stimato al 2022 di 1 675 miliardi di euro. Il Brasile risulta essere uno dei paesi meno impattanti al mondo per le emissioni di carbonio con una copertura del sostentamento interno garantita già al 45% da energie rinnovabili; Il paese ha segnato infatti una produzione 4 391 065 TJ da petrolio, 3 915 319 TJ da biocarburanti e rifiuti, 1 432 357 TJ da centrali idroelettriche, 1 333 401 TJ da gas naturale, 648 095 TJ da carbone 265 552 TJ da eolico e solare e

175 951 TJ da nucleare. Il paese ha invece consumato 705 120 TJ per rifornire l'impianto industriale, 513 258 TJ per sostenere la domanda dalle abitazioni, 507 752 TJ per rifornire i servizi commerciali e pubblici, 112 115 TJ per le domande dal settore agricolo e 11 245 TJ per i trasporti.

Argentina

L'Argentina si estende per 2 780 400 Km² e conta una popolazione di 45,8 milioni di abitanti per un PIL stimato al 2022 di 551,80 miliardi di euro. Il paese produce energia quasi esclusivamente da fonti non rinnovabili: gas naturale per il 55% e petrolio per il 33%; solo il restante 12% si può classificare da fonti non impattanti sotto l'alveo del cambiamento climatico. Questa situazione è anche dettata dal fatto che l'Argentina ha rispettivamente la seconda e la quarta riserva di gas e petrolio più grandi al mondo. Il paese ha prodotto 1 789 514 TJ da gas naturale, 1 090 302 TJ da petrolio 165 184 TJ da biocarburanti e rifiuti, 99 034 TJ da centrali idroelettriche, 92 489 TJ da centrali nucleari, 30 222 TJ da carbone e 20 868 TJ da eolico e solare. Il paese ha consumato altresì 179 614 TJ per alimentare il tessuto industriale, 155 461 TJ per le richieste dagli impianti abitativi, 112 119 TJ per garantire i servizi commerciali e pubblici, appena 3 202 TJ per l'agricoltura e 1 902 TJ per i trasporti.

Colombia

La Colombia si estende per 1 141 748 Km² e conta una popolazione di 52.1 milioni di abitanti per un Pil stimato al 2022 di 286 miliardi di euro. Il paese conta un 40% di produzione elettrica da petrolio e derivati ma un crescente diversificazione delle fonti energetiche: difatti il paese ha prodotto 722 655 TJ da petrolio ma anche 500 934 TJ da gas maturale, 221728 TJ da biocarburanti e rifiuti, 200 528 TJ da carbone, 196537 da centrali idroelettriche e 721 TJ da eolico e solare. Il paese ha una forte domanda dal settore abitativo che va a superare il settore industriale con un consumo di 89 260 TJ a fronte degli 81 732 TJ richiesti dal tessuto produttivo; troviamo invece domande di 58 863 TJ da attività commerciali e di servizi pubblici, 3 019 TJ dall'agricoltura e 380 TJ dal settore dei trasporti.

Cile

Il Cile copre una superficie di 756 096 Km² con una popolazione di 19,2 milioni di abitanti ed un Pil stimato al 2022 di 274,90 miliardi di euro. La produzione interna di energia elettrica è composta per più del 60% da petrolio e carbone. Il paese ha prodotto difatti 639 593 TJ da petrolio, 255 788 TJ da carbone, 340 142 TJ da biocarburanti e rifiuti, 223 560 TJ da gas naturale, 74 572 TJ da centrali idroelettriche e 59 126 TJ da eolico e solare. La domanda dai principali settori economici è di 160 388 TJ per il settore industriale, 48 903 TJ per la domanda del settore residenziale, 44 172 TJ per sostenere le attività commerciali e di servizi pubblici 8 048 TJ per il settore agricolo e 4 665 TJ per i trasporti.

Repubblica Bolivariana del Venezuela

Il Venezuela copre una superficie di 916 445 Km² con una popolazione di 28,5 milioni di abitanti ed un PIL stimato al 2022 di 97,60 miliardi di euro. La produzione interna di energia e i consumi del settore industriale sono in calo costante dalla crisi del 2013 innescata dall'abbassamento dei prezzi del petrolio, principale fonte di introito del paese. Il Venezuela ha prodotto 630 723 TJ da gas naturale, 563 787 TJ da petrolio, 178 692 TJ da centrali idroelettriche, 14 052 TJ da biocarburanti e rifiuti, 1 827 TJ da carbone e 348 TJ da eolico e solare. Ha consumato altresì 65809 TJ per sostenere il tessuto industriale a fronte di una richiesta al 2013 di 170 002 TJ, con un calo superiore al 50%; 72 457 TJ dal settore residenziale, 64 335 per alimentare i centri commerciali e i servizi al pubblico e 383 TJ per l'agricoltura.

Perù

Il Perù copre una superficie di 1 285 216 Km² con una popolazione di 33,9 milioni di abitanti ed un PIL stimato al 2022 di 220,20 miliardi di euro. Il paese ha posto lo sviluppo delle fonti di energia elettrica al centro degli interessi nazionali tanto che la produzione è cresciuta ininterrottamente dal 1990 al 2019. A quest'ultimo anno il paese ha prodotto 472 629 TJ da petrolio, 318 686 TJ da gas naturale, 141 868 TJ da biocarburanti e rifiuti, 113 208 TJ da centrali idroelettriche, 27 904 TJ da carbone e 10 239 TJ da eolico e solare. Ha consumato altresì 103 251 TJ per fornire le industrie, 36 894 TJ per servire le abitazioni, 33 275 TJ per alimentare gli esercizi commerciali e pubblici, 4 556 TJ per l'agricoltura e 271 TJ per i trasporti.

Repubblica di Trinidad e Tobago

La Repubblica di Trinidad e Tobago si estende per una superficie di 5 128 Km² con una popolazione di 1.4 milioni di abitanti ed un PIL stimato al 2022 di 21.39 miliardi di euro. Il paese ha prodotto 666 238 TJ da gas naturale, 50 060 TJ da petrolio, 543 TJ da biocarburanti e rifiuti e 17 TJ da eolico e solare. Al contempo ha consumato 18 345 TJ per rifornire le industrie, 8 693 per alimentare le abitazioni e 3 306 TJ per fornire le strutture commerciali e adibite ai servizi pubblici.

Ecuador

L'Ecuador si estende per una superficie di 256 370 Km² con una popolazione di 18,1 milioni di abitanti ed un PIL stimato al 2022 di 99,60 miliardi di euro. Il Paese ha prodotto 520 307 TJ da petrolio, 88 785 TJ da centrali idroelettriche, 23 534 TJ da biocarburanti, 17 438 TJ da gas naturale e 546 TJ da eolico e solare. Ha consumato altresì 37 401 TJ per alimentare il settore industriale (con una domanda in costante crescita che si assestava a 15 786 TJ nel 2008), 27 561 TJ per rifornire le abitazioni, 26 075 TJ per alimentare i servizi commerciali e pubblici e 39 TJ per i trasporti.

Guatemala

Il Guatemala si estende per una superficie di 198 889 Km² con una popolazione di 19 milioni di abitanti ed un PIL stimato al 2022 di 85,90 miliardi di euro. Il Paese ha prodotto 348 756 TJ da biocarburanti e rifiuti, 190 250 TJ da petrolio, 44 501 TJ da carbone, 16 091 TJ da centrali idroelettriche e 13 246 TJ da eolico e solare. Ha consumato altresì 14 460 TJ per sostenere il tessuto industriale, 13 488 TJ per rifornire le abitazioni e 10 429 TJ per garantire i servizi commerciali e pubblici.

Repubblica Dominicana

La Repubblica Dominicana si estende per una superficie di 48 311 Km² con una popolazione di 11,3 milioni di abitanti ed un PIL stimato al 2022 di 98,30 miliardi di euro. Il Paese ha prodotto 289 405 TJ da petrolio, 45 195 TJ da gas naturale, 38 582 TJ da biocarburanti e rifiuti, 31 734 TJ da carbone, 3 342 TJ da centrali idroelettriche e 3 246 TJ da eolico e solare. Ha consumato altresì 23 112 TJ per il tessuto industriale, 20 633 per il sostentamento delle abitazioni, 17 169 TJ per i servizi commerciali e i servizi pubblici, 4 366 TJ per l'agricoltura e 228 TJ per i trasporti.

Cuba

Cuba si estende per una superficie di 109884 Km² con una popolazione di 11,2 milioni di abitanti ed un PIL stimato al 2022 di 23 miliardi di euro. Il Paese garantisce il soddisfacimento della domanda interna per più dell'80% grazie al petrolio, dal quale ha prodotto 299 818 TJ, il restante 20% di divide in 773 TJ da biocarburanti e rifiuti, 31 634 TJ da gas naturale, 902 TJ da eolico e solare e 448 da centrali idroelettriche. Ha consumato altresì 33 325 TJ per rifornire le abitazioni (con una crescita di domanda superiore al doppio rispetto agli anni 2000 in cui il paese aveva consumato 15 286 TJ), 10 879 TJ per il tessuto produttivo con un calo di quasi il 50% dagli anni '90 in cui il paese chiedeva 20 426 TJ, 8 854 TJ per i servici pubblici e gli esercizi commerciali, 1095 TJ per l'agricoltura e 1 038 TJ per i trasporti.

Stato Plurinazionale della Bolivia

Lo Stato Plurinazionale della Bolivia si estende per una superficie di 1 098 581 Km² con una popolazione di 12,4 milioni di abitanti ed un PIL stimato al 2022 di 39,30 miliardi di euro. Il paese ha prodotto 182 701 TJ da petrolio, 162 208 TJ da gas naturale, 25 858 TJ da biocarburanti e rifiuti, 11 704 TJ da centrali idroelettriche e 930 TJ da eolico e solare. Ha consumato altresì 12 311 TJ per sostenere il carico abitativo, 7341 TJ per il settore industriale, 7 261 TJ per garantire i servizi pubblici e gli esercizi commerciali e 2 669 TJ per il settore agricolo. Al netto della domanda energetica abitativa superiore a quella industriale, il 12% della popolazione non risulta avere accesso a corrente elettrica.

Paraguay

Il Paraguay si estende per una superficie di 406 752 Km² con una popolazione di 7,4 milioni di abitanti ed un Pil stimato al 2022 di 41,10 miliardi di euro. Il paese ha prodotto 178 006 TJ da centrali idroelettriche, 127 519 TJ da biocarburanti e rifiuti, 109 742 TJ da petrolio e 48 TJ da carbone, con più del 50% del fabbisogno interno garantito da fonti rinnovabili. Ha consumato altresì 19 922 TJ per il settore abitativo (con una domanda quasi raddoppiata dal 2005, anno in cui si era richiesto alla rete elettrica 11 308 TJ), 17 694 TJ per i servizi commerciali e pubblici (con una domanda che al 2005 era di appena 1 274 TJ) e 8 607 TJ per rifornire il sistema industriale.

Honduras

L'Honduras si estende per una superficie di 112 492 Km² con una popolazione di 10,4 milioni di abitanti ed un PIL stimato al 2022 di 29,20 miliardi di euro. Il paese ha prodotto 125 111 TJ da petrolio, 87 790 TJ da biocarburanti e rifiuti, 17 628 TJ da eolico e solare e 8748 da centrali idroelettriche. Ha consumato altresì 9 522 TJ per la domanda residenziale, 8 334 TJ per fornire i servizi commerciali e pubblici e 8 254Tj per alimentare il tessuto industriale. Al netto anche qui della domanda alla rete elettrica da parte del settore abitativo, il 25% della popolazione non risulta avere accesso all'elettricità e a tutti i servizi che questa garantirebbe.

Costa Rica

Lo stato della Costa Rica si estende per una superficie di 51 100 Km² con una popolazione di 5,2 milioni di abitanti ed un PIL stimato al 2022 di 58,90 miliardi di euro. Il paese ha prodotto 109 822 TJ da petrolio, 61 120 TJ da eolico e solare, 28 176 TJ da centrali idroelettriche e 22 649 da biocarburanti e rifiuti. Ha consumato altresì, prima di tutto, per alimentare gli esercizi commerciali e di servizio pubblico con 14 160 TJ, quindi 14 094 per soddisfare la domanda residenziale, 6 884 TJ per il settore industriale e 1 164 TJ per rifornire il tessuto agricolo.

Uruguay

L'Uruguay si estende per una superficie di 176 2015 Km² con una popolazione di 3,5 milioni di abitanti ed un Pil stimato al 2022 di 66,20 miliardi di euro. Il paese ha prodotto 91 985 TJ da biocarburanti e rifiuti, 88 212 TJ da petrolio, 29 190 TJ da centrali idroelettriche, 18 633 TJ da eolico e solare, 3 383 TJ da gas naturale e 126 TJ da carbone. Ha consumato altresì 16 647 TJ per rifornire la domanda dalle abitazioni, 12 590 TJ per rifornire il settore industriale, 10 055 TJ per alimentare gli esercizi commerciali e di servizio pubblico, 925 TJ per il settore agricolo e 21 TJ dal settore ittico.

Panama

Panama si estende per una superficie di 74 177 Km² con una popolazione di 4,5 milioni di abitanti ed un PIL stimato al 2022 di 66,10 miliardi di euro. Il paese ha prodotto 119 277 TJ da petrolio, 28 919 TJ da gas naturale, 23 138 TJ da carbone, 18 347 da centrali idroelettriche, 13 241 da biocarburanti e rifiuti e 3 670 da eolico e solare. Ha consumato altresì 18 582 TJ per alimentare gli esercizi commerciali e di servizio pubblico, 11 006 TJ per soddisfare la domanda residenziale e 5 031 TJ per il settore industriale.

El Salvador

El Salvador si estende per una superficie di 21041 Km² con una popolazione di 6,6 milioni di abitanti ed una PIL stimato al 2022 di 28,30 miliardi di euro. Il paese ha prodotto 104 543 TJ da petrolio, 54 828 TJ da eolico e solare, 21 821 TJ da biocarburanti e rifiuti, 5 495 TJ da centrali idroelettriche e 18 TJ da carbone. Ha consumato altresì 8 041 TJ per rifornire il tessuto industriale, 7 112 TJ per alimentare il settore abitativo e 6 238 TJ per garantire fornitura ai servizi commerciali e di servizio pubblico.

Haiti

Haiti si estende per una superficie di 27 750 Km² con una popolazione di 11,5 milioni di abitanti ed un PIL al 2021 di 20,9 miliardi di euro. Il paese ha prodotto 146 548 TJ da biocarburanti e rifiuti, 42 537 TJ da petrolio, 720 TJ da centrali idroelettriche e 12 TJ da eolico e solare. Ha consumato altresì 722 TJ per sodisfare la richiesta dalle abitazioni, 700 TJ per sostenere la domanda dalle industrie e 142 TJ per rifornire i servizi commerciali e pubblici.

Nicaragua

Il Nicaragua si estende per una superficie di 130 373 Km² con una popolazione di 2,7 milioni di abitanti ed un PIL stimato al 2022 di 14,10 miliardi di euro. Il paese ha prodotto 69 627 TJ da petrolio, 64 376 TJ da biocarburanti e rifiuti, 30 729 TJ da eolico e solare e 817 TJ da centrali idroelettriche. Ha consumato altresì 4 518 TJ per sostenere l'impianto residenziale, 4 199 TJ per il sistema di servizi commerciali e pubblici, 3 931 TJ per sostenere il tessuto industriale e 456 TJ per l'agricoltura.

Giamaica

Lo stato della Giamaica si estende per una superficie di 10 991 Km² con una popolazione di 2,7 milioni di abitanti ed un PIL stimato al 2022 di 14,19 miliardi di euro. Il paese ha prodotto 105 691 TJ da petrolio, 9 772 TJ da gas naturale, 8 559 da biocarburanti e rifiuti, 2 552 TJ da carbone, 1 145 TJ da eolico e solare e 559 TJ da centrali idroelettriche. Ha consumato altresì 4625 TJ per sostenere il tessuto industriale (crollato dal 2006, anno in cui aveva raggiunto il picco di 17 111 TJ), 3 788 TJ per coprire la richiesta abitativa e 3242 TJ per rifornire i sistemi di servizi commerciali e pubblici.

Suriname

Lo stato del Suriname si estende per una superficie di 163 820 Km² con una popolazione di 592 mila abitanti ed un PIL al 2021 di 2,86 miliardi di euro. Il paese ha prodotto 39 105 TJ da petrolio, 3 429 TJ da centrali idroelettriche, 1142 TJ da biocarburanti e rifiuti e 209 TJ da gas naturale. Ha consumato altresì 2 323 TJ per sostenere il tessuto produttivo, 2 290 TJ per la domanda dalle abitazioni e 1642 TJ per rifornire i servizi commerciali e pubblici.

Curacao

Lo stato di Curacao è il più piccolo della regione e si estende per una superficie di 444 Km² con una popolazione di 152 mila abitanti ed un PIL al 2021 di 2,5 miliardi di euro. Nel 2019 il paese ha prodotto energia quasi esclusivamente dal petrolio con 31 329 TJ, in calo costante dal 2015 in cui la produzione si assestava a 92 846 TJ; avanzano 822 TJ da eolico e solare. Il paese ha consumato altresì 1 061 TJ per la richiesta abitativa, 841 TJ per garantire la continuità dei servizi commerciali e di pubblico servizio e 660 TJ per rifornire il tessuto industriale; quest'ultimo in calo netto dal 2011 quando aveva richiesto 1955 TJ.

Proiezioni

Al vertice delle Nazioni Unite sull'azione per il clima tenutosi a settembre 2019 i rappresentanti di Cile, Perù, Ecuador, Costa Rica, Honduras, Guatemala, Haiti, Repubblica Dominicana e Colombia hanno annunciato l'obiettivo congiunto di raggiungere il 70% di produzione di energia da fonti rinnovabili entro il 2030.

Posto l'ambizioso traguardo, alla luce dei dati dovrà essere una marcia serrata e senza interruzioni per riuscire nell'intento in meno di un decennio. In particolar modo con riferimento a quei paesi che coprono i loro fabbisogni interni per più del 50% con fonti non rinnovabili o per situazioni infrastrutturali critiche come nel caso specifico dell'Honduras che anche al netto di riuscire a raggiungere l'obiettivo di riduzione degli inquinanti, si vede ancora carente sotto il piano della rete interna che non raggiunge ¼ della popolazione. Sotto il profilo commerciale questo obiettivo regionale apre indubbiamente ad un mercato di investimenti a lungo termine per tutti i partner internazionali sia per la fornitura del materiale atto alla costruzione dei sistemi di pale eoliche o pannelli fotovoltaici, sia per la loro ingegnerizzazione e messa in rete.

A ulteriore analisi, seguendo la linea della tassonomia europea, se Brasile e Argentina dovessero decidere di investire maggiormente sugli impianti nucleari, lo scenario potrebbe rivelarsi molto importante sul piano geostrategico con i due principali paesi della regione che vedrebbero rafforzato il loro status anche a fronte di una possibile garanzia di fornitura per i paesi vicini data dalla abbondante efficienza in termini di costi/produzione e dalla stabilità che la tecnologia nucleare offre.

Il tema dell'efficientamento energetico infine condurrebbe a diverse riflessioni riguardanti i maggiori impatti sociali per la vita delle persone di questo continente; un esempio può essere il settore della mobilità sostenibile che a sua volta condurrebbe ai temi di costruzione di infrastrutture di ricarica per le auto elettriche ma anche a costruzione di impianti per la fabbricazione di queste ultime o di negozi atti alla vendita e riparazione; il tema non risulta di immediata realizzazione anche solo in considerazione della varia dislocazione degli abitanti anche in zone remote. Ma anche il ricambio e potenziamento dei trasporti pubblici, su reti elettrificate o con motori elettrici/ibridi, gioverebbe alla mobilità degli abitanti e alla produttività di determinate zone del paese che potrebbero innescare dei volani di crescita per le economie interne. Seguirebbe tutto il sistema dei servizi che ruotano intorno all'accesso e al consumo massivo della corrente, partendo dall'infrastruttura di accesso ad internet a tutti sistemi di socialità, produttività ed economia smart per arrivare al potenziamento della ricerca e dell'istruzione diffusa.

Fonti

IEA, *World Energy Balances*, 2021. https://www.iea.org/

"Joule", Britannica, settembre 2022. https://www.britannica.com/science/joule

Osservatorio economico - Ministero degli Affari Esteri e della Cooperazione Internazionale, settembre 2022. https://www.infomercatiesteri.it/

Volcovici, V., "INTERVIEW-Latin America pledges 70% renewable energy, surpassing EU -Colombia minister", Reuters, 25 settembre, 2019. https://www.reuters.com/article/climate-change-un-colombia-idUKL2N26F217

"Watt", Britannica, settembre 2022. https://www.britannica.com/science/watt-unit-of-measurement

World Bank, 2022. https://www.worldbank.org/en/home

Europa

Cambiamento climatico, una crisi strutturale e congiunturale

Luca Osvaldo Uccello - Membro del Comitato per lo Sviluppo di Mondo Internazionale APS ETS

Pace duratura e stabilità sono "ormai" storia passata. Gli scenari attuali illustrano un futuro alquanto incerto con crescenti diseguaglianze, come illustrato nei rapporti dell'ONU e con crisi congiunturali consolidate.

Gli scenari che si presentano attualmente sono un complesso connubio di diversi piani analitici nelle quali rientrano diverse variabili: clima, energia, società, politica. Talvolta questi possono intrecciarsi e creare crisi congiunturali che influenzano le variabili fondamentali della nostra società con ripercussioni sulle generazioni future. Sebbene tutti i piani analitici siano rilevanti, quello del clima acquisisce un'importanza sempre più strategica.

Sul piano climatico, la crisi illustra i suoi effetti con eventi atmosferici estremi. Si osservi lo scioglimento dei ghiacciai, l'innalzamento del mare e la crescente desertificazione di aree dell'area dell'Africa Subsahariana; crisi che comportano spostamenti di attività sociali ed economiche verso altri orizzonti con possibili conseguenze sui confini delle nazioni che ad oggi non erano messi in discussione (UNDRR, 2022)
"Ogni crisi energetica ha echi del passato e le forti tensioni sui mercati di oggi sono paragonabili alle più gravi interruzioni della storia moderna dell'energia, in particolare gli shock petroliferi degli anni Settanta" - Cit. (World Energy outlook, 2022).

Sul piano energetico, la crisi, potenziata da quella geo-politica, è stata scaturita da crescenti costi di estrazione di risorse petrolifere, come giacimenti in aree di difficile accesso, e dalla necessità di trasformare l'economia per renderla più sostenibile. Nel mondo diversi sono i governi che rimettono in discussione l'accesso all'energia da idrocarburi, queste posizioni politiche pongono dei limiti all'importazione di tali beni, creando delle condizioni economiche più complesse per l'industria e per i cittadini (IEA, 2022).

Anche la crisi delle catene logistiche, già osservata in tempo di pandemia, ha aumentato i ritardi delle forniture. Inoltre l'aumento dei costi di trasporto, connesso alla crisi energetica, impedisce la fluidificazione degli scambi mettendo in pericolo il libero scambio di beni.

Una delle conseguenze di queste crisi è una inflazione strisciante e galoppante che si è manifestata nel mondo dopo anni di stabilità economica e di bassa inflazione (Eurostat, 2022).
Queste crisi scaturiscono veri e propri flussi da gestire, da quelli energetici a quelli migratori, a quelli logistici di materie prime. Un senso d'incertezza s'insinua nelle istituzioni internazionali dovuta ad una dissonanza, tra il mondo attuale e quello di domani, difficile da riconciliare a condizioni attuali.

Il Segretario Generale delle Nazioni Unite, insieme agli stati membri, ha comunicato la sua più grande preoccupazione e ha fatto un appello alla collaborazione collettiva. Si osservi l'importanza del settore privato, che è un attore strategico affinché gli stati membri possano rispondere efficacemente a queste sfide (United Nations, 2022).

Tra tutte le crisi, quella che risiede tra le prime da risolvere enunciata in numerosi report strategici è quella climatica: proteggere la vita sulla terra e la sopravvivenza delle specie, tra cui quella umana, sono fondamentali per continuare a vivere sull'unico pianeta conosciuto a noi ospitale (WEF, 2022).

L'impegno del settore privato per ridurre le emissioni

La crescita d'iniziative e l'importanza della questione climatica hanno spinto numerose istituzioni pubbliche e attori privati ad agire per vincere la sfida della crisi del cambiamento climatico. Come già sperimentato con la pandemia Covid-19, a problemi globali servono risposte globali e coordinate.

Le Nazioni Unite richiamano alla collaborazione tra stati e al ruolo chiave del settore privato nella risoluzione di questa crisi. La collaborazione pubblico-privato era già stata identificata in una risoluzione dell'ONU del 2012, e nella COP 21 si asserisce ulteriormente l'importanza di uno sforzo congiunto tra i due settori. Infatti, quello privato può trasformare i modelli gestionali e produttivi in modelli virtuosi, applicando le tecnologie più innovative al fine di ridurre le emissioni da gas serra. Ridurre le emissioni senza avere un impatto sociale conseguente é proprio la preoccupazione delle istituzioni internazionali.

In diversi discorsi e studi internazionali si parla di transizione verde, affinché l'economia possa transitare verso un'economia a impatto zero.
Per pianificare questa transizione verde ci si orienta verso la ricerca scientifica, in tal senso ci illustra i limiti planetari da non infrangere, legandoli a chiari indicatori scientifici e spianando la strada del settore privato verso un metodo basato sulla scienza (Rockström, 2009).

Il metodo, chiamato "Obiettivi basati sulla scienza" (ovvero Science based target), é una delle poche vie d'uscita conosciute per far fronte a questa trasformazione industriale. Una trasformazione che prende tutte le caratteristiche di una rivoluzione industriale.

Sebbene il metodo basato sulla scienza non sia nuovo alla nostra comunità scientifica, si tratta di un metodo del tutto nuovo per il settore privato, che fino ad oggi si è avvalso di metodi matematici, ingegneristici ed economici per raggiungere i propri obiettivi economici.

Per comprendere appieno ciò a cui é chiamato il settore privato é necessario differenziare il metodo scientifico dagli obiettivi basati sulla scienza.

Il metodo scientifico è un metodo di studio che *"si basa sull'osservazione e sulla sperimentazione, sulla misura, sulla produzione di risultati per generalizzazione (induzione) e sulla conferma di tali risultati attraverso un certo numero di verifiche"* (Science Based Targets). Nella definizione del metodo si aggiunge un richiamo all'efficacia e alla rigorosità come definito di seguito *"Ciò garantisce efficacia al metodo perché impone di seguire regole ben definite rispetto all'azione da compiere, limitando gli errori e consentendo così il progredire della conoscenza"* (Science Based Targets).
D'altro canto, gli obiettivi basati sulla scienza sono stati definiti in maniera da rispondere alla crisi climatica al fine di evitare il verificarsi di eventi. Questi vengono raggiunti nel momento in cui le aziende mettono in piedi un piano di azione per ridurre le emissioni dirette ed indirette.
Sebbene tutto il metodo si avvalga di dati e di basi dati che garantiscano il calcolo delle emissioni, non è previsto che queste

siano verificabili in ambito aziendale tramite delle sonde di misurazione o un controllo rigoroso indipendente assicurabile da ricercatori scientifici.

Questa distinzione è fondamentale per capire come sul piano dell'operabilità del metodo ci siano dei limiti, e che questi non possano essere trascurati per proteggere l'integrità del metodo scientifico.
Nella letteratura esistente gli obiettivi basati sulla scienza presentano 7 metodi di operazionalizzazione, tuttavia la SBTi (Science Based Target Initiative), ne raccomanda solo due (Faria and Labutong, 2019). Questi metodi prediligono la minimizzazione degli scarti medi di emissione rispetto al totale delle emissioni permissibili a livello globale. Queste preferenze permettono di ridurre al minimo il rischio di disallineamento con gli obiettivi globali.

Per rispondere all'emergenza climatica, le aziende dovranno attuare dei piani industriali ambiziosi in un contesto economico difficile, una vera sfida contro il tempo. Il rapporto del Gruppo intergovernativo sul cambiamento climatico, indica il limite massimo entro il quale il pianeta dovrà raggiungere un equilibrio in termini di emissioni (IPCC).

La giustificazione è legata ad un limite planetario che se infranto causerebbe un effetto a catena le cui conseguenze sono catastrofiche per la vita sulla terra, provocando da ultimo l'estinzione dell'uomo e degli animali.

Per evitare questa catastrofe, gli obiettivi basati sulla scienza permettono alle aziende di pianificare la riduzione delle emissioni di gas a effetto serra. Questa strategia é in linea con il livello di decarbonizzazione necessario per contenere l'aumento della temperatura globale al di sotto di 1.5°C rispetto alle temperature preindustriali.

Per operare in adeguamento con tali obiettivi, il settore privato mette in opera delle misure che vanno dalla modifica delle politiche aziendali sui viaggi professionali, all'innovazione di prodotto e di processo, fino ad arrivare alla stima delle emissioni provenienti da prodotti e servizi provenienti dai loro fornitori.

Grazie a queste misure, si realizza gradualmente un rinnovamento di intere catene del valore fino al raggiungimento dello zero netto di emissioni.

Gli obiettivi basati sulla scienza: garantire l'integrità e la rigorosità del metodo

Per meglio analizzare e capire il metodo utilizzato dalla SBTi (Science Based Target initiative) è necessario approfondire come si svolge e da chi questo metodo sia applicato sia a livello aziendale. Sebbene esista un protocollo dettagliato, ad oggi, gli obiettivi basati sulla scienza vengono definiti dalle aziende. In seguito, gli obiettivi sono validati dalla SBTi che approva i piani di ogni azienda facente domanda al fine di determinare, l'esattezza, la coerenza e fattibilità del piano (Science Based Targets).

L'organizzazione SBTi, che valida questi piani, è una partnership tra CDP, il Patto Mondiale delle Nazioni Unite, il World Resources Institute (WRI) e il World Wide Fund for Nature (WWF). Ad oggi questo metodo se applicato ed eseguito rigorosamente dal settore privato, potrebbe effettivamente ridurre le emissioni fino ad un livello accettabile per l'ambiente.

Tuttavia, come tutte le strategie, la sua operazionalizzazione è un processo fondamentale per il successo, dunque dichiarare e verificare con esattezza la quantità di emissioni di gas a effetto serra é alla base di questo processo. Sebbene la rendicontazione sia standardizzata, la prova empirica delle emissioni emesse non rientra nelle responsabilità della SBTi.

Come in tutti metodi e processi, questo esercizio presenta dei limiti, ma é l'unico possibile ad oggi per ridurre le emissioni.
Gli obiettivi basati sulla scienza ci offrono una via d'uscita di fronte alla catastrofe planetaria; tuttavia, si pongono una serie di criticità, che il settore privato dovrà risolvere senza inquinare l'idea di metodo scientifico.

Questi obiettivi per essere raggiunti prevedono di calcolare e classificare le emissioni di un'attività produttiva in tre parti distinte con lo scopo d'identificare le attività sottostanti:
- le emissioni provenienti da attività dirette, ovvero di Scope 1,
- le emissioni provenienti dall'uso di energia, di Scope 2
- le emissioni provenienti dall'accesso al consumo dei prodotti da parte dei consumatori stessi, di Scope 3.

Questi indicatori sono calcolati e controllati sulla base di un esercizio di controllo aziendale, può essere controllato da società di audit, che si assumono la responsabilità di certificare i dati.

La prima criticità riguarda l'utilizzo d'indicatori "proxy"[1], ovvero di approssimazione. Sebbene la logica di controllo aziendale sia una tecnica ingegneristica di gestione che si basa sul linguaggio matematico, essa utilizza degli indicatori di approssimazione per ottenere una media, in questo caso una media di emissioni. Tali indicatori indicano quante emissioni sono state rilasciate per produrre e distribuire un preciso prodotto o servizio con un margine di errore variabile conosciuto.

Ad oggi però il settore privato, se non in casi previsti dalla legge, non dispone di sonde e rilevatori capaci di misurare con esattezza tali emissioni, questa è una seconda criticità. Siccome in ogni modello esistono delle variabili endogene ed esogene, ammesso che la raccolta e l'analisi dati sia condotta in maniera rigorosa, ad oggi non esiste una verifica empirica che possa testare se l'obiettivo annunciato dall'azienda sia stato verificato o meno.

Il protocollo delle "Emissioni di gas a effetto serra" sottolinea l'importanza della qualità del processo "Poiché la stima delle emissioni di gas serra è intrinsecamente tecnica (coinvolge ingegneria e scienza), una documentazione trasparente e di alta qualità è particolarmente importante per la credibilità." - Cit. (Pag 50, *Greenhouse Gas Protocol: Corporate Value Chain (Scope 3) Accounting and Reporting Standard: Supplement to the GHG Protocol Corporate Accounting and Reporting Standard*, 2011.)

Questa mancanza di verifica empirica potrebbe rappresentare un vero rischio. Infatti, presentando gli obiettivi basati sulla scienza gli attori privati potrebbero apparire come veri e propri piccoli centri di ricerca, ma in realtà non seguono le stesse regole e protocolli della comunità scientifica.

---

[1] "Questi fattori sono coefficienti calcolati mettendo in relazione le emissioni di gas serra con una misura approssimativa dell'attività di una fonte di emissione. Le linee guida dell'IPCC (IPCC, 1996) fanno riferimento a una gerarchia di metodi e tecniche di calcolo che vanno dall'applicazione di fattori di emissione generici al monitoraggio diretto" Pag 40, *Greenhouse Gas Protocol: Corporate Value Chain (Scope 3) Accounting and Reporting* Standard: *Supplement to the GHG Protocol Corporate Accounting and Reporting Standard*. 2011.

Discussione sui rischi ed implicazioni ideologiche

Ad oggi tale esperimento scientifico non comprende alcuni requisiti del metodo scientifico che gli obiettivi basati sulla scienza vorrebbero esprimere.
Le conseguenze delle criticità presentate, la questione ideologica dietro la narrativa scientifica e il richiamo sulla questione epistemologica sono delle variabili facente parte di questo scenario.

In un mondo dove esistono correnti ideologiche latenti, quali teorie complottiste, creazioniste ed altre teorie che mettono in dubbio le teorie scientifiche, il fallimento di une soluzione basata su obiettivi scientifici potrebbe essere altamente rischiosa. Cosa accadrebbe se gli obiettivi basati sulla scienza non dovessero essere raggiunti? Come sarebbe percepito dall'opinione pubblica?

Lo scenario in cui le aziende non siano in grado di applicare con rigore scientifico queste metodologie, che non sono applicate da scienziati, ma da controllori di gestione, o personale che non conduce ricerca scientifica, è dunque possibile.

Essendo la scienza l'unica risposta possibile a questa emergenza, lo spazio mediatico e l'immaginario collettivo raccontano come gli obiettivi basati sulla scienza possano trasformare i modelli industriali e evitare il disastro ambientale.

A livello mondiale sono 1885, le società che finora hanno firmato e avviato un piano di riduzione delle emissioni con obiettivi basati sulla scienza. Quasi 4000 si adoperano per ridurre le emissioni allineandosi su questa metodologia. Tuttavia, con l'aumentare del successo di questa iniziativa, e di tutte quelli affini, il rischio di errore e la questione epistemologica é sempre più rilevante.
Di fatto, siccome il metodo si basa sulla misura delle emissioni a partire dall'attività estrattiva fino a quella di distribuzione del prodotto, qualora non esista una verifica empirica della misura di gestione, già dalla prima tappa della catena del valore, si rischia un effetto a catena, dovuto all'accumulo dell'errore ad ogni tappa del processo industriale.
Ad esempio, se l'attività X dichiarasse di aver emesso 100tn di CO_2 nell'atmosfera per produrre 100 kg di cotone, con un margine di errore sistemico di almeno 10%, ed ogni attività della catena del valore successiva aggiungesse 10% di margine di errore al proprio, il processo industriale potrebbe contabilizzare

dei margini di errore troppo elevati per essere fedeli ad un metodo scientifico.

Ci si auspica che gli obiettivi siano raggiunti, ma ovviamente non é possibile dare solo una conclusione ottimistica.
Il mancato raggiungimento di tali obiettivi potrebbe creare un vero e proprio precedente sulla consistenza delle dichiarazioni e delle operazioni messe in piedi in nome della scienza. Sebbene le aziende possano dichiarare di aver rispettato tali obiettivi, non esiste una verifica scientifica che ne garantisca il risultato. D'altro canto, alcune aziende attuano un approccio prudente, che però non aiuta l'avanzamento della situazione, il silenzio o cosiddetto "Greenhusing" é un fenomeno che rischia di diventare un vero e proprio limite alla lotta al cambiamento climatico (South Pole, 2022). Di fatto se le aziende non dovessero più comunicare sul loro avanzamento rispetto agli obiettivi basati sulla scienza favorirebbero uno scenario di transizione disordinata o di scenario climatico rischioso.

Il ruolo di divulgazione in questa fase di crisi è quindi fondamentale, richiamando l'attenzione pubblica sulla rigorosità del metodo si inciterebbe da una parte il settore privato a investire nello sforzo collettivo di riduzione delle emissioni nel modo più fedele possibile al metodo galileiano, d'altra parte a precisare i limiti del settore privato.

Se nell'immaginario collettivo si cristallizza l'idea di un settore privato rigorosamente osservante del metodo scientifico, allora nel caso di fallimento la profonda disillusione di fronte al mancato raggiungimento degli obiettivi potrebbe rimettere in questione la fondatezza del pensiero galileiano.

Questa digressione potrebbe concedere spazio ad un immaginario collettivo meno scientifico, rimettendo in questione i paradigmi del pensiero contemporaneo. Sebbene questa possibilità possa sembrare remota, sono di monito le statistiche che descrivono la presenza di correnti di pensiero quali: creazionismo, terra piattismo, complottismo ed altri.

Il limite del 2050 rappresenta dunque non solo una sfida scientifica, ma anche tecnica e ideologica. I cui rischi oggi devono essere ben conosciuti dalle comunità scientifiche, economiche e dalla società nel suo insieme, al fine di garantire con rigore la preservazione del metodo galileiano a tutti i livelli dell'immaginario collettivo e presso tutti gli attori della società.

Fonti

"Ambitious Corporate Climate Action." *Science Based Targets,*
https://sciencebasedtargets.org/. Consultato il 5 Nov. 2022.
"AR6 Synthesis Report: Climate Change 2022 — IPCC." *IPCC,*
https://www.ipcc.ch/report/sixth-assessment-report-cycle/.
         Consultato il 5 Nov. 2022.
Eurostat. "Inflation in the Euro Area." *Eurostat,* 31 Oct. 2022,
https://ec.europa.eu/eurostat/statistics-
         explained/index.php?title=Inflation_in_the_euro_area.
P. Faria and N. Labutong. "A Description of Four Science-Based
Corporate GHG Target-Setting Methods." *Sustainability
         Accounting, Management and*
Policy Journal, vol. 11, no. 3, May 2019, pp. 591–612,
         doi:10.1108/sampj-03-2017-0031.
"GHG Emissions from Fuel Combustion (Summary)." *IEA CO2
         Emissions from Fuel*
Combustion Statistics, Nov. 2017, doi:10.1787/445ec5dd-en.
"Going Green, Then Going Dark – One in Four Companies Are
         Keeping Quiet on Science-
Based   Targets."   *South   Pole,*
         https://www.southpole.com/en/news/going-green-then-
         going-
dark. Consultato il 5 Nov. 2022.
*Greenhouse Gas Protocol: Corporate Value Chain (Scope 3)
         Accounting and Reporting*
*Standard: Supplement to the GHG Protocol Corporate
         Accounting and Reporting Standard.*
2011.
"How   It   Works."   *Science   Based   Targets,*
         https://sciencebasedtargets.org/how-it-works.
Consultato il 5 Nov. 2022.
IEA. "World Energy Outlook 2022 – Analysis." *IEA,* Oct. 2022,
https://www.iea.org/reports/world-energy-outlook-2022.
J. Rockström, et al. "Planetary Boundaries: Exploring the Safe
         Operating Space for
Humanity." *Ecology and Society,* vol. 14, no. 2, Nov. 2009,
         doi:doi:10.5751/ES-03180-
140232.
E. Solazzo et al. "Uncertainties in the Emissions Database for
         Global Atmospheric
Research (EDGAR) Emission Inventory of Greenhouse Gases."
         Atmospheric Chemistry and
Physics, vol. 21, no. 7, Apr. 2021, pp. 5655–83, doi:10.5194/acp-
         21-5655-2021.
Treccani. *Metodi Scientifici in "Enciclopedia Dei Ragazzi."*

https://www.treccani.it/enciclopedia/metodi-
scientifici_%28Enciclopedia-dei-ragazzi%29/.
Consultato il 5 Nov. 2022.
UNDRR. *Global Assessment Report on Disaster Risk Reduction.*
UNDRR, 10 Mar. 2022,
https://www.undrr.org/gar2022-our-world-risk.
United Nations. "Private Sector Crucial for Sustainable
Development Goals' Success by
Fostering Innovation, Best Practices, Secretary-General Tells
Business Forum." *UN Press*, 21
Sept. 2022, https://press.un.org/en/2022/sgsm21472.doc.htm.
WEF. "Global Risks Report 2022." *Https://Www.Weforum.Org*,
10 Jan. 2022,
https://www3.weforum.org/docs/WEF_The_Global_Risks_Repor
t_2022.

L'Allargamento Europeo nei Balcani Occidentali e le Insidie della Cina

Giorgio Giardino - Autore, Mondo Internazionale Post- Diritti Umani

Abstract

Sono passati quasi vent'anni da quando al Consiglio europeo di Salonicco si presentò formalmente la prospettiva europea per i Paesi dei Balcani occidentali. Da allora solo la Croazia è riuscita a raggiungere l'obiettivo dell'adesione. Per gli altri stati, che si trovano in diverse fasi di questo processo, sembra ancora difficile immaginare la conclusione di questo percorso, almeno nel breve periodo. Il rapporto fra l'UE e gli stati dell'area è infatti dominato da diverso tempo da sensazioni di disillusione e dalla consapevolezza che l'adesione non avverrà in tempi brevi. Quello che all'inizio degli anni 2000 era individuato come il principale strumento di politica estera, visione fortemente influenzata dalla sensazione di successo data dall'allargamento ad Est, è oggi messa in discussione e necessita di un rilancio. L'invasione russa dell'Ucraina ha in parte riportato al centro dell'attenzione le discussioni riguardanti l'allargamento dell'Unione e la necessità di mantenere e rafforzare la propria influenza anche nei Balcani. Quest'area ha infatti nel tempo attirato l'attenzione di altri attori che, anche grazie allo stallo nel processo di allargamento ed alla perdita di credibilità della prospettiva europea, stanno aumentando la loro influenza. Oltre alla Russia ed alla Turchia, anche la Cina sta rafforzando in maniera rilevante la propria presenza soprattutto tramite investimenti in settori chiave, ma non solo. Pechino insidia così tanto Mosca quanto Bruxelles e pone una sfida rilevante a cui è necessario rispondere.

UE-Balcani occidentali: un percorso senza fine?

A partire dalla fine dei conflitti che hanno sconvolto la regione, la prospettiva europea ha rappresentato un elemento centrale nella ricostruzione e nella stabilizzazione dei Paesi dei Balcani occidentali. Dalla promessa di Salonicco del 2003 però solo la Croazia è riuscita ad entrare nell'Unione Europea, mentre per gli altri stati la strada si è fatta sempre più in salita. Ad oggi, i negoziati sono iniziati con Serbia, Montenegro e da poco con Albania e Macedonia del Nord. Per quanto riguarda invece la

Bosnia Erzegovina, la Commissione ha proposto solo recentemente di riconoscerle lo status di Paese candidato, mentre il Kosovo rimane solo un potenziale candidato. Per quanto i legami fra l'UE e gli stati dell'area siano molto stretti, basti pensare che l'Unione è il primo partner commerciale ed anche il primo investitore nei Balcani, e nonostante al momento la prospettiva europea sembri essere l'unica strada reale per la regione, il processo di allargamento vive da tempo un periodo di stallo.

Se prima infatti la politica di allargamento era considerata il maggiore strumento di politica estera dell'Unione, capace di condurre tramite il sistema delle condizionalità stati in fase di transizione verso la stabilità e la democrazia, oggi essa viene sempre più messa in discussione. Esistono infatti diversi fattori che ostacolano questo percorso e che non hanno permesso di raggiungere i risultati sperati. In questo senso è utile sottolineare, prima di osservare quali essi siano, che i problemi provengono da entrambi gli attori in questione: se da un lato l'Unione europea ha mostrato una sempre minore capacità di assorbimento di nuovi membri, portando a parlare della c.d. "enlargement fatigue", dall'altro vi sono segnali rilevanti che indicano alcuni passi indietro all'interno dei Paesi dell'area, che per vari fattori non sono riusciti a dar seguito a tutta quella serie di riforme richieste da Bruxelles (O'Brennan, 2014). Questo secondo elemento è però strettamente legato a questa perdita di credibilità che la prospettiva europea ha subito nel corso degli anni e che ha influenzato notevolmente la volontà da parte dei candidati di mettere in atto quei cambiamenti necessari all'ingresso. L'influenza delle istituzioni europee è infatti capace di produrre risultati significativi solo nel momento in cui l'obiettivo dell'adesione è visibile e verosimile.

Prima di passare all'osservazione dei recenti sviluppi, che sono stati condizionati anche e soprattutto dall'instabilità successiva all'invasione russa dell'Ucraina, risulta necessario dare uno sguardo ai problemi di fondo che hanno condizionato il percorso di convergenza fra Unione europea ed i Balcani occidentali, e dunque anche il modello di allargamento utilizzato.

Il modello di allargamento

Il modello di allargamento nei Balcani occidentali si è sviluppato attorno a quello utilizzato nel caso dei Paesi dell'Est Europa e risente fortemente anche degli sviluppi successivi all'adesione degli ex-stati comunisti. Ci si riferisce dunque al c.d. "Big Bang europeo", che tra il 2004 ed il 2007 ha comportato l'ingresso di dodici nuovi stati membri. È in questo momento che si avverte la necessità di dar vita ad un processo capace di portare i potenziali nuovi membri ad attuare una serie di riforme con il fine di raggiungere gli standard comunitari. Si tratta dunque del sistema delle condizionalità che vede nelle politiche di preadesione lo strumento principale.

Nel caso dell'Europa orientale tale obiettivo venne raggiunto con l'istituzione degli *Europe Agreements*. Essi rappresentavano il perimetro entro il quale si sarebbero svolte le relazioni con gli aspiranti membri e attraverso i quali si sarebbero imposte le condizioni necessarie. Nei Balcani occidentali, a partire dal 1999, furono lanciati gli Accordi di Stabilizzazione ed Associazione, oggi in vigore con tutti gli aspiranti membri, che avevano anche l'obiettivo di assicurare stabilità, come suggerito nel nome, ponendo al centro il miglioramento dei rapporti fra Paesi che fino a quel momento erano stati al centro di vari conflitti. Entrambi questi tipi di accordi condividono lo stesso concetto di fondo: l'accesso prevede dei requisiti ed è necessario attuare una serie di riforme che impattino tanto il lato economico, e dunque l'apertura dei mercati, quanto quello politico, con la volontà di supportare una transizione verso sistemi democratici e stabili (Sedelmeier, 2010).

Tale modello trovò applicazione nell'area balcanica anche perché inizialmente si ritenne che nell'Europa dell'est avesse condotto ad un importante successo, ed anche in quanto si ritenevano le situazioni abbastanza simili, nonostante alcune differenze di fondo. In entrambi i casi, infatti, si trattava di due regioni molto vaste con forti legami storici ed economici fra gli stati dell'area e caratterizzate da un ridotto sviluppo economico. Entrambe poi si trovavano nella situazione di dover affrontare una transizione delicata. La differenza più rilevante è, tuttavia, rappresentata dal fatto che nei Balcani era necessario partire da una ricostruzione delle infrastrutture economiche a causa della devastazione derivante dai ripetuti conflitti. Inoltre, l'avvicinamento con l'Unione si sovrapponeva ad una delicata fase di nation-building. Da ciò ne consegue una maggiore difficoltà da parte degli aspiranti membri nel dar seguito alle richieste formulate in sede europea (Balázs, 2013). I risultati delle due situazioni sono stati fra loro, dunque, molto differenti e ciò è ben visibile se si osserva il grado di sviluppo economico nell'area balcanica.

I risultati nei Balcani Occidentali

Negli ultimi venti anni, i governi della regione hanno privatizzato e liberalizzato le proprie economie con l'obiettivo dichiarato di replicare quanto accaduto nell'ex repubbliche socialiste (Bonomi, 2020). Tali risultati non sono però stati raggiunti, e i Balcani occidentali rimangono ancora la regione più arretrata d'Europa. La sempre maggiore integrazione con l'UE ha soprattutto esposto l'area agli shock economici mondiali, come evidenziato dalla crisi del 2008. Prima di allora vi era stata una crescita, perlopiù dovuta al forte aumento della presenza di capitali stranieri, la cui fuga a seguito della crisi finanziaria mondiale ha condotto verso una forte recessione. Ciò ha dimostrato come tale modello di crescita fosse insostenibile, ma soprattutto che questo legame con l'UE, se da un lato apriva alla possibilità di una crescita, dall'altro non forniva sistemi di ammortizzamento economici come quelli presenti per gli stati membri, rendendo maggiormente vulnerabili i Paesi dell'area. La stessa crisi del 2008 ha poi comportato rilevanti conseguenze politiche, in quanto è stato un primo momento in cui l'UE ha perso di attrattività agli occhi delle società civili e delle élite politiche dei Balcani. Ciò anche in nome degli esiti che la crisi ha avuto in Grecia, stato che fino a quel momento aveva rappresentato un esempio di successo (Belloni, Brunazzo, 2014). Inoltre, la presenza di problemi interni all'Unione, a partire dalla crisi economica del 2008 fino agli strascichi legati alla Brexit ed al sorgere di sentimenti antieuropeisti, ha portato alla diminuzione dell'interesse verso l'allargamento da parte degli stati membri, maggiormente concentrati verso la risoluzione di questi ultimi. Dal 2008 in poi dunque il processo di convergenza delle fragili economie dei Balcani occidentali ha subito un forte rallentamento, anche se è necessario tenere in considerazione che l'Unione europea ha mantenuto una presenza rilevante, rappresentando un'ancora di stabilità in periodi finanziari molto complessi tramite investimenti, come durante la pandemica.

Un altro risultato di questa profonda integrazione economica è quello di offrire la sensazione di "far parte del club europeo, ma con diversi svantaggi e senza alcun diritto di voto" (Bonomi, 2020).
La perdita di interesse verso il processo di allargamento a cui si è accennato, e che solo ultimamente ha subito un'inversione di tendenza a causa degli sviluppi internazionali legati alla crisi Ucraina, è soprattutto legata ad alcune conseguenze dell'adesione dei Paesi dell'est. L'involuzione a cui si è assistito nel campo del

rispetto dello stato di diritto in alcuni stati, quali ad esempio Ungheria e Polonia, ed anche gli scarsi risultati su temi come la lotta alla corruzione, come nel caso di Bulgaria e Romania, hanno aumentato la percezione che l'ingresso di alcuni membri sia avvenuta in maniera quantomeno frettolosa (Zweers, 2019). Ciò ha comportato una maggiore riluttanza a consentire l'accesso ad ulteriori stati ed ha anche portato al centro dell'attenzione la necessità, prima di aprire nuovamente le porte, di apportare alcune importanti modifiche al sistema comunitario. Ci si riferisce in particolar modo alle modalità di voto presenti all'interno del Consiglio europeo, soprattutto quando sorge la necessità di prendere decisioni all'unanimità.

Senza addentrarsi in una discussione teorica riguardante i necessari cambiamenti costituzionali che un allargamento implicherebbe, è utile sottolineare come gli sviluppi avvenuti in alcuni stati dell'Europa orientale hanno comportato un'ulteriore e significativa conseguenza: nel corso del tempo sono gradualmente aumentati i requisiti necessari all'ingresso. Ad esempio, il c.d. *acquis communautaire*, ovvero quell'insieme di diritti ed obblighi che accomuna gli stati membri UE, è aumentato a partire dal 1993 fino ad essere composto da circa 140.000 pagine, con un conseguente aumento della difficoltà burocratica derivante dall'implementazione del corpo legislativo comunitario. Allo stesso modo anche i criteri di Copenaghen hanno subito un'espansione considerevole nel corso del tempo (Belloni, Brunazzo, 2017). Se da un lato questa evoluzione del diritto comunitario è naturale, d'altro canto mette i governi degli aspiranti membri dinanzi a bersagli mobili.

La politicizzazione del processo di allargamento

Il vero problema che ostacola il cammino verso l'adesione è però un altro, ed è quello che forse ha maggiormente comportato l'aumento della disaffezione nei confronti della prospettiva europea: la politicizzazione del processo. Con ciò non si intende la necessaria dimensione politica del percorso, quanto piuttosto l'utilizzo dello stesso da parte di alcuni stati membri per raggiungere degli obiettivi esclusivamente nazionali, mettendo in secondo piano gli interessi comunitari. Emblematico in tal senso è il caso della Macedonia del Nord. Il Paese ha ricevuto lo status di candidato già a partire dal 2004 e nonostante l'apertura dei negoziati fosse stata più volte raccomandata dalla Commissione, l'avvio dei negoziati è stato ripetutamente bloccato dalla Grecia. Il motivo era il nome dello stato balcanico, allora solo

Macedonia, considerato da Atene parte integrante della storia greca, oltre ad essere lo stesso di una regione ellenica. Si è arrivati ad un accordo soltanto nel 2018, con la firma dello storico accordo di Prespa con il quale è stato sancito il cambio di nome, divenuto appunto Repubblica della Macedonia del Nord. Tale storica decisione non è però bastata per arrivare all'apertura dei negoziati a causa del veto del 2019 di Francia, Olanda e Danimarca. Anche nel caso francese in molti vi hanno letto la volontà di perseguire dei fini di politica interna. Nonostante la scelta fosse stata giustificata dalla necessità di una riforma interna all'Unione, l'impressione è che tale decisione fosse alimentata dalla preoccupazione di fornire un'arma politica alle formazioni populiste e anti-immigrazione francesi (Zweers, 2019). Le reazioni della società civile e dell'élite politica macedone sono state caratterizzate, come facilmente intuibile, da profonda delusione e disillusione rispetto alla prospettiva europea. Dopo aver ceduto su una questione tanto delicata come quella del cambio del nome della propria nazione, le porte dell'Europa hanno continuato a rimanere chiuse, minando ulteriormente la fiducia nei confronti della prospettiva europea. Una delle conseguenze di questo blocco è stata però la proposta di riforma del processo di allargamento avanzata proprio dalla Francia, basata principalmente sulla volontà di aumentare ulteriormente il controllo politico da parte del Consiglio e sulla reversibilità del processo stesso. Tale iniziativa è stata poi sposata nel febbraio del 2020 dalla Commissione, che ha accolto in buona parte le indicazioni francesi. Nonostante questi sviluppi, l'apertura dei negoziati con la Macedonia del Nord ha dovuto ulteriormente attendere, questa volta a causa del veto bulgaro. Il blocco da parte della Bulgaria era invece giustificato dalla necessità di risolvere alcune controversie di carattere storico, con particolare riferimento alla lingua macedone, ritenuta solo come un dialetto di quella bulgara. La mediazione francese ha portato quindi ad un accordo fra le parti, con l'inserimento della maggior parte delle richieste dello stato membro nel quadro dei negoziati con l'Ue.

Il burrascoso percorso macedone evidenzia dunque come l'utilizzo del processo di allargamento per raggiungere obiettivi nazionali possa avere conseguenze rilevanti, soprattutto in termini di credibilità ed efficacia dell'influenza europea. Inoltre, si evidenzia come spesso gli obiettivi comunitari, che passano anche per la stabilità dell'area balcanica, siano stati messi da parte a favore di un approccio considerabile come egoistico da parte di alcuni stati membri. Ciò che è infatti mancato negli ultimi anni è un interesse prima di tutto politico rispetto all'allargamento, che non può essere considerato come un mero procedimento tecnico.

Prospettive

Come si è già avuto modo di evidenziare, l'invasione russa in Ucraina sembra aver nuovamente riportato al centro delle discussioni il tema della stabilizzazione del fianco molle del Vecchio continente. Nel giugno scorso il Consiglio ha infatti concesso a Moldavia e Ucraina lo status di Paese candidato e, dopo alcune critiche da parte dei rappresentanti bosniaci, la Commissione ha indicato nel Pacchetto di allargamento 2022 la stessa strada anche per la Bosnia-Erzegovina.

Il processo di allargamento ad oggi risulta dunque diviso fra due necessità contrastanti fra loro. Gli esempi degli ultimi ingressi all'interno dell'Unione mostrano che il percorso non può essere accelerato in quanto vi sono forti rischi che si possano osservare passi indietro sotto diversi punti di vista, in primis il rispetto dello stato di diritto. D'altro canto, l'aumento continuo dei tempi previsti per l'ingresso degli aspiranti membri aumenta la disillusione e diminuisce l'efficacia dell'azione europea nel campo dell'attuazione delle riforme, anche a detrimento di uno sviluppo della democrazia nell'area. Nel corso degli anni si è assistito ad una regressione da questo punto di vista, come segnalato da Freedom House nell'ultimo rapporto "Nations in Transit". Tutti i Paesi dei Balcani occidentali sono infatti indicati come regimi ibridi, ovvero sistemi politici in cui si osserva una combinazione di elementi propri delle democrazie e dei modelli di potere autoritario. Questa tendenza è in parte attribuibile proprio alla perdita di credibilità del processo di allargamento.

In particolare, destano preoccupazione gli ultimi sviluppi in Serbia dove, anche sfruttando il periodo pandemico, il presidente Vucic è riuscito ad aumentare ulteriormente la presa sulla società civile dove vi è un sostanziale controllo governativo sui media (Fruscione, 2021).

Oggi più che mai, in un contesto geopolitico instabile come quello venutosi a creare a seguito dello scoppio del conflitto in Ucraina, mantenere influenza in un'area di questa importanza rimane un obiettivo centrale per l'UE. È necessario in questo senso offrire una prospettiva di adesione credibile, anche perché le alternative alla membership sono sempre state accolte con distacco da parte degli stati dell'area. Un esempio è rappresentato dalla Comunità Politica Europea, proposta dal presidente francese Macron, che lo scorso ottobre ha visto a Praga la sua prima riunione con la partecipazione di 44 Paesi. Si tratta di un'organizzazione parallela all'UE all'interno della quale, stati membri e non, possono aumentare legami, discutere di diversi temi e aumentare la cooperazione. La preoccupazione principale è che questo genere di iniziative possa indicare che per l'UE, oramai, l'adesione vera e propria non rappresenta più l'obiettivo principale. È difficile dunque tentare di delineare quali possano essere le prospettive del processo di allargamento, ma è necessario tenere presente che la mancanza di credibilità della prospettiva europea sta permettendo ad altri attori di aumentare il proprio margine di azione. È questo il caso della Cina.

Le insidie della Cina

La presenza di attori extraeuropei all'interno dei Balcani occidentali non rappresenta una novità: già a partire dalla dissoluzione della Jugoslavia la regione è divenuta obiettivo di diversi player che hanno cercato di aumentare la propria influenza, anche in nome di un'importanza geostrategica rilevante. La fase di stallo che il processo di allargamento vive da molti anni rappresenta quindi anche un'opportunità per questi attori; opportunità che, come vedremo, è stata ed è ampiamente sfruttata. L'attore che storicamente vanta l'influenza maggiore è la Russia, anche in nome di legami storici e culturali con alcuni Paesi della regione. Tale rilevanza è sottolineata anche dalla difficoltà di far allineare alcuni stati balcanici con le posizioni europee nell'ambito dell'invasione dell'Ucraina. È il caso della Bosnia Erzegovina, dove il presidente dell'entità serba dello stato Dodik ha posto il veto all'applicazione di sanzioni verso Mosca, ed anche della Serbia, dove da sempre è presente un forte sentimento filorusso, in particolare nelle frange ultranazionaliste (de Silva, 2022). È necessario poi ricordare che i Paesi dell'area dipendono fortemente da Mosca in termini di approvvigionamento energetico. Per quanto riguarda il processo di allargamento dell'Ue nella regione, la Russia da tempo alimenta i sentimenti anti-occidentali ed antieuropeisti al fine di rallentare tale percorso, in particolare tessendo legami con le classi politiche presenti nei vari governi (Di Liddo, 2020).

Negli ultimi anni, in particolare a partire dal periodo immediatamente successivo alla crisi finanziaria globale del 2008, è però emerso un altro attore che ha intensificato notevolmente la propria azione nei Balcani, tanto in termini economici, quanto politici e culturali: la Cina. Il suo ingresso nella regione è avvenuto principalmente tramite lo strumento economico, in forma di investimenti in infrastrutture ma soprattutto tramite l'emissione di prestiti concessi ai diversi stati. In termini numerici, tra il 2009 ed il 2021 Pechino è stata coinvolta in 136 diversi progetti, ed in particolare nell'ambito della costruzione di infrastrutture pubbliche, per un ammontare di 32 miliardi di euro (Stanicek, Tarpova, 2022). Oltre a questo genere di investimenti, vi sono state diverse acquisizioni di società operanti in vari settori, tra cui quello energetico. La Cina al momento rimane comunque un attore secondario rispetto all'UE, il primo partner commerciale, mentre gli scambi con Pechino rappresentano circa l'8% del commercio regionale. Nonostante ciò, la presenza cinese in settori chiave e soprattutto l'erogazione dei prestiti aprono le porte ad una sempre maggiore influenza anche a livello politico. Questo attivismo economico nell'area rientra poi nella più ampia iniziativa della Belt and Road Initiative, creata nel 2013 al fine di aprire nuove rotte commerciali per la Cina ed i suoi prodotti, oltre ad aumentare la propria presenza a livello internazionale. Per promuovere la BRI, che si concretizza tramite accordi bilaterali con i singoli governi, la Cina utilizza dei meccanismi complementari, che nel caso dei Balcani occidentali sono rappresentati dalla piattaforma 16+1, denominata anche China-CEE, che inoltre include diversi stati dell'Europa centrale ed orientale.

I prestiti e la "Debt-Trap diplomacy"

Come anticipato, il principale strumento utilizzato da Pechino per raggiungere una maggiore influenza è quello dei prestiti. Sono principalmente due i motivi che hanno spinto diversi governi degli stati dei Balcani occidentali ad accettare prestiti da banche cinesi: da un lato vi è la possibilità di ottenere in breve tempo finanziamenti necessari alla costruzione di infrastrutture considerate centrali nello sviluppo economico dell'area. Tale condizione ha rappresentato un incentivo anche per gli altri Paesi in via di sviluppo, tanto in Africa quanto in altre aree. L'altro elemento principale è costituito dal fatto che, al contrario dell'Unione Europea, Pechino non lega i propri finanziamenti ad alcun tipo di condizionalità e dunque alla necessità di adottare riforme. La Cina si dipinge dunque come un investitore che non ha alcun interesse ad intervenire negli affari interni, obiettivo invece esplicito dell'azione europea. Il problema principale però è che se inizialmente i prestiti cinesi possono essere interpretati come utili strumenti a sostegno dello sviluppo nazionale, essi si rivelano anche degli elementi che consentono alla Cina di ottenere il controllo in settori chiave. È da qui che nasce la teoria della "debt-trap diplomacy" sviluppatasi negli ultimi anni e che sostanzialmente si traduce in un'accusa nei confronti di Pechino, che avrebbe fin dall'inizio l'obiettivo di offrire prestiti ad attori probabilmente inadempienti acquisendo asset strategici. Nonostante la discussione intorno all'esistenza della "debt-trap diplomacy" sia ancora in corso, e siano presenti voci discordanti, gli accordi bilaterali sottoscritti fra le parti sono caratterizzati da un'assenza di trasparenza e alcune trappole legali, come ad esempio l'applicazione in caso di controversie della legge cinese o "meccanismi di compensazione che possono condurre al trasferimento della proprietà o di altri asset a Pechino" (Shopov, 2021). Un caso esemplare di questo genere di condotta è quello del Montenegro, che si trova oggi in una condizione di profonda debolezza rispetto a Pechino per un debito risalente al 2014, quando venne stipulato un contratto per il prestito di circa 800 milioni di euro per la costruzione di un tratto autostradale. Quel contratto contiene al suo interno alcune clausole legali che potrebbero consegnare alla Cina diversi asset strategici del territorio montenegrino (Stanicek, Tarpova, 2022).

Soft power e controllo della narrativa

Seppure la penetrazione economica rappresenti forse il tratto principale dell'azione cinese, l'attivismo di Pechino non si ferma all'acquisizione di società ed all'erogazione di prestiti. È infatti necessario evidenziare una sempre maggiore influenza in ambito politico, ma anche in quello culturale. Dal punto di vista politico, il legame più forte che Pechino è riuscito a stringere è stato quello con la Serbia di Vucic, legame uscito ulteriormente rafforzato dal periodo pandemico, quando la Cina ha fornito aiuti e vaccini. Infatti, a seguito di un'iniziale riluttanza europea, Pechino ha sfruttato appieno la situazione attraverso la c.d. "vaccines diplomacy", ed evidenziando la volontà di voler rimpiazzare il ruolo di partner storicamente attribuito a Mosca (Fruscione, 2021).

In campo culturale è necessario segnalare la presenza di diversi Istituti Confucio ed altri centri culturali cinesi, già in passato accusati di censurare alcuni argomenti ritenuti scomodi per il regime cinese, oltre all'attivazione di programmi di scambio culturale e varie altre forme di collaborazione (Stanicek, Tarpova, 2022). Ciò che però preoccupa maggiormente è il marcato interesse della Cina per il sistema mediatico dei Paesi dell'area.

Pechino sta infatti investendo per riuscire a diffondere una narrativa positiva da parte dei media creando vari legami con giornalisti locali e creando forme di cooperazione con agenzie di stampa e giornali. L'agenzia di stampa cinese Xinhua ha infatti attivato diverse collaborazioni ufficiali con diverse testate sparse nella regione (Bami, 2020). Mentre diminuiscono coperture mediatiche critiche nei confronti delle iniziative cinesi, aumentano quelle che descrivono Pechino come investitore in grado di portare ad un reale sviluppo economico (Shopov, 2021). Sebbene al momento la capacità di influenzare l'opinione pubblica sia bassa, la tendenza è chiara e Pechino sarà sempre più in grado di diffondere la propria narrativa ad un pubblico ampio.

Conclusione

La presenza cinese nei Balcani occidentali, che, come si è visto, non si limita ad una pura penetrazione commerciale, rappresenta sicuramente una sfida per l'Unione Europea e per il processo di allargamento. È infatti vero che la presenza di un investitore che non impone cambiamenti istituzionali e l'adozione di riforme porta ad una diminuzione della capacità dell'Unione di condurre verso quei cambiamenti necessari all'interno dei Paesi dell'area al fine di raggiungere la ricercata convergenza. Inoltre, questa sempre maggiore influenza cinese potrebbe rappresentare un ulteriore ostacolo che si andrebbe a sommare a quelli evidenziati nella prima parte di questo saggio. I prossimi passi saranno decisivi per comprendere se l'UE sarà in grado di rispondere alla sfida posta dalla Cina e se, in un mondo altamente competitivo come quello contemporaneo, sarà in grado di imparare e utilizzare il linguaggio del potere.

Fonti

P. Balázs, The future of EU enlargement, International Issues & Slovak Foreign Policy Affairs, 2013, pp. 3-20, https://www.jstor.org/stable/10.2307/26583452

X. Bami, China Icreasing its footprint in Balkan Media, Study Concludes, Balkan Insight, 9 dicembre 2020, https://balkaninsight.com/2020/12/09/china-increasing-its-footprint-in-balkan-media-study-concludes/

D. Bechev, What Has Stopped Eu Enlargement in the Western Balkans, Carnagie Europe, giugno 2020, https://carnegieeurope.eu/2022/06/20/what-has-stopped-eu-enlargement-in-western-balkans-pub-87348

R. Belloni, M. Brunazzo, After "Brexit": the Western Balkans in the european waiting room, European Review of International Studies, 2017, pp. 21-38, https://www.jstor.org/stable/10.2307/26593648

M. Bonomi, A. Hackaj, D. Reljic, Avoiding the trap of another paper exercise: Why the Western Balkans need a human development-centred EU enlargement model, Istituto Affari Internazionali, gennaio 2020, https://www.jstor.org/stable/resrep23655

M. Bonomi, Eu enlargement policy and socio-economic convergence in the Western Balkans, Institute for Democracy "Societas Civilis", ottobre 2020, https://idscs.org.mk/wp-content/uploads/2020/10/9_A5_EU-enlargement-policy-and-socio-economic-convergence-in-the-Western-Balkans-ENG.pdf

Commissione europea: via libera allo status di candidato alla Bosnia Erzegovina, Osservatorio Balcani e Caucaso Transeuropa, 13 ottobre 2022, https://www.balcanicaucaso.org/aree/Balcani/Commissione-europea-via-libera-allo-status-di-candidato-alla-Bosnia-Erzegovina-221222

B. De Witte, Constitutional Challenges of the Enlargement: Is Further Enlargement Feasible without Constitutional Changes?, Policy Department for Citizen Rights and Constitutional Affairs, marzo 2019,

https://www.europarl.europa.eu/RegData/etudes/IDAN/2019/608
872/IPOL_IDA(2019)608872_EN.pdf

M. Di Liddo, Balcani 2020: una regione contesa nel cuore
dell'Europa, Nota n. 86 per l'Osservatorio di Politica
Internazionale a cura del CeSI, novembre 2020,
https://www.parlamento.it/application/xmanager/projects/parlame
nto/file/repository/affariinternazionali/osservatorio/note/PI0086N
ot.pdf

D. D'urso, L'allargamento dell'Unione Europea ai Balcani
occidentali: evoluzioni recenti, stato dell'arte e prospettive, Nota
n. 87 per l'Osservatorio di Politica Internazionale a cura del
CeSPI, novembre 2020
https://www.cespi.it/it/ricerche/lallargamento-dellunione-
europea-ai-balcani-occidentali-evoluzioni-recenti-stato-dellarte

G. Fruscione, How China's Influence in the Balkans is Growing,
Ispi, 5 febbraio 2021,
https://www.ispionline.it/en/pubblicazione/how-chinas-influence-
balkans-growing-29148

G. Fruscione, Montenegro: l'insostenibile leggerezza del debito,
ISPI, 20 aprile 2021,
https://www.ispionline.it/it/pubblicazione/montenegro-
linsostenibile-leggerezza-del-debito-30098

G. Fruscione, The Virus of Authoritarianism: The Case of Serbia,
in *The pandemic in the Balkans*, Ispi, 2021, pp. 34- 53
https://www.ispionline.it/it/pubblicazione/pandemic-balkans-
geopolitics-and-democracy-stake-29886

L. Hoxha, The Western Balkans EU accession perspective after
the war in Ukraine, Sbunker, Settembre 2022,
https://sbunker.net/uploads/sbunker.net/files/2022/September/21/
LHoxha_WBEUAccession_Sbunker1663755048.pdf

Infografica – L'Ue: principale partner commerciale per i Balcani
occidentali, Consiglio dell'Unione Europea, 2022,
https://www.consilium.europa.eu/it/infographics/the-eu-main-
trade-partner-and-investor-for-the-western-balkans/

L. Jones, S. Hameiri, Debunking the Myth of "Debt trap
Diplomacy" - How Recipient Countries Shape China's Belt and

Road Initiative, Chantam House, 19 agosto 2020, https://www.chathamhouse.org/2020/08/debunking-myth-debt-trap-diplomacy/1-introduction

Nations in Transit 2022 – From Democratic Decline to Authoritarian Aggression, Freedom House, 2022, https://freedomhouse.org/sites/default/files/2022-04/NIT_2022_final_digital.pdf

J. O'Brennan, "On the slow train to nowhere?" The European Union, "Enlargement Fatigue" and the Western Balkans, European Foreign Affairs Review 19, 2014, pp. 221-242, https://mural.maynoothuniversity.ie/7960/

Il parlamento macedone ha approvato un accordo con la Bulgaria che potrebbe sbloccare il processo di adesione della Macedonia del Nord all'Unione Europea, Il Post, 18 luglio 2022 https://www.ilpost.it/2022/07/18/macedonia-del-nord-accordo-bulgaria-entrata-unione-europea/

M. Pierini, Five Takeaways from the European Political Community Summit, Carnagie Europa, 18 ottobre 2022, https://carnegieeurope.eu/strategiceurope/88189

U. Sedelmeier, Enlargement - From Rules for Accession to a Policy Towards Europe, in Policy-Making in the European Union, Oxford University Press, VI edizione, 2010, pp. 402-428

V. Shopov, Decade of patience: How China became a power in the Western Balkans, European Council on foreign relations, 2 febbraio 2021 https://ecfr.eu/publication/decade-of-patience-how-china-became-a-power-in-the-western-balkans/

S. de Silva, L'impatto della guerra in Ucraina sui Balcani occidentali, Nota n. 98 per l'Osservatorio di Politica internazionale a cura del CeSPI, giugno 2022, https://www.parlamento.it/application/xmanager/projects/parlamento/file/repository/affariinternazionali/osservatorio/note/PI0098Not.pdf

B. Stanicek, S. Tarpova, China's strategic interests in the Western Balkans, European Parliamentary Research Service, giugno 2022, https://www.europarl.europa.eu/RegData/etudes/BRIE/2022/733558/EPRS_BRI(2022)733558_EN.pdf

B. Stojkovski e altri, China in the Balkans: Controversy and Cost, Balkans Insight, 15 dicembre 2021, https://balkaninsight.com/2021/12/15/china-in-the-balkans-controversy-and-cost/

W. Zweers, Between effective engagement and damaging politicisation – Prospect for a credible EU enlargement policy to Western Balkans, Clingedael Institute, maggio 2019, http://www.jstor.com/stable/resrep21325

La scelta della protezione temporanea per l'accoglienza dei profughi ucraini in UE. Il carattere temporaneo della protezione Vs quello indeterminato della guerra: quali possibili scenari?

Sara Squadrani - Head Researcher, Mondo Internazionale G.E.O.- Cultura e Società

Abstract

In seguito all'invasione russa dell'Ucraina, iniziata il 24 febbraio 2022, l'Unione europea ha scelto di affrontare l'afflusso massiccio di profughi verso il suo territorio attivando per la prima volta nella storia della sua politica di asilo e immigrazione la Direttiva 2001/55/CE, contenente le norme minime per la concessione della protezione temporanea in caso di afflusso massiccio di sfollati. Gli Stati membri hanno recepito nella propria legislazione la Direttiva dando prova di una capacità di risposta rapida ed efficace con riguardo alla tutela offerta ai cittadini in fuga dall'Ucraina a cui sono stati riconosciuti tali diritti, e che è stata possibile grazie al dispiegamento di forze e risorse supportate dalla giusta volontà politica. Dopo circa otto mesi, dalle situazioni sociali di milioni di persone attualmente accolte in UE emerge che le loro prospettive di vita copriranno un arco temporale che andrà ben oltre la temporaneità di cui è stata connotata la protezione e il permesso di soggiornare loro concessi nei singoli Stati membri, dato che il conflitto è ancora in corso e il ritorno in sicurezza non può ancora essere previsto come chiusura dell'esperienza di accoglienza. Il presente contributo mira, perciò, a delineare quelle che potrebbero essere le prospettive di medio-lungo periodo per lo strumento della protezione temporanea nell'ambito della politica europea di asilo e immigrazione da un lato, e per le esperienze dei titolari di tale protezione dall'altro.

Introduzione

In seguito all'invasione russa dell'Ucraina, iniziata il 24 febbraio 2022, la popolazione presente in Ucraina ha iniziato a spostarsi per fuggire dalle zone di conflitto e per raggiungere aree sicure, anche al di fuori dei confini nazionali e soprattutto verso Stati membri dell'Unione europea. Data la previsione di un elevato numero di persone in arrivo, l'UE ha scelto di riconoscere loro una protezione temporanea attivando per la prima volta nella sua storia la Direttiva 2001/55 del Consiglio dell'Unione Europea. Ciò ha rappresentato un unicum nell'ambito della politica di immigrazione e asilo dell'UE così come nell'ambito delle misure di accoglienza di ciascuno Stato membro, dando l'opportunità a milioni di persone in fuga di avviare percorsi di inclusione nelle società ospitanti.

A distanza di circa otto mesi dall'inizio del conflitto, non si può non interrogarsi su quale sarà il futuro di questa risposta immediata e temporanea pensata per una situazione che però non sembra volgere al termine in tempi brevi. Perciò, attraverso un'analisi della protezione temporanea nel quadro della politica di asilo e immigrazione dell'UE e delle esperienze delle persone in fuga dall'Ucraina nei vari Stati membri, si delineeranno i possibili scenari che potranno aprirsi nel medio-lungo periodo.

La protezione temporanea nel quadro della politica di asilo e immigrazione dell'UE: una novità?

La scelta che l'UE ha operato per affrontare le conseguenze umanitarie del conflitto sugli Stati membri, ovvero l'afflusso massiccio di profughi, ha riguardato l'attivazione di uno strumento che potesse consentire una gestione rapida ed efficiente di tali arrivi, anche al fine di non sovraccaricare i sistemi di asilo nazionali degli Stati membri che, di lì a poco, avrebbero dovuto confrontarsi con un numero senza precedenti di richieste di asilo. Lo strumento consiste nella Direttiva 2001/55/CE.

Tale Direttiva è stata adottata dal Consiglio dell'Unione Europea il 20 luglio 2001 in seguito al conflitto in ex Jugoslavia e ad un confronto tra Stati membri che ha interessato larga parte degli anni '90, e contiene le norme minime per la concessione della protezione temporanea in caso di afflusso massiccio di sfollati. La ratio di questo dispositivo eccezionale è quello di garantire una tutela immediata e transitoria, ovvero con durata limitata, a persone sfollate che non possono ritornare nel loro paese d'origine, e quello di promuovere un equilibrio degli sforzi tra gli Stati membri che ricevono tali persone e subiscono le conseguenze dell'accoglienza delle stesse (art. 1 Direttiva 2001/55/CE), in conformità con gli obblighi internazionali assunti dagli Stati membri riguardo ai rifugiati. È opportuno sottolineare la centralità del carattere temporaneo che dà il nome a questo strumento di protezione, il quale viene concepito per affrontare un momento eccezionale ed evidentemente di crisi per un gruppo consistente di persone in fuga, di cui però non è possibile definire con certezza il momento della sua conclusione.

L'art. 5 della Direttiva 2001/55/CE prevede che l'attivazione del dispositivo avvenga tramite l'accertamento dell'esistenza di un afflusso massiccio di sfollati con decisione del Consiglio adottata a maggioranza qualificata su proposta della Commissione. Difatti, all'indomani dell'inizio del conflitto russo-ucraino di febbraio 2022, il 2 marzo 2002 la Commissione ha proposto la decisione di esecuzione del Consiglio ex art. 5 della Direttiva 2001/55/CE che abbia come effetto l'introduzione di una protezione temporanea per i profughi ucraini. Il 4 marzo successivo il Consiglio dell'UE ha approvato all'unanimità e per la prima volta nella storia europea tale Decisione di attuazione (2022/382).
Nella decisione vengono definite:

- le categorie di persone a cui può applicarsi la protezione temporanea, ovvero non solo ai cittadini ucraini residenti nel paese prima del 24 febbraio 2022, data di inizio dell'invasione militare ad opera delle forze armate russe, ma anche agli apolidi e cittadini di paesi terzi che beneficiavano di protezione internazionale o di protezione nazionale equivalente in Ucraina, o dotati di un permesso di soggiorno permanente in virtù del quale risiedevano nel paese prima del 24 febbraio 2022, e i loro familiari;
- la durata della protezione, conformemente a quanto previsto dalla Direttiva 2001/55/CE, ovvero un anno con possibilità di proroga di sei mesi in sei mesi per un periodo massimo di un anno: questo è perciò l'elemento che ne qualifica la temporaneità;
- le fonti di finanziamento europee per permettere agli Stati membri di implementare le misure contenute nella Decisione, ovvero fondi dell'Unione tra cui il Fondo asilo, migrazione e integrazione, i meccanismi di emergenza e di flessibilità presenti nel quadro finanziario pluriennale 2021-2027, e il Meccanismo europeo di protezione civile;
- e il meccanismo di cooperazione e monitoraggio gestito congiuntamente dalla Commissione, in cooperazione con gli Stati membri, con l'Agenzia Europea della Guardia di Frontiera e Costiera (Frontex), con l'Agenzia dell'Unione Europea per l'Asilo (EUAA) e con l'Agenzia dell'Unione Europea per la Cooperazione nell'Attività di Contrasto (Europol).

Dunque, la protezione temporanea è stata valutata come "lo strumento più adeguato nella situazione attuale" (Decisione (UE), punto 16), straordinaria ed eccezionale. Così come è possibile valutare come straordinaria ed eccezionale la scelta degli Stati membri dell'Unione di attivare tale meccanismo con volontà unanime e con una rapidità senza precedenti. Di fatto la Direttiva 2001/55/CE è rimasta "dormiente" per circa 20 anni (Vitiello, 2022), durante i quali le circostanze per la sua attivazione si sono manifestate in più occasioni ma non hanno mai condotto a proposte della Commissione simili a quella di marzo 2022, come nel caso delle crisi in Libia, Afghanistan e Siria (Carrera, 2022). Il che, in definitiva, sottolinea il carattere politico della scelta di rispondere con una tutela immediata al dramma della fuga in massa dal territorio ucraino. Ma, a distanza di circa otto mesi dall'inizio del conflitto, è opportuno iniziare ad interrogarsi sul futuro di questa risposta immediata e temporanea nei confronti di una situazione che non sembra volgere al termine in tempi brevi, sia sul piano militare in Ucraina che su quello sociale che tocca la vita di milioni di sfollati.

L'implementazione della Direttiva sulla protezione temporanea nei vari Stati membri

I vari Stati membri hanno recepito nella propria legislazione la Direttiva 2001/55/CE in virtù della Decisione 2022/382 del Consiglio. Tra questi, casi particolari sono l'Irlanda, che risulta vincolata dalla Direttiva sulla protezione temporanea per espressa previsione della Decisione 2022/382, e la Danimarca che non lo è e non è perciò obbligata ad implementarla in virtù degli artt. 1 e 2 del protocollo sulla posizione della Danimarca, allegato al trattato sull'Unione europea e al trattato sul funzionamento dell'Unione europea. Questa ha però approvato una legge ad hoc, che è in vigore dal 17 marzo, e che ricalca la risposta attivata dal resto dell'Unione (Nascimbene, 2022).

I singoli Stati membri hanno adottato atti normativi nazionali che definiscono gli aspetti pratici per il riconoscimento della protezione temporanea e quindi per garantire la relativa tutela. Tali atti presentano leggere differenze tra Stato e Stato, in quanto la Direttiva stabilisce le norme minime circa il riconoscimento della protezione temporanea e gli Stati membri hanno la facoltà di stabilire condizioni più favorevoli. Quanto alle norme minime, per tutta la durata della protezione temporanea, gli Stati membri devono garantire ai titolari di quest'ultima il rilascio di un titolo di soggiorno, la possibilità di svolgere attività lavorativa, di partecipare ad attività di istruzione e formazione per adulti e minori, l'accoglienza o i mezzi per ottenere un'abitazione, l'accesso all'assistenza sociale, a contributi di sostentamento e alle cure mediche.

Un aspetto importante che ha un'incidenza sul riconoscimento della protezione temporanea nei vari Stati membri riguarda la possibilità che è stata data alle persone sfollate di scegliere il paese dell'UE in cui richiedere tale protezione. Poiché i cittadini ucraini sono esenti dall'obbligo di visto per fare ingresso nel territorio dell'UE, hanno il diritto di circolare liberamente negli Stati membri per un periodo di 90 giorni e quindi di scegliere in che paese UE stabilirsi per godere dei diritti connessi alla protezione temporanea. In aggiunta a ciò, con una Dichiarazione del 4 marzo 2022, gli Stati membri hanno deciso di non applicare l'art. 11 della Direttiva 2001/55/CE che prevede la riammissione nel territorio di uno Stato membro di una persona titolare di protezione temporanea nel suo territorio, qualora questa faccia ingresso e soggiorni nel territorio di un altro Stato membro. Ciò implica che una volta in possesso di permesso di soggiorno per protezione temporanea, le persone possono viaggiare nel territorio di altri Stati membri per massimo 90 giorni, i quali potrebbero rilasciare anch'essi un titolo di soggiorno per protezione temporanea nel loro territorio. Con le parole di Nascimbene (2022), si tratta di "Un modo diverso ed unico, questo, per affrontare la ripartizione degli oneri" derivanti dall'accoglienza di coloro che intendono chiedere protezione in UE, diverso soprattutto da quanto previsto nel Regolamento "Dublino", n. 604/2013, che stabilisce i criteri e i meccanismi di determinazione dello Stato membro competente per l'esame di una domanda di protezione internazionale.

Tale scelta ha comportato una presenza di fatto sproporzionata di cittadini sfollati dall'Ucraina nei vari Stati membri: Polonia (1.409.139 persone), Germania (709.148), Repubblica Ceca (438.926), Italia (157.609), Spagna (144.668) sono i paesi che ospitano il maggior numero di cittadini in fuga dall'Ucraina (UNHCR, 2022). Tale squilibrio si manifesta anche in uno squilibrio tra oneri e doveri, e quindi riguardo i costi legati all'accoglienza. Ovvero lo stesso squilibrio che generalmente crea attriti in sede europea quando si discute di politica comune di asilo e immigrazione. Dal punto di vista delle persone sfollate, la possibilità di scegliere il luogo in cui stabilirsi è invece utile per il proprio percorso di vita e, eventualmente, di inclusione sociale. Poter scegliere significa, ad esempio, avere la possibilità di raggiungere familiari già soggiornanti in un paese, o raggiungere un paese di cui si conosce la lingua, o in cui si è già vissuto in passato e si possiedono contatti o altre risorse.

In conclusione, come detto nel precedente paragrafo, gli Stati hanno scelto di attivare il meccanismo della protezione temporanea all'unanimità e di fatto, dati i numeri, lo scopo di rispondere immediatamente per non evitare un aggravio eccessivo sui singoli sistemi nazionali di asilo è stato raggiunto, così come ha affermato l'Agenzia dell'Unione Europea per l'Asilo (EUAA). Inoltre, si è data prova di una risposta rapida ed efficace con riguardo alla tutela offerta ai cittadini in fuga dall'Ucraina a cui sono stati riconosciuti diritti sociali, e che è stata possibile grazie al dispiegamento di forze e risorse supportate dalla giusta volontà politica. Difatti, tra il 24 febbraio e il 23 ottobre circa 4,6 milioni di persone, per lo più cittadini ucraini, hanno richiesto protezione temporanea in UE (EUAA, 2022).

Le esperienze delle persone in fuga dall'Ucraina: un permesso temporaneo per una condizione indeterminata

Come detto in precedenza, secondo la Direttiva 2001/55, la protezione temporanea concede una serie di diritti e possibilità ai titolari negli Stati membri in cui l'hanno richiesta. Senz'altro la Decisione 2022/382 ha permesso di assicurare un accesso alla protezione "immediato e completo" a milioni di persone, dimostrando al contempo che gli Stati membri hanno la capacità di farlo (Rasche, 2022). Tuttavia, questo rimane limitato alla durata del titolo di soggiorno per protezione temporanea.
Ad aprile 2022, l'EUAA ha lanciato insieme all'OCSE un sondaggio tra i migranti in arrivo verso l'UE dall'Ucraina (*Survey of Arriving Migrants from Ukraine* – SAM-UKR). Sono state raccolte informazioni riguardo il viaggio, le vulnerabilità, i bisogni, le aspirazioni future, il processo di registrazione e la richiesta di protezione temporanea, la situazione familiare e la situazione attuale delle persone in fuga. Tutti aspetti cruciali che descrivono le esperienze di sradicamento vissute dalle persone sfollate, a cui è importante guardare per formulare soluzioni appropriate e per non trascurare l'umanità dei fenomeni migratori, specialmente di quelli legati ad un conflitto armato. Il sondaggio è stato somministrato su base volontaria, online e in maniera anonima, in lingua inglese, ucraina e russa. Sulla base dei dati raccolti e analizzati al 21 giugno, l'84% degli intervistati ha dichiarato di aver raggiunto la destinazione preferita, utilizzando un autobus, un treno o la propria auto per viaggiare; la maggioranza degli intervistati ha cercato alloggio in sistemazioni private, presso familiari, amici, conoscenti e connazionali, e solo il 13% ha detto di aver ricercato accoglienza in un centro dello Stato membro. Come anticipato in precedenza, questi dati

rivelano che la decisione sul paese in cui cercare rifugio si è basata principalmente sulla presenza locale di familiari o amici e sulle opportunità di lavoro (scelte rispettivamente dal 50% e dal 49% di tutti gli intervistati). Inoltre, sulla base di una scala da 1 a 5, è stata misurata la soddisfazione complessiva degli intervistati, che hanno valutato quella relativa all'accesso ai servizi legali e alle cure mediche con 3,2 su 5 ciascuno, con 3,4 l'istruzione dei bambini, e con 3,6 le condizioni di vita nei paesi che hanno offerto loro protezione.

Nonostante si tratti di dati parziali e corrispondenti solo alla parte di popolazione che è venuta a conoscenza del sondaggio e che ha potuto rispondere con un dispositivo elettronico, questi sono il segno dello sforzo immediato che nei primi quattro mesi dall'inizio del conflitto l'UE e i singoli Stati membri hanno profuso nel garantire protezione, il relativo godimento e l'esercizio dei diritti sociali di cui sono beneficiari i titolari di permesso di soggiorno per protezione temporanea. Tuttavia, ciò rimane vincolato alla scadenza di tale permesso, ovvero il 4 marzo 2023.

Le esperienze degli sfollati provenienti dall'Ucraina sono senz'altro variegate, ma la maggioranza di questi hanno ormai avviato percorsi di inclusione nelle società degli Stati membri, attraverso l'apprendimento della lingua locale, la ricerca di un'occupazione, l'inserimento scolastico dei minori, e la creazione di relazioni sociali sul territorio. È opportuno, perciò, guardare anche alla concretezza delle vite delle persone accolte: molte di loro sono arrivate da fine febbraio in poi pensando che sarebbe stato un soggiorno davvero temporaneo ma, sperando di poter rientrare in patria quanto prima, sono rimaste nello Stato dell'UE in cui hanno ottenuto la protezione. Alcune persone hanno fatto ritorno in Ucraina definitivamente, soprattutto nelle aree più stabili, e alcune di queste sono poi rientrate in UE per motivi di sicurezza. Tante altre, infine, non pensano affatto di poter tornare a breve perché non sono più in possesso della loro casa e i luoghi della loro precedente quotidianità non sono più sicuri. Queste tendenze sono riscontrabili in un sondaggio condotto da UNHCR tra agosto e settembre, basato su 4.800 risposte, e che si interroga sulle intenzioni e le prospettive dei cittadini sfollati dall'Ucraina (UNHCR, 2022). Di fatti, dalle situazioni sociali di milioni di persone attualmente accolti in UE emerge che le loro prospettive di vita copriranno un arco temporale che andrà ben oltre la temporaneità di cui è stata connotata la protezione e il permesso di soggiornare loro concessi nei singoli Stati membri, dato che il conflitto è ancora in corso e il ritorno in sicurezza non può ancora essere previsto come chiusura dell'esperienza di accoglienza.

Quali possibili scenari?

In conclusione, in un sistema di sperati doppi vantaggi per l'UE - immediata protezione per gli sfollati e non sovraccarico dei sistemi di asilo nazionali - non si può non guardare a quelle che potrebbero essere le prospettive di lungo periodo (2) per lo strumento della protezione temporanea nell'ambito della politica europea di asilo e immigrazione da un lato, e (1) per le esperienze dei titolari di tale protezione dall'altro.

1 Quanto a queste ultime, appare evidente come il prolungamento della permanenza nei vari Stati membri dovuto al proseguire del conflitto sul territorio ucraino porterà i cittadini sfollati ad intensificare il loro inserimento nel tessuto sociale nazionale, attraverso l'entrata nel mondo del lavoro, l'accesso continuato ai servizi sanitari, sociali e di istruzione. Tutte questioni che hanno a che fare, quindi, con un soggiorno prolungato e non più temporaneo. Già nel preambolo della Decisione di marzo 2022, al punto 6, l'UE fa riferimento alle possibili traiettorie che le esperienze migratorie degli sfollati ucraini potrebbero prendere, alla luce delle esperienze passate osservate in seguito all'invasione russa della Crimea: "si prevede che metà degli ucraini che giungono nell'Unione […] raggiungerà familiari o cercherà lavoro nell'Unione, mentre l'altra metà richiederà protezione internazionale". Perciò, di fronte a tali traiettorie, si apriranno possibilità per estendere la protezione temporanea concessa fin qui ovvero per estendere il soggiorno nel territorio dell'UE e/o per contemplare il ritorno in sicurezza, che però al momento non può essere una soluzione praticabile e implementabile nei prossimi mesi.
Dunque, quanto alla prima opzione, il contesto geopolitico attuale che interessa l'Ucraina, e le conseguenti criticità umanitarie che vive il paese, suggeriscono che ci sarà una proroga della scadenza del titolo di soggiorno per protezione temporanea e dei relativi diritti, e questo sarà previsto a livello europeo lasciando la facoltà agli Stati membri di applicare disposizioni più favorevoli. Una volta esaurita la possibilità di estendere la protezione temporanea, o in concomitanza con tale proroga, gli Stati membri

potrebbero prevedere la possibilità di convertire il titolo di soggiorno per protezione temporanea in permesso di soggiorno di lungo periodo o riconoscendo lo status di rifugiato ai singoli o, in alternativa, la protezione sussidiaria. Il passaggio dalla protezione temporanea allo status di rifugiato dovrebbe necessariamente passare per una richiesta di protezione internazionale, ma questo potrebbe causare ciò che si è voluto evitare con l'implementazione della protezione temporanea, ovvero un'eccessiva pressione sui sistemi nazionali di asilo. Per questo, probabilmente l'UE e gli Stati membri potrebbero scegliere la strada della conversione del permesso per protezione temporanea in un permesso di soggiorno di lungo periodo in presenza dei requisiti necessari per il suo rilascio (Direttiva 2003/109/CE).

Ragionare sul riconoscimento di un particolare titolo che consente il soggiorno in UE significa guardare ai diritti che lo straniero acquisisce e di cui può godere, e questo ovviamente incide sulla sua esperienza di vita. L'UE a marzo 2022 ha deciso di offrire immediatamente protezione, riconoscendo diritti e garantendo l'accesso a servizi pubblici ai cittadini in fuga dall'Ucraina, mentre nei prossimi mesi si troverà a dover fare ciò non più temporaneamente e a dover immaginare prospettive reali di inclusione per tutte le persone ospitate. Come evidenzia Rasche (2022), l'UE si troverà necessariamente a discutere su come passare da una risposta di emergenza ad una crisi, ad una strategia efficace ed efficiente per il lungo periodo, anche riflettendo sulle prospettive delle persone ucraine accolte. Ciò avverrà in un contesto in cui qualcosa è già cambiato per la politica di asilo e immigrazione dell'UE.

2 Quanto allo strumento della protezione temporanea, la tempestiva attivazione della direttiva 2001/55/CE sembra poter annunciare l'inizio di un cambiamento di rotta per la politica di asilo e immigrazione dell'UE. Questa è da considerarsi una svolta probabile nella direzione di una maggiore solidarietà e maggiore tendenza ad accogliere e garantire protezione a determinati gruppi di persone bisognose, data l'unanimità e la rapidità con cui si è lanciato un meccanismo di tutela come la protezione temporanea, e dato lo sforzo dimostrato dai vari Stati membri di

accogliere e gestire procedure burocratiche per numeri consistenti di persone in un arco temporale ridotto. Tutto ciò ha infatti reso possibile implementare in poche settimane un meccanismo di protezione mai usato prima. Tuttavia, il cambiamento di rotta della politica dell'UE sarà meno probabile se saranno riaperti e insanabili gli scontri sui classici punti caldi della definizione di una politica comune di asilo e immigrazione. Tra questi c'è, in primis, la distribuzione dei costi e degli sforzi di accoglienza che, come si è visto, nel caso della protezione temporanea per la crisi ucraina non è stata ponderata; in secondo luogo troviamo l'individuazione della fonte e dell'ammontare dei finanziamenti destinati alle attività di accoglienza e inclusione di rifugiati e migranti; e, in terzo luogo, la definizione dei criteri di individuazione dei beneficiari della protezione, posto che la protezione temporanea stessa ha di fatto creato un doppio standard tra tutte le persone bisognose di protezione basato sulla loro origine e in particolare sul contesto geopolitico di provenienza (Rasche, 2022). Se questi aspetti saranno esacerbati, si potranno creare condizioni non favorevoli per una evoluzione della politica di asilo e immigrazione che di fatto non assorbirà gli elementi che hanno garantito una protezione efficace in tempi brevi ad un numero eccezionale di persone forzate a lasciare il proprio paese.

Ciò che è certo, è che la scelta di accogliere le persone in fuga dal conflitto ucraino attraverso la protezione temporanea crea un precedente nella storia dell'UE e della sua politica di asilo e immigrazione che porterà l'Unione stessa a rivalutare il carattere temporaneo di tale protezione per i suoi titolari, e a fare scelte nel futuro che risentiranno di questa esperienza.

Fonti

S. Carrera, M. I. Ciger, L. Vosyliute, L. Brumat, *The EU grants temporary protection for people fleeing war in Ukraine Time to rethink unequal solidarity in EU asylum policy*, CEPS Policy Insights, No 2022-09, Marzo 2022. https://www.ceps.eu/wp-content/uploads/2022/03/CEPS-PI2022-09_ASILE_EU-grants-temporary-protection-for-people-fleeing-war-in-Ukraine-1.pdf

Commissione europea, Proposta di decisione di esecuzione del Consiglio 2022/0069 (NLE) del 2 marzo 2022. https://eur-lex.europa.eu/legal-content/IT/TXT/PDF/?uri=CELEX:52022PC0091&from=EN

Commissione europea, Raccomandazione della Commissione (UE) 2022/554 del 5 aprile 2022. https://eur-lex.europa.eu/legal-content/EN/TXT/HTML/?uri=CELEX:32022H0554

Consiglio dell'Unione Europea, Direttiva 2001/55/CE del 20 luglio 2001. https://eur-lex.europa.eu/legal-content/IT/TXT/PDF/?uri=CELEX:32001L0055&from=en

Consiglio dell'Unione Europea, Decisione di esecuzione (UE) 2022/382 del 4 marzo 2022https://eur-lex.europa.eu/legal-content/IT/TXT/PDF/?uri=CELEX:32022D0382&from=EN

B. Nascimbene, "Editoriale", Diritto, Immigrazione e Cittadinanza, Fascicolo 2, Luglio 2022. https://www.dirittoimmigrazionecittadinanza.it/144-fascicolo-n-2-2022/editoriale-n-2-2022/263-editoriale

L. Rasche, "Implementing Temporary Protection in the EU: From crisis response to long-term strategy", Hertie School. Jacques Delors Centre, 24 giugno 2022. https://www.delorscentre.eu/en/detail/publication/temporary-protection

D. Vitiello, "The Nansen Passport and the EU Temporary Protection Directive: Reflections on Solidarity, Mobility Rights and the Future of Asylum in Europe", European Papers, Vol. 7, No1, 2022, pp. 15-30. https://www.europeanpapers.eu/it/europeanforum/nansen-passport-eu-temporary-protection-directive-solidarity-mobility-rights-future-asylum

UNHCR, Operational Data Portal. Ukraine Refugees Situation, https://data.unhcr.org/en/situations/ukraine.

UNHCR, *Lives on Hold: Intentions and Perspectives of Refugees from Ukraine #2, UNHCR Regional Bureau for Europe*, 2022. https://data.unhcr.org/en/documents/details/95767

Africa

Crescita demografica africana - crescita, trend e prospettive

Andrea Marco Silvestri - Vicepresidente, Mondo Internazionale APS ETS

Abstract
La seguente analisi tratta di aspetti demografici riguardanti il continente africano. In particolare, viene affrontato il tanto dibattuto tema dell'incremento demografico nel continente e del relativo rischio di sovraffollamento a livello globale che, unito ad una probabile scarsità di risorse in molti territori, comporta una possibile minaccia grave per lo sviluppo e la sopravvivenza della nostra specie e della stabilità delle nostre società complesse, soprattutto in un mondo interconnesso e globale.

L'articolo si delinea in sezioni differenti che trattano le tematiche selezionate alternando dati tipicamente statistico-demografici con riflessioni di carattere socio-antropologico. In conclusione, vengono presentati alcuni scenari plausibili per il futuro a medio termine, frutto di analisi previsionale.

Introduzione

La demografia africana si è fortemente sviluppata negli ultimi decenni, assumendo un ruolo sempre più autorevole nel mondo accademico, e non. In 50 anni, la disciplina è cresciuta in modo esponenziale nel numero di istituti di formazione e ricerca, esperti specializzati e risultati accademici, il tutto con l'obiettivo di affrontare le enormi sfide demografiche presenti nel continente (ISPI, 2021).

L'aspetto demografico in una determinata area geografica è un criterio fondamentale per analizzarne il terreno da un punto di vista sociale, antropologico e spesso anche politico-economico. Comprendere infatti come la popolazione di una regione o di un'area specificamente delimitata cresca è enormemente importante nel campo delle scienze sociali, dell'analisi geopolitica, dell'etnografia e molto altro.

All'interno dell'articolo verranno brevemente riportati e spiegati i principali indicatori demografici utilizzati all'interno dell'analisi per prendere in esame il macro-tema dello sviluppo demografico nell'Africa contemporanea.

In un secondo momento verranno invece presentati gli sviluppi, a livello demografico, della popolazione in tre specifici contesti del continente: la Nigeria, l'Etiopia e Il Sudafrica.

Al termine dell'articolo è stata dedicata un'ampia sezione alle presentazioni di possibili scenari retti da quanto spiegato nella trattazione, supportato da dati relativi a trend demografico-statistici. La finalità del testo è infatti quella di permettere al lettore, sia neofita che specialista, di ricavare utili mezzi di riflessione sui risvolti della crescita demografica in Africa da un punto di vista sia prettamente demografico che geopolitico.

Indici demografici

Esistono diversi elementi di fondamentale importanza da valutare quando si affronta lo studio demografico in una regione o un continente. Per quanto riguarda il continente africano, sono molti gli indicatori di cui valga la pena interessarsi onde meglio comprendere l'andamento delle popolazioni presenti sul territorio. In particolare, in questo articolo si porrà l'attenzione sugli elementi seguenti quali i censimenti e i macro-indici specifici a livello continentale mentre, nella sezione successiva, verranno trattati tre Paesi africani particolarmente interessanti per ragioni specifiche, spiegate nel testo.
I censimenti sono spesso operazioni complesse da attuare nella maggior parte dei terreni, essi richiedono molto tempo in particolare in quei Paesi in cui l'apparato burocratico e la presenza dello Stato non siano particolarmente capillari in tutto il proprio territorio. Il censimento è un utile strumento volto a conteggiare in maniera più precisa possibile la popolazione complessiva di uno Stato. Oltre al dato primario, ossia il quantitativo numerico di cittadini effettivamente presenti in un dato momento, sono molti i dati secondari che vengono ottenuti grazie al censimento stesso, tra questi: L'età media della popolazione, la diffusione e la densità demografica, il gruppo etnico di appartenenza e molto altro. (Cascioli,1996)

Gli indici demografici vengono poi tracciati dagli esperti che svolgono tali studi all'interno degli apparati statali o in enti di ricerca specializzati. Gli indici servono allo scopo di fornire rapidamente al fruitore una modalità di comprensione di una particolare dinamica di incremento, decremento o mutamento demografico. Tra i più noti e rilevanti nominiamo: Il tasso annuo di incremento, il saldo naturale, i tassi di natalità e mortalità e il saldo migratorio.

In molti Paesi africani i dati a nostra disposizione non sono estremamente precisi ma, anche approssimativamente, si evince chiaramente come l'avanzamento demografico sia enormemente impari se paragonato a quello di un qualsiasi Stato europeo (ISPI, 2021).

Il caso nigeriano

Il primo Paese singolo preso in esame in questa analisi è la Nigeria, Stato che ricopre un ruolo fondamentale situato in Africa Occidentale. La federazione nigeriana rappresenta già, e continuerà a farlo in futuro, il Paese maggiormente popolato del continente africano. Un dato straordinariamente rilevante sotto diversi punti di vista relativi all'interpretazione del futuro africano a medio e lungo termine.
La Nigeria, come la maggior parte degli Stati subsahariani, ha affrontato la sua "transizione demografica" solamente nell'ultimo decennio. Con tale termine si intende quel fondamentale passaggio socioeconomico che porta le innovazioni tecnologiche a diffondersi capillarmente in un dato territorio migliorando così il mondo del lavoro, la salute globale, l'istruzione e molti altri elementi correlati volti a migliorare il benessere generale della popolazione, generando di conseguenza il suo smisurato sviluppo a livello numerico.

Oggi la popolazione nigeriana, spesso concentrata nei principali centri urbani, sfiora i 220 milioni, fra 20 anni potrebbero raggiungere i 300 milioni divenendo il terzo Paese più popoloso al mondo.
Alcuni dati:

- Popolazione Tasso di crescita: 13075 / giorno.
- Nascite Tasso di crescita: 19587 / giorno.
- Morti Tasso di crescita: 6512 / giorno.

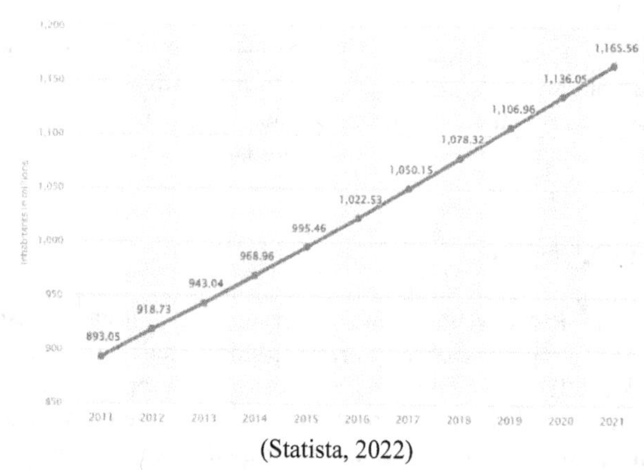

(Statista, 2022)

L'Etiopia, culla dell'umanità

L'Etiopia è simbolo di natività sin dai tempi più antichi. Gli studi paleo-antropologici, infatti, ci suggeriscono che sia proprio sugli altopiani di questo magnifico territorio che si sono sviluppati i primi esseri umani per come li conosciamo oggi. Anche nell'era contemporanea il territorio etiope non smette di certo di meravigliarci (Cascioli,1996).

Ad oggi la popolazione dell'Etiopia è di 117.400.200 persone. Una popolazione notevole se calcolata su una superficie di poco più di un milione di metri quadrati di cui molte aree quasi interamente disabitate a causa di problemi climatici o per scarsità totale di risorse. L'Etiopia ha rappresentato per molti anni una delle economie in più rapida crescita a livello globale, non sorprende dunque che la sua popolazione cresca di pari passo con gli sviluppi economici (Statista, 2022).

Alcuni dati:
- Popolazione Tasso di crescita: 6728 / giorno
- Nascite Tasso di crescita: 8686/giorno.
- Morti Tasso di crescita: 1958 / giorno.

Sudafrica come estremo

All'estremità meridionale del continente africano si posizione un Paese che ricopre una straordinaria importanza sotto molti punti di vista: da quello economico-politico a quello sanitario. La

98

popolazione sudafricana non è tra le più "impressionanti" in un continente che spesso vanta record per natalità, densità di abitanti e giovinezza media della popolazione. Si parla appunto di appena 60 milioni di cittadini su un territorio immenso di quasi 1.220.000 km². (Statista, 2022)

Tristemente il record sudafricano è diverso ed indica una grave situazione sanitaria: in sudafrica si riscontra il drammatico dato della maggiore incidenza di sieropositivi in tutta l'Africa.
"L'Hiv/Aids continua a devastare l'Africa, dove vive l'11% della popolazione mondiale ma il 60% dei sieropositivi. Sebbene l'Hiv/Aids sia tuttora la principale causa di mortalità fra gli adulti, sempre più persone ricevono farmaci salvavita. Il numero di persone sieropositive curate con antiretrovirali è aumentato di otto volte, salendo da 100.000 nel dicembre 200 a 810.000 nel dicembre 2005." (OMS, 2022)
L'incidenza di una malattia in una popolazione ne cambia repentinamente la demografia oltre a servirsi delle dinamiche di transizione demografica per una più rapida diffusione.

Alcuni dati:
- Popolazione Tasso di crescita: 1335/ giorno
- Nascite Tasso di crescita: 3260/giorno.
- Morti Tasso di crescita: 1925 / giorno.

Trend e prospettive future

Trattare di demografia in un continente ampio e sfaccettato come quello africano non è impresa facile. I dati in nostro possesso sono infatti spesso ancora frammentari a causa di un mancato allineamento scientifico-statistico in diversi territori. I censimenti e la trattazione dei dati demografici sono spesso ancora insufficienti per darci una reale entità di alcuni fenomeni quali la reale collocazione della popolazione all'interno di specifiche aree suburbane nelle più grandi città africane o nelle aree più tipicamente rurali, spesso sottovalutate per importanza e rilevanza.

Alla luce di quanto emerso già dai pochi dati presentati su alcuni degli Stati presi in analisi si evince come la popolazione africana sia in crescita in maniera esponenziale e spesso incontrollabile ma anche come tale crescita ci riguardi tutti a livello globale. Fra 10 anni le stime dei demografi di tutto il mondo ci ricordano che il 25% della popolazione mondiale sarà di origine subsahariana.

Tracciare scenari è il compito principale degli analisti e i dati raccolti ed interpretati sono la base per delineare i possibili andamenti di una dinamica umana che, come spesso accade a livello globale, ha ripercussioni su molteplici aree e su dinamiche plurime e diversificate.

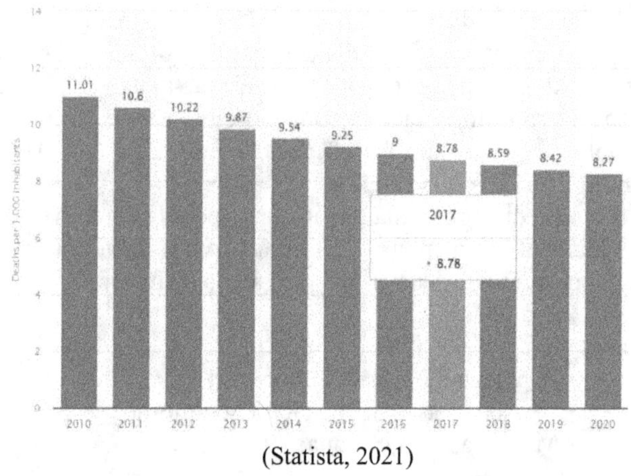

(Statista, 2021)

Gli scenari possibili che andranno a delinearsi a livello globale nei prossimi 10-15 anni a seguito di una repentina e consistente crescita demografica nel continente africano sono i seguenti.

Tre scenari possibili:

La carestia e le guerre: Una crescita demografica repentina e non supportata da un adeguato ampliamento delle tecniche produttive nel campo alimentare potrebbe portare ad ulteriori peggioramenti relativi alla condizione della sicurezza e sovranità alimentare di molti Paesi.

Inoltre, ad inasprire gli output relativi alle guerre e alle possibili carestie in diverse aree del continente, si presenterebbero costantemente i duri segni del cambiamento climatico che già colpisce aree come il Sahel in maniera particolarmente severa. In pochi anni le risorse si esaurirebbero e buona parte delle aree attualmente in pace rischierebbero di cadere in annose e complesse guerre civili basate sull'acqua, sul cibo e sull'energia con conseguenze catastrofiche.

L'adattamento tecnologico: Un notevole e rapido avanzamento della tecnologia su più fronti contemporanei potrebbe di fatto fornire le competenze necessarie agli Stati presi in esame come più popolosi. Per attuare tali operazioni sarebbero indispensabili giganteschi investimenti che vadano a coinvolgere anche le potenze occidentali oltre che le grandi organizzazioni internazionali quali NATO, ONU e Unione Europea (Bacaër,2021).

La migrazione di massa e la sostituzione etnica sono in parte dinamiche che stanno già avvenendo e coinvolgono diverse aree dell'Africa e dell'area MENA con Paesi di destinazione situati maggiormente in Europa. A livello di probabilità, questo scenario, anche in combinazione con elementi disgiunti dei precedenti, è e resta il più probabile per il futuro.

I dati italiani:
- Popolazione Tasso di crescita: 9 / giorno.
- Nascite Tasso di crescita: 1683 / giorno.
- Morti Tasso di crescita: 1674 / giorno.
  (Statista,2022)

Fonti

N. Bacaër, Una breve storia della dinamica matematica delle popolazioni. Paris 2021.
R. Cascioli, *Il complotto demografico*, Piemme 1996.
La crescita demografica dell'Africa, ISPI, 2021. https://www.ispionline.it/it/pubblicazione/la-crescita-demografica-dellafrica-29041
G.A. Micheli, *Demografie*, McGraw-Hill, Milano 2011.
C.O. Odimegwu & Y. Adewoyin (Eds.). *The Routledge Handbook of African Demography* (1st ed.). Routledge, 2022.
"Demographics of Africa, Statistics and Facts", Statista. https://www.statista.com/topics/7928/demographics-of-africa/.
Why is Africa's population expected to boom? BBC what's New.   (Video) https://www.youtube.com/watch?v=KF49iEgd1rY.

Sahara Occidentale: Conseguenze strategico-economiche dell'impasse del Magreb

Matteo Gabutti - Autore, Mondo Internazionale Post - Società e legge

Abstract

Il Sahara Occidentale è un territorio non autonomo situato a sud del Marocco, la cui sovranità è contesa dal 1975 tra Rabat ed il rappresentante internazionale del popolo Sahrawi, ovvero il Fronte POLISARIO. Dal 1991, la regione ospita una missione ONU di peacekeeping volta a svolgere un referendum sul suo destino politico. La situazione si è tuttavia involuta in un'impasse in cui a raccogliere sempre più consensi è la proposta di annessione come regione autonoma del Sahara Occidentale da parte del Marocco, a discapito di un ormai implausibile plebiscito. Lo schieramento a favore di Rabat da parte degli USA e dei Paesi trainanti dell'UE – strettamente legata al regno sceriffo sul piano economico –, rischia però d'inimicare al blocco occidentale l'Algeria, sostenitrice del POLISARIO e rivale del Marocco, che sta assumendo un ruolo sempre più centrale per l'Europa in luce delle conseguenze economico-energetiche del conflitto russo-ucraino. La questione del Sahara Occidentale ha perciò delle ripercussioni significative sulla stabilità del Magreb e sui rapporti strategico-economici dell'area con il vecchio continente.

Introduzione

Tra i 200 ed i 300 km dalla costa atlantica, alle latitudini della Mauritania, le propaggini più occidentali del Sahara sono interrotte da un'interminabile cresta sabbiosa alta tre metri. Si tratta del berm, o "Muro di sabbia", eretto dall'Esercito regio marocchino tra il 1980 ed il 1987 per tracciare una linea di demarcazione longitudinale di più di 2200 km attraverso il Sahara Occidentale. Imponente ma difficilmente avvicinabile, il Muro è sorvegliato da più di 100.000 soldati marocchini (MacLean, 2018), in un'area tuttora considerata come sito di una delle più dense concentrazioni di mine al mondo (Mine Action Review, 2021).

Quello del Sahara Occidentale si presenta dunque come uno dei fronti ancora caldi della decolonizzazione. Una terra contesa tra il governo di Rabat e il cosiddetto Fronte POLISARIO, pomo della discordia tra Marocco ed Algeria, ed infine zona cruciale sul piano geopolitico, al cui destino è legato quello delle relazioni del Magreb con l'Unione Europea e il resto del globo.

Geografia e risorse

Composto dalle regioni geografiche del Río de Oro e di Saguia el-Hamra, il Sahara Occidentale rappresenta la punta più meridionale del Marocco, incastonata tra l'Oceano Atlantico a ovest e la Mauritania a sud e ad est, con un breve confine con l'Algeria nel nordest. Con un'estensione totale di circa 252'120 km^2 e circa 600'000 abitanti (UNFPA, 2022), la regione è prevalentemente desertica, e al di là della zona costiera si presta poco all'agricoltura. Decisamente più importante è la pesca, e ancor di più l'estrazione mineraria, visti i vasti depositi di fosfato presso la località di Bu Craa (Britannica).

Quest'ultima, in particolare, forma con la città di Smara e soprattutto con Laayoune il polo trainante dell'economia locale. Ancora oggi fosfati e derivati rappresentano una risorsa cruciale per Rabat, con un bilancio dei pagamenti destinato a salire dai 4,3 del 2020 ai 7,5 miliardi di dollari nel 2026, secondo l'ultimo report del Fondo Monetario Internazionale. Inoltre, tra il 2019 e il 2021, quello dei fosfati è stato il settore che ha concluso il biennio con l'espansione più elevata (Figura 1), ponendosi alla guida della crescita delle esportazioni marocchine (FMI, 2022).

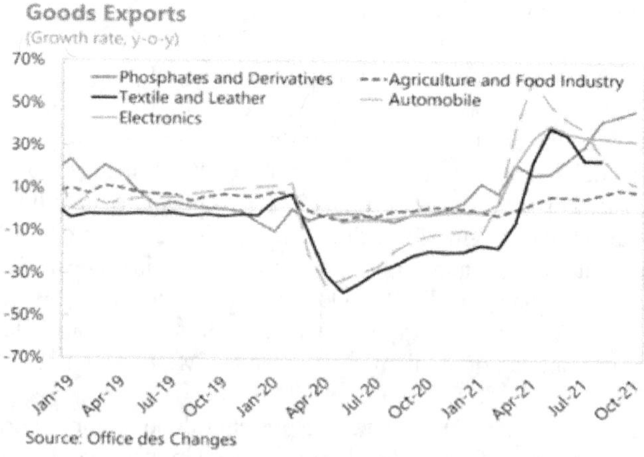

Figura 1 (FMI, 2022)

Storia post-coloniale

Caduto sotto il controllo spagnolo fin dal 1884, il Sahara Occidentale presenta una storia legata a doppio filo con la decolonizzazione, ovvero il processo politico d'indipendenza dei territori sottoposti a regimi coloniali inaugurato nel secondo dopoguerra. In un certo senso, nella regione tale processo appare ancora lungi dal considerarsi concluso.

Rivendicato dalle ex colonie francesi Marocco e Mauritania, negli anni '70, in seguito alla scoperta dei depositi minerari di Bu Craa, il territorio del Sahara Occidentale assistette all'emergere di un forte sentimento nazionale ed anticoloniale da parte delle popolazioni nomadi indigene, i Sahrawi. Riuniti nel Fronte POLISARIO, questi ultimi insorsero costringendo la Spagna a dichiarare il proprio ritiro dalla regione nel 1975. La stessa Assemblea Generale delle Nazioni Unite (UNGA) garantì al Sahara Occidentale il diritto all'autodeterminazione attraverso un referendum con le Risoluzioni 2072/65 e 2229/66. Diritto poi confermato nel celebre parere consultivo della Corte Internazionale di Giustizia – per la verità non privo di criticità (Saddiki, 2017) –, che negava le pretese di sovranità marocchine e mauritane sul Sahara Occidentale, asserendo che quest'ultimo non fosse una terra nullius prima della colonizzazione.

Ciononostante, il re del Marocco Hassan II vi condusse più di 300'500 connazionali con la cosiddetta "marcia verde", e, sotto le pressioni marocchine e mauritane che si sommavano a questioni interne, il governo spagnolo acconsentì alla partizione del territorio fra i due Paesi africani, a discapito del Fronte POLISARIO. Quest'ultimo, tuttavia, iniziò una campagna di guerriglia contro i nuovi usurpatori, e nel 1976 stabilì la Repubblica Araba Democratica del Sahara (RASD), un governo in esilio in Algeria, sostenitrice del Fronte fin dal primo momento.

Dopo il ritiro della Mauritania e con il sostegno militare algerino, la guerriglia del Fronte contro Rabat si protrasse per tutti gli anni '80, spingendo il regno sceriffo a costruire il già menzionato berm. Dunque, il Fronte venne confinato nella parte più interna del Sahara Occidentale, lasciando al Marocco il controllo de facto di tutto il resto della regione, inclusa la costa e i ricchi depositi minerari. Ciononostante, la legittimità del POLISARIO come rappresentante del popolo Sahrawi non subì gravi tentennamenti a livello globale, come confermato dal piano proposto dall'ONU nel 1991 poco dopo la redazione di una nuova, più democratica costituzione per la RASD.

Nel quadro ONU

Il Consiglio di Sicurezza delle Nazioni Unite (UNSC) riuscì infatti ad ottenere un cessate il fuoco tra il Fronte e l'esercito marocchino. Nacque così MINURSO, un'operazione di peacekeeping sotto l'egida dell'ONU finalizzata allo svolgimento del referendum sul destino politico della regione. Ad oggi, tuttavia, nessun plebiscito ha avuto luogo, in un'impasse ormai decennale dovuta all'atteggiamento intransigente di entrambi gli schieramenti, con il Fronte che considera la possibilità di scegliere la completa indipendenza come una conditio sine qua non, e con Rabat che identifica nell'esclusione di questa possibilità una base negoziale imprescindibile.

La maggioranza della popolazione Sahrawi è stata così costretta a sedentarizzarsi da una parte o dall'altra del berm, con migliaia di famiglie separate da anni da un confine artificiale, e molti autoctoni obbligati a vivere nei campi profughi di Tindouf, in Algeria. Lo stesso cessate il fuoco ha lasciato il posto ad un ritorno alle ostilità, innescato dalla violenta risposta del Marocco ad un sit-in attuato nella città di frontiera di Guerguerat, nell'autunno del 2020 (Lebovich, 2020).

Tra stanchezza e pragmatismo, la via verso il referendum – obiettivo principe iscritto nel nome stesso di MINURSO – appare sempre meno verosimile anche agli stessi caschi blu, che hanno mostrato un crescente interesse per il piano di autonomia regionale proposto dal Marocco nel 2007. Nella sua ultima risoluzione sul Sahara Occidentale, per esempio, l'UNSC non solo non ha menzionato il plebiscito, ma ha anche accolto con favore "gli sforzi seri e credibili del Marocco per far progredire il processo verso la risoluzione" (UNSC, 2021). Espressione di un cambio di prospettiva sulla vicenda da parte della comunità internazionale, decisamente accelerato dallo schieramento di Trump nel 2020.

Tensioni in Nordafrica

A pochi mesi dal termine del proprio mandato, infatti, Donald Trump fece degli Stati Uniti il primo Paese occidentale a riconoscere la sovranità del Marocco sul Sahara Occidentale, come contropartita per l'avvicinamento di Rabat a Gerusalemme nel più ampio quadro degli Accordi di Abramo – una dichiarazione sulla normalizzazione dei rapporti tra Israele ed Emirati Arabi Uniti di cui l'ex inquilino della Casa Bianca rivendica la paternità. L'appoggio statunitense – de facto confermato dall'amministrazione Biden – avrebbe ingagliardito il regno sceriffo, giocando dunque un ruolo cruciale nei suoi rinnovati interventi militari contro il Fronte (Lebovich, 2021).

Di certo, la novità ha causato una recrudescenza delle tensioni tra Rabat e Algeri, in loco fin da quando Hassan II tentò d'invadere la neo-indipendente Algeria nel 1963. Il sostegno irremovibile di quest'ultima al POLISARIO è infatti solo un aspetto di una rivalità storica, che ha di fatto ucciso sul nascere l'Unione del Magreb arabo, stretta nel 1989 tra Algeria, Libia, Mauritania, Marocco e Tunisia (Zoubir, 2021). Nell'ultimo decennio, in particolare, l'atteggiamento sempre più aggressivo del regno sceriffo, le dimissioni forzate del Presidente algerino Abdelaziz Bouteflika – che aveva sostanzialmente messo da parte la questione del Sahara Occidentale –, la benedizione di Trump a Rabat, e le rinnovate ostilità con il POLISARIO hanno dato vita ad una guerra diplomatica tra Algeria e Marocco (Le Monde, settembre 2022).

Nell'agosto del 2021, Algeri decideva di rompere le proprie relazioni diplomatiche con Rabat e, due mesi più tardi, di chiudere il gasdotto Magreb-Europa, con cui forniva gas naturale alla Spagna passando per il regno sceriffo. Più recentemente, inoltre, quest'ultimo ha richiamato il proprio ambasciatore da Tunisi, in reazione all'accoglienza riservata dal presidente Saïed al leader della RASD Brahim Ghali, un gesto che porrebbe la Tunisia nel campo pro-algerino agli occhi di Rabat (Le Monde, settembre 2022).

Una simile ritorsione era stata già riservata alla Spagna, rea di aver accolto Ghali in un proprio ospedale nell'aprile del 2021. In quella circostanza, però, il Marocco avrebbe giocato anche la persuasiva carta dell'immigrazione. A maggio 2021, infatti, l'enclave spagnola di Ceuta ha dovuto fronteggiare l'ingresso incontrollato di più di 8'000 migranti in appena 24 ore, favorito dalle guardie di frontiera marocchine (Peltier, 2021). Di conseguenza, Madrid si era subito mossa per riappacificarsi con il vicino nordafricano, approvandone il piano per l'annessione de iure del Sahara Occidentale come regione autonoma (Minder, 2022). Una concessione che rischia di compromettere seriamente le relazioni spagnolo-algerine. Il Paese africano ha infatti richiamato in patria il proprio ambasciatore, minacciando inoltre un aumento del prezzo del gas fornito al Paese iberico, di cui Algeri è divenuto un fornitore chiave anche in luce delle conseguenze economico-energetiche del conflitto russo-ucraino (Le Monde, settembre 2022). Minacce che, con gran sollievo di Madrid, si sono tradotte in un nulla di fatto (Reuters, 2022).

Nonostante la rinnovata importanza strategica dell'Algeria per l'Europa, tuttavia, la Spagna non è stata l'unica a dirsi favorevole al piano d'autonomia marocchino per il Sahara Occidentale. Quest'ultimo è stato infatti descritto come serio e credibile dai Paesi Bassi (The Arab Weekly, 2022), e come "una buona base per una soluzione accettabile da entrambi gli schieramenti" dalla Germania, la quale ha ripreso quasi pedissequamente i termini pronunciati ancora prima dalla Francia (Le Monde, agosto 2022).

La saga giudiziaria con l'UE

È evidente, dunque, che la questione del Sahara Occidentale abbia il potenziale di innescare reazioni a catena nel Magreb e persino anche nel vecchio continente, coinvolgendo la stessa Unione Europa.

UE e Marocco sono infatti strettamente legati da importanti interessi economici, con un commercio di beni in costante ascesa da un decennio, con l'eccezione del solo 2020 a causa della pandemia da Covid-19 – quando si attestava comunque intorno a 35,5 miliardi di euro (Figura 2). Per Rabat Bruxelles rappresenta il primo partner commerciale, dal quale proviene più della metà delle sue importazioni e al quale esporta quasi il 65% dei propri beni. Ed il regno stesso lo è per l'Unione, almeno fra i Paesi del vicinato meridionale – gruppo che include anche Algeria, Egitto, Israele, Giordania, Libano, Libia, Palestina, Siria e Tunisia (Commissione Europea, 2022).

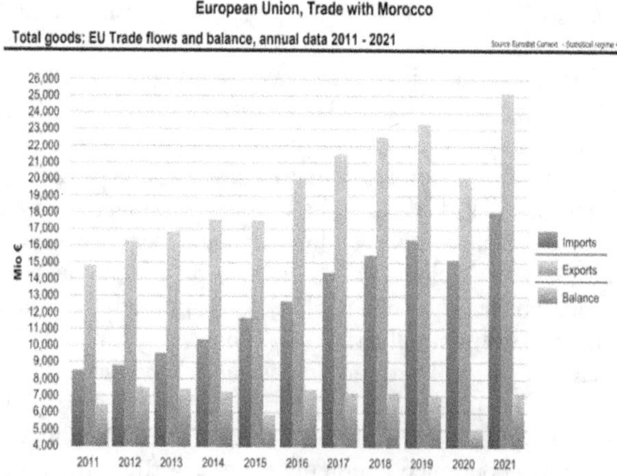

Figura 2 (Commissione Europea, 2022)

L'UE è anche il principale investitore straniero del Marocco, con cui ha dato vita dal 2000 ad un'area di libero scambio, come previsto dall'EU-Morocco Association Agreement. E proprio di questo accordo bilaterale l'Unione venne portata a rispondere davanti al Tribunale dell'Unione Europea dal POLISARIO.

Nel 2015, infatti, i rappresentanti del popolo Sahrawi citarono in giudizio la Commissione Europea, con l'accusa di aver applicato l'accordo anche nel Sahara Occidentale, violando così il principio di autodeterminazione, sovranità sulle risorse naturali e di non-riconoscimento di un illecito internazionale. Il Tribunale diede ragione al Fronte, evidenziando come l'ambiguità del trattato, riferito genericamente al "territorio del Marocco", avesse permesso a Rabat d'interpretarlo in senso lato, estendendolo di fatto anche a quello che è tuttora riconosciuto come un territorio non autonomo. L'importanza dell'Agreement, tuttavia, spinse la Commissione a fare appello alla Corte di Giustizia (ECJ), ovvero l'altra formazione in cui è suddivisa la Corte di Giustizia dell'Unione Europea (CJEU o CVRIA).

Nel 2016, l'ECJ ribadì i princìpi sottolineati dal Tribunale, ribaltandone però il giudizio. Secondo la prima, infatti, l'accordo non si sarebbe dovuto interpretare in base alla prassi, ma piuttosto in luce e in conformità con le norme del diritto internazionale. Poiché dunque il trattato bilaterale non citava il Sahara Occidentale, de iure non poteva coinvolgerne i territori violando così il diritto all'autodeterminazione del popolo Sahrawi, benché de facto questo fosse esattamente ciò che stava accadendo. In aggiunta, l'ECJ asserì che l'inclusione del Sahara Occidentale fosse comunque teoricamente possibile, posto che fosse fondata sul consenso espresso da chi ne esercitava la sovranità.

Per prevenire ulteriori critiche, dunque, Commissione e Consiglio Europeo si adoperarono per emendare gli accordi, in modo da poter includervi espressamente il Sahara Occidentale, previa consulta con i suoi abitanti. E poiché la maggioranza dei soggetti interrogati – residenti per lo più nella parte della regione controllata da Rabat – rispose positivamente, a inizio 2019, l'Association Agreement venne implementato in versione aggiornata ed allargata, in particolare con riferimento ai Protocolli 1 e 4 – concernenti rispettivamente l'accesso al mercato europeo di prodotti agricoli e di pesca marocchini, e le regole sulla loro origine. Stando ad un report del 2021 della Commissione Europea, l'estensione del trattamento tariffario preferenziale ai beni del Sahara Occidentale – accompagnata da obblighi solo per l'UE – avrebbe portato dei benefici alla regione in termini di esportazioni, attività economica ed occupazione (Commissione Europea, 2021).

Ciononostante, il POLISARIO intentò un'altra causa davanti al Tribunale per annullare anche questi accordi di seconda generazione, in quanto non basati sulla vera espressione della volontà del popolo Sahrawi. E nel 2021, ancora una volta, il Tribunale diede ragione al Fronte, giudicando il consenso ottenuto dall'Unione Europea come insufficiente, poiché non espresso dall'unico rappresentante internazionalmente riconosciuto del Sahara Occidentale, che era e rimane il Fronte stesso. Infatti, ad essere stati interpellati erano individui ed organizzazioni di origine marocchina, o leader locali di cui Rabat si era assicurata l'appoggio attraverso la concessione di licenze commerciali monopolistiche ed altri benefici.

Ciononostante, è probabile che Bruxelles presenterà un nuovo appello all'ECJ, prolungando questo ping pong giudiziario. L'atteggiamento recalcitrante mostrato dalla Commissione e dal Consiglio impedisce che vi sia uniformità tra giurisprudenza e decisioni politiche, con il diritto all'autodeterminazione sacrificato sull'altare degli interessi economico-strategici dell'Unione e dei suoi Paesi membri.

Relazioni bilaterali euro-marocchine

Tra questi, la Francia si distingue per le relazioni bilaterali molto strette con la propria ex colonia. Da un punto di vista economico, Parigi rappresenta infatti il secondo cliente ed il terzo ricevitore commerciale del Marocco, nonché il suo secondo investitore straniero, con quasi 10 miliardi di euro di investimenti nel solo 2020. Il regno sceriffo a sua volta ospita più di 950 società sussidiarie di compagnie francesi e rappresenta il diciannovesimo partner commerciale dell'Esagono, primo nel continente africano e nel Medio Oriente, con scambi dal valore totale di quasi 11 miliardi di euro nel 2021 (Ministère de l'Europe et des Affaires étrangères, 2022). Se si considera l'Algeria, il dato scende a circa otto miliardi, con il Paese che, pur rimanendo cruciale per Parigi, perde il confronto diretto con il Marocco, essendo il 26° partner commerciale dell'Eliseo, terzo nel MENA, e beneficiario di meno di tre miliardi di dollari in investimenti francesi (Ministère de l'Europe et des Affaires étrangères, 2022).

Inoltre, il regno sceriffo sospende sull'Europa la spada di Damocle dell'immigrazione illegale, dal momento che si trova alla foce di due rotte migratorie fondamentali. Rientra infatti nella rotta del Mediterraneo occidentale, che nel 2021 ha visto arrivare 18'466 irregolari, sebbene la maggioranza avesse scelto come punto di partenza l'Algeria (Frontex, 2022). Ma è anche la testa della rotta dell'Africa Occidentale, che lo scorso anno ha portato illegalmente in Europa ben 22'504 individui (Frontex, 2022). Per di più, stando all'analisi di Frontex per il 2022/2023, l'attraversamento irregolare dei confini marittimi del vecchio continente dovrebbe aumentare considerevolmente, rischiando di ritornare ai livelli ante-pandemici (Frontex, settembre 2022).

Relazioni euro-algerine

L'avvicinamento al Marocco, tuttavia, rischia sempre di accompagnarsi all'allontanamento da Algeri, che negli ultimi mesi sta sperimentando una graduale stabilizzazione della propria economia, nel tentativo di rafforzare il proprio ruolo nella regione (Borsari, 2022).

Come già anticipato, infatti, la questione del Sahara Occidentale ha acuito le tensioni dell'Algeria con la Spagna, in quella che è diventata una crisi diplomatica. In risposta alla decisione del governo di Pedro Sánchez di appoggiare la proposta di autonomia di Rabat, Algeri ha così sospeso non solo le importazioni dal Paese iberico, ma anche un trattato di amicizia ventennale con Madrid sulla cooperazione bilaterale in materia di migrazione (Reuters, 2022). E sebbene l'Algeria, a differenza del Marocco, non abbia mai adoperato l'immigrazione irregolare come un'arma di pressione politica, fin dal richiamo in patria dell'ambasciatore algerino a Madrid, i rimpatri di irregolari provenienti dal Paese nordafricano sono stati interrotti (Saleh e Wise, 2022).

D'altro canto, Algeri sembra aver iniziato un processo di distensione e riavvicinamento con Parigi, come testimoniato dalla visita ufficiale da parte del Presidente francese Emmanuel Macron. Quest'ultima, in particolare, sembrerebbe aver aperto la strada verso un nuovo accordo bilaterale per aumentare considerevolmente le importazioni di gas algerino nel nostro vicino d'oltralpe (Patel, 2022).

Sulla questione del gas, inoltre, primeggia l'Italia. Il Bel Paese è infatti diventato un partner europeo d'eccezione per l'Algeria, grazie a ben quindici accordi di cooperazione siglati lo scorso luglio durante la visita d'oltremare dell'allora premier Mario Draghi. La nuova intesa spazia da un memorandum sulla lotta alla corruzione ad una cooperazione per le infrastrutture, ma la pièce de résistance è senz'altro il nuovo contratto in materia di energia. L'Algeria si è infatti candidata a primo fornitore di gas naturale dell'Italia, con un aumento di quattro miliardi di metri cubi rispetto a quanto previsto precedentemente, per un totale di 30 miliardi annui. Nelle parole di Toufik Hekkar, CEO della

Sonatrach – azienda di Stato algerina leader nel mercato degli idrocarburi –, "l'Italia è qualificata per essere la porta d'ingresso dell'Algeria verso i mercati dell'Europa dell'est" (Il Sole 24 Ore, 2022).

Per quanto riguarda l'UE, l'Algeria non regge al momento il confronto con il Marocco, avendo osservato una tendenza discendente per lo scambio di beni per tutto il decennio scorso, per un valore minimo di 24,9 miliardi raggiunto nel 2020 (Figura 3). Il 2021, tuttavia, ha assistito ad un incremento esponenziale delle esportazioni verso l'Unione, guidate da combustibili e prodotti minerari – categoria che già allora ammontava a 17,5 miliardi di euro, con una crescita di quasi il 65% rispetto all'anno precedente. Un dato evidentemente destinato ad aumentare (Commissione Europea, 2022).

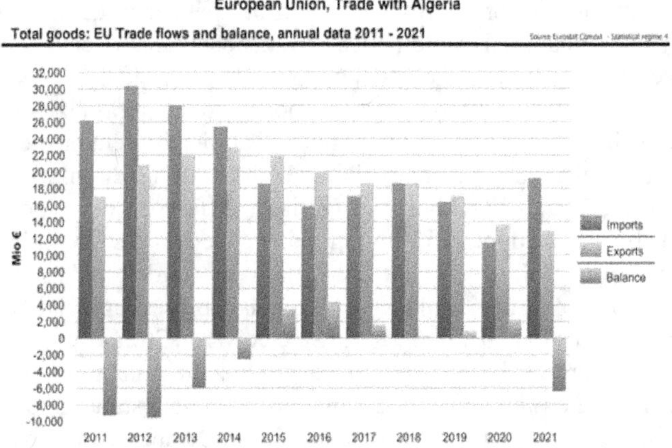

Figura 3 (Commissione Europea, 2022)

L'ascesa di Algeri è infatti naturalmente legata al conflitto in Ucraina, rispetto al quale il Paese nordafricano rimane neutrale per non minare alla storica partnership strategica con Mosca, cruciale per la fornitura di armamenti russi di cui l'Algeria è il terzo acquirente mondiale (Al Jazeera, 2022). L'operazione militare speciale del Cremlino, infatti, ha messo l'Algeria in una posizione critica ma potenzialmente molto vantaggiosa, come emerso da un'analisi del Washington Institute. Il già citato schieramento statunitense a fianco del Marocco, poi imitato dagli alleati atlantici, isolando diplomaticamente l'Algeria, aveva spinto sempre di più quest'ultima a rafforzare i propri legami con Russia e Cina. L'invasione dell'Ucraina, tuttavia, ha reso Algeri di nuovo rilevante agli occhi dell'Occidente, sia come alleato da sottrarre al campo revisionista sia come alternativa per liberare l'Europa dalla dipendenza energetica da Mosca. Algeri potrebbe dunque sfruttare le circostanze attuali per modellare la propria politica estera su quella implementata con un certo successo dall'India, ovvero "non-costretta e non-allineata."

Conclusioni

È evidente che quella del Sahara Occidentale sia più di una mera disputa tra un popolo che invoca il proprio diritto all'autodeterminazione ed uno Stato che rivendica la propria sovranità territoriale. La questione ha infatti assunto le forme di un catalizzatore negativo, stallo per la risoluzione delle tensioni regionali e globali che continuano ad addensarvisi intorno.

A tal proposito, il direttore del progetto per il Nord Africa dell'International Crisis Group, Riccardo Fabiani, lo scorso dicembre esortava l'UE ad assumere un ruolo di prima linea nel dirimere una volta e per tutte l'annosa impasse (Fabiani, 2021). Suggeriva come l'Unione debba saper adoperare "carota e bastone," sfruttando in particolare il proprio peso economico per ammorbidire le posizioni degli attori direttamente coinvolti, ovvero il Marocco, il Fronte POLISARIO e gli abitanti stessi della regione. Più precisamente, Fabiani proponeva di reintrodurre quote e tariffe antecedenti all'Accordo bilaterale esteso al Sahara Occidentale – in conformità con l'ultimo verdetto del Tribunale dell'UE –, in modo da mettere pressione alle élites locali condiscendenti verso Rabat, che più hanno da guadagnare dall'attuale status quo. Parallelamente, Fabiani auspicava l'istituzione di un fondo fiduciario internazionale per il Sahara Occidentale, da attivare solo a condizione di giungere ad un compromesso accettabile da entrambe le parti, che dovrebbero così rinunciare alla loro intransigenza. Né il piano per l'autonomia proposto dal Marocco né il referendum per l'indipendenza promesso dall'ONU nel 1991 sarebbero dunque delle soluzioni plausibili, a meno di non rivederle radicalmente.

Un intervento univoco ed autorevole da parte dell'Unione costituirebbe senz'altro un booster per il suo prestigio internazionale. Tuttavia, la soluzione proposta non sembra tener debito conto del ruolo chiave svolto da altri attori come l'Algeria, e accusa già un certo anacronismo. Il conflitto ucraino e l'attuale crisi energetica rischiano infatti di balcanizzare il vecchio continente, stravolgendone gli equilibri e rimettendo in discussione politiche e relazioni decennali. In questo nuovo contesto, la remota regione del Sahara Occidentale occupa fisiologicamente una posizione periferica nella piramide deontologica di Bruxelles e delle altre capitali europee.

Per quanto auspicabile, dunque, una risposta pronta e compatta da parte dell'UE sembra inverosimile. E a quasi mezzo secolo dal ritiro spagnolo dalla regione, il Sahara Occidentale rimane ancora conteso, né regione marocchina né Stato. Non terra nullius, decisamente non terra omnium.

Fonti

"Algeria and Spain Agree Revised 2022 Gas Prices", Reuters, 6 ottobre 2022. https://www.reuters.com/business/energy/algeria-spain-agree-revised-2022-gas-prices-2022-10-06/

"Algeria Suspends Spain Treaty, Bars Imports over Western Sahara", Reuters, 9 giugno 2022. https://www.reuters.com/world/africa/algeria-suspends-treaty-friendship-cooperation-with-spain-state-media-2022-06-08/

"Algérie | Relations Bilatérales", France Diplomatie, 22 agosto 2022. https://www.diplomatie.gouv.fr/fr/dossiers-pays/algerie/relations-bilaterales/

A. Best et al., International History of the Twentieth Century and Beyond, Routledge, Londra 2015[3].

J. Borrell i Fontelles J, "Parliamentary Question | Answer for Question P-001332/22 (ASW)", Europarlamento, 15 maggio 2022. https://www.europarl.europa.eu/doceo/document/P-9-2022-001332-ASW_EN.html

F. Borsari, "Algeria: Verso Il Consolidamento Economico", ISPI, 2022. https://www.ispionline.it/it/pubblicazione/algeria-verso-il-consolidamento-economico-36199

Britannica, "Western Sahara | Facts, History, & Map", Encyclopædia Britannica, 2019. https://www.britannica.com/place/Western-Sahara

L. Chikhi, "Algeria Recalls Ambassador to Spain for Consultations", Reuters, 20 marzo 2022. https://www.reuters.com/world/africa/algeria-recalls-ambassador-spain-consultations-2022-03-19/

Commissione Europea, "2021 Report on the Benefits for the People of Western Sahara on Extending Tariff Preferences to Products from Western Sahara", 2021. https://taxation-customs.ec.europa.eu/2021-report-benefits-people-western-sahara-extending-tariff-preferences-products-western-sahara_en

"EU Trade Relations with Algeria", 2022. https://policy.trade.ec.europa.eu/eu-trade-relationships-country-and-region/countries-and-regions/algeria_en

"EU Trade Relations with Morocco", 2022. https://policy.trade.ec.europa.eu/eu-trade-relationships-country-and-region/countries-and-regions/morocco_en#:~:text=The%20EU%20and%20Morocco

"European Union, Trade in Goods with Algeria", 2022. https://webgate.ec.europa.eu/isdb_results/factsheets/country/details_algeria_en.pdf

"European Union, Trade in Goods with Morocco", 2022. https://webgate.ec.europa.eu/isdb_results/factsheets/country/details_morocco_en.pdf

Consiglio di Sicurezza delle Nazioni Unite, "Risoluzione 2602 (2021)", UNSCR, 29 ottobre 2021.

"Rapporto del Segretario Generale sulla situazione concernente il Sahara Occidentale", minurso.unmissions.org, 2021. https://minurso.unmissions.org/sites/default/files/unsg_report_october_2021.pdf

Corte di Giustizia, "Sentenza su Consiglio v Fronte Polisario (2016)", CVRIA, Lussemburgo 21 dicembre 2016.

Corte Internazionale di Giustizia, "Parere Consultivo sul Sahara Occidentale (1975)", ICJ Reports, 16 ottobre 1975.

Crisis to Watch: Sahara Occidentale", ISPI, 2021. https://www.ispionline.it/it/pubblicazione/crisis-watch-sahara-occidentale-32767

R. Fabiani, "How EU Should Use Economic Influence on Western Sahara", EUobserver, 3 gennaio 2022. https://euobserver.com/opinion/153875

"Fiche Pays - Repères Économiques | Algérie", France Diplomatie, 2022. https://www.diplomatie.gouv.fr/IMG/pdf/fichepays_algerie_20220503_1747_cle4fc9c1.pdf

"Fiche Pays - Repères Économiques | Maroc", France Diplomatie, 2022.
https://www.diplomatie.gouv.fr/IMG/pdf/fichepays_maroc_2022 0503_1758_cle8e619a.pdf

Fondo delle Nazioni Unite per la Popolazione, "Western Sahara", unfpa.org, 2022. https://www.unfpa.org/data/world-population/EH

Fondo Monetario Internazionale, Morocco: 2021 Article IV Consultation-Press Release and Staff Report, IMF Publication Services, Washington D.C. 2022. https://www.imf.org/en/Publications/CR/Issues/2022/02/09/Morocco-2021-Article-IV-Consultation-Press-Release-and-Staff-Report-512959

M. Graziano, Geopolitica. Orientarsi Nel Grande Disordine Internazionale, il Mulino, Bologna 2019.

Human Rights Watch, "Morocco and Western Sahara", hrw.org, 2022. https://www.hrw.org/world-report/2022/country-chapters/morocco/western-sahara

"Infographic: Which Countries Buy the Most Russian Weapons?", Al Jazeera, 9 marzo 2022. https://www.aljazeera.com/news/2022/3/9/infographic-which-countries-buy-the-most-russian-weapons

ISPI, Atlante Geopolitico Mondiale, Touring Club Italiano, Roma 2002.

"Italia-Algeria, Sottoscritti 15 Accordi. Gas, Contratto per 30 Miliardi Di Metri Cubi", Il Sole 24 Ore, 19 luglio 2022. https://www.ilsole24ore.com/art/non-solo-gas-strade-rinnovabili-ecco-15-accordi-italia-algeria-sottoscritti-draghi-AELRlGnB

L. Jakes et al., "Morocco Joins List of Arab Nations to Begin Normalizing Relations with Israel", The New York Times, 10 dicembre 2020. https://www.nytimes.com/2020/12/10/world/middleeast/israel-morocco-trump.html

A. Lebovich, "Why the Western Sahara Dispute Could Escalate Conflicts across North Africa and the Sahel", ECFR, 17 dicembre

2020. https://ecfr.eu/article/why-the-western-sahara-dispute-could-escalate-conflicts-across-north-africa-and-the-sahel/

R. Maclean, "Build a Wall across the Sahara? That's Crazy – but Someone Still Did It", The Guardian, 22 settembre 2018. https://www.theguardian.com/world/2018/sep/22/western-sahara-wall-morocco-trump

D. Mahlouly, "Bouteflika Steps aside as Algerians Push to Reclaim and Own Their History", The Conversation, 4 aprile 2019. https://theconversation.com/bouteflika-steps-aside-as-algerians-push-to-reclaim-and-own-their-history-114380

R. Minder, "Spain, Seeking Better Ties with Morocco, Shifts Stance on Western Sahara", The New York Times, 19 marzo 2022. https://www.nytimes.com/2022/03/19/world/europe/spain-morocco-western-sahara.html?searchResultPosition=1

Mine Action Review, Clearing the Mines 2021, Norwegian People's Aid, Oslo 1 ottobre 2021, pp. 448-451. https://www.mineactionreview.org/assets/downloads/3644_NPA_Clearing_the_Mines_2021.pdf

Ministère de l'Europe et des Affaires étrangères, "Maroc | Relations Bilatérales", France Diplomatie, 2022. https://www.diplomatie.gouv.fr/fr/dossiers-pays/maroc/relations-bilaterales/#sommaire_4

MINURSO, "United Nations Mission for the Referendum in Western Sahara | Homepage", minurso.unmissions.org, 2022. https://minurso.unmissions.org/

"Netherlands Backs Morocco's Autonomy Plan for Western Sahara", The Arab Weekly, 12 maggio 2022. https://thearabweekly.com/netherlands-backs-moroccos-autonomy-plan-western-sahara

I. Panozzo, "Il Vallo Del Sahara (1) - La Storia Del Frente Polisario", Limes, 15 ottobre 2008. https://www.limesonline.com/il-vallo-del-sahara-1-la-storia-del-frente-polisario/795

T. Patel, "France Nears Deal with Algeria for More Natural Gas Imports", Bloomberg, 28 agosto 2022.

https://www.bloomberg.com/news/articles/2022-08-28/france-nears-deal-with-algeria-for-more-natural-gas-imports#xj4y7vzkg?leadSource=uverify%20wall?leadSource=uverify%20wall?leadSource=uverify%20wall

E. Peltier, "Spain Sends Troops to African Enclave after Migrant Crossings Jump", The New York Times, 18 maggio 2021. https://www.nytimes.com/2021/05/18/world/europe/spain-migrants-ceuta-morocco.html

V. Petropoulos, "Algeria's Foreign Policy: Facing a Crossroads", The Washington Institute, 2022. https://www.washingtoninstitute.org/policy-analysis/algerias-foreign-policy-facing-crossroads

Risk Analysis for 2022/2023, Frontex, Varsavia 2022.

S. Saddiki, World of Walls, Open Book Publishers, Cambridge 2017 <https://books.openedition.org/obp/4546> accessed 7 October 2022.

"Sahara Occidental : Entre Le Maroc et l'Algérie, La Guerre Diplomatique Fait Rage", Le Monde, 6 settembre 2022. https://www.lemonde.fr/afrique/article/2022/09/06/sahara-occidental-entre-le-maroc-et-l-algerie-la-guerre-diplomatique-fait-rage_6140365_3212.html

"Sahara Occidental : Berlin Appuie Le Plan d'Autonomie Marocain", Le Monde, 26 agosto 2022. https://www.lemonde.fr/afrique/article/2022/08/26/sahara-occidental-berlin-appuie-le-plan-d-autonomie-marocain_6139084_3212.html

H. Saleh, P. Wise, "Spain Vows to Defend Interests after Algeria Suspends Friendship Treaty", Financial Times, 9 giugno 2022. https://www.ft.com/content/66beeb9a-8fc6-4737-8073-ac3695699973

Tribunale dell'Unione Europea, "Sentenza su Fronte Polisario v Consiglio (2021)", CVRIA, Lussemburgo 29 settembre 2021.

"Il Vallo Del Sahara (2) - Il Referendum Della Discordia", Limes, 15 ottobre 2008. https://www.limesonline.com/il-vallo-del-sahara-2-il-referendum-della-discordia/796

J. B. Weiner, "The Green March in Historical Perspective", Middle East Journal, vol. XXXIII, No. 1, Middle East Institute, Washington D.C. 1979, pp. 20-33.

"Western African Route", frontex.europa.eu, 2022. https://frontex.europa.eu/we-know/migratory-routes/western-african-route/

"Western Mediterranean Route", frontex.europa.eu, 2022. https://frontex.europa.eu/we-know/migratory-routes/western-mediterranean-route/

Y. H. Zoubir, "Pourquoi l'Algérie A-t-Elle Rompu Ses Relations Diplomatiques Avec Le Maroc et Quelles En Sont Les Conséquences Pour L'avenir ?", The Conversation, 19 settembre 2021. https://theconversation.com/pourquoi-lalgerie-a-t-elle-rompu-ses-relations-diplomatiques-avec-le-maroc-et-quelles-en-sont-les-consequences-pour-lavenir-168179

Russia e Asia Centrale

Iran, Armenia e Azerbaigian: tra difficili equilibri regionali e alleanze internazionali

Silvia Boltuc - Managing Director, Special Eurasia

Crogiuolo di popoli, ponte tra Europa e Asia e frontiera naturale tra mondo musulmano e cristiano, il Caucaso è stato teatro di contesa tra i grandi imperi del passato e le potenze del mondo moderno. La presenza di numerosi gruppi etnolinguistici e la suddivisione geografica operata sotto l'Unione Sovietica che non ha tenuto conto della specificità etnica locale si è aggiunta alla complessità di una regione da sempre esposta a conflitti e tensioni. Questa diversità etnolinguistica, religiosa, di tradizioni e costumi, gli è valsa il titolo di 'museo delle nazioni' o, nel mondo arabo, di *jabal al-alsun*, 'montagna delle lingue', con riferimento alla catena montuosa del Caucaso.

Dopo il collasso dell'Unione Sovietica il Caucaso ha vissuto anni tumultuosi ed è stato interessato da diversi conflitti. È opinione diffusa che in realtà queste tensioni ebbero inizio ben prima del collasso dell'URSS, accelerandone di fatto la dissoluzione.

I primi tentativi di separatismo, infatti, ebbero luogo sotto il governo di Michail Gorbačëv. Nel 1989 iniziarono gli scontri interetnici in Abcasia, allorché una minoranza del 17% di abcasi della Repubblica Autonoma dell'Abcasia presentò nuovamente domanda alle autorità russe con la richiesta di rimanere in Unione Sovietica (Francis 2011). A conferma dell'eterogeneità dei territori caucasici, notiamo che nel 1989 l'Abcasia era popolata da 46.2% di georgiani, 7.3% di abcasi, 14.6% di armeni e 14.2% di russi (Coppieters 1999).

Nello stesso anno anche i separatisti dell'Ossezia del Sud vollero staccarsi dalla Georgia e unirsi alla Russia e all'Ossezia del Nord. Il 19 gennaio 1991 l'Ossezia del Sud organizzò un referendum in cui, secondo quanto riferito, oltre il 90% della popolazione votò per entrare a far parte della Russia, sebbene i risultati non siano mai stati riconosciuti dalla Georgia (German 2006).

Dopo il crollo dell'URSS, l'ex stato-nazione sovietico della Regione Autonoma del Nagorno Karabakh e la regione di Shahumian abitata dagli armeni si unirono per formare la Repubblica del Nagorno Karabakh (NKR) conosciuta in loco con il nome armeno di Artsakh. Nel 1991 108.736 cittadini si recarono alle urne e il 99,89% di loro votò per l'indipendenza (Ministry of Foreign Affairs of the Republic of Artsakh s.d.).

Tra i fattori che hanno contribuito alle attuali dinamiche caucasiche ci sono, oltre i confini tracciati tra le ex repubbliche federali o autonome sovietiche che non tennero conto delle differenze etnolinguistiche locali, le disparità economiche tra la Russia e le repubbliche ex sovietiche, fattore che le ha rese dipendenti da Mosca lasciando all'indomani della loro indipendenza un'eredità economica e di infrastrutture deboli, la creazione di una politica del *divide et impera* e la desegregazione del sistema comunista sovietico, un processo di assimilazione culturale di diversi gruppi etnici anche detto 'Russificazione', lo spostamento di alcuni di essi ed il fenomeno dell'etnocentrismo.

Tenendo conto del difficile quadro geopolitico e socioeconomico della regione caucasica appena descritta, questa ricerca si pone come obiettivo quello di studiare le relazioni esistenti tra Teheran, Yerevan e Baku inquadrandole nei recenti eventi che hanno influenzato le dinamiche politiche locali come il Conflitto del Nagorno-Karabakh del 2020 e l'escalation militare al confine armeno-azerbaigiano del settembre 2022. Un tentativo di comprendere, quindi, in che modo le ostilità tra Baku e Yerevan abbiano influito sulla politica iraniana regionale, sugli equilibri locali e quali possono essere gli sviluppi futuri nel Caucaso meridionale.

La politica transcaucasica iraniana

Il crollo improvviso dell'Unione Sovietica ha costretto l'Iran a formulare una politica caucasica che tenesse conto delle nuove realtà territoriali e cercasse di favorire il mantenimento della sicurezza del paese e la sua integrità territoriale, lo sviluppo di relazioni economiche bilaterali e multilaterali con i paesi emergenti e la collocazione dell'Iran come hub di transito di merci ed energia per i paesi senza sbocco sul mare. In aggiunta, il governo di Teheran ha adeguato questa strategia ad una stretta collaborazione con la Russia, che rimane un attore chiave nei territori che nel corso dei secoli hanno fatto parte prima dell'Impero zarista e successivamente dell'Unione Sovietica.

In tempi più recenti, all'indomani della guerra del Nagorno-Karabakh del 2020, la Repubblica Islamica dell'Iran ha proposto la piattaforma di integrazione regionale 'formato 3+3', composta da tre stati transcaucasici (Azerbaigian, Armenia e Georgia) e tre stati confinanti (Russia, Turchia e Iran), il cui scopo era risolvere le sfide e le dispute intra-regionali (Kaleji 2021).

Nonostante i diversi tentativi di giocare un ruolo primario nella risoluzione della disputa, nel corso dell'ultimo conflitto del Nagorno-Karabakh, l'Iran è rimasto in disparte a guardare una partita che si è giocata tra la Russia e la Turchia e in chiave minore l'Occidente (Bifolchi 2020).

La guerra tra l'Azerbaijan e l'Armenia ha coinciso con un momento molto delicato per Teheran: la destabilizzazione di Medio Oriente e paesi limitrofi (Siria, Iraq e Afghanistan), lo scontro per procura con l'Arabia Saudita ed i suoi alleati statunitensi in Yemen, e il confronto con Israele in Siria, e le criticità del Libano dove Hezbollah sta gestendo fragili equilibri di potere. A questo va aggiunta una quanto mai difficile situazione economica iraniana causata dalle sanzioni le cui conseguenze hanno avuto maggiore influenza sul popolo iraniano spingendolo a manifestazioni divenute oramai pericolose per la stabilità del potere centrale.

È evidente che l'Iran non voglia essere coinvolto in un conflitto nel Caucaso meridionale, ciò nondimeno, potrebbe trovarsi a non avere altra scelta. Teheran non è stata solo interessata dalle conseguenze delle guerre nel Nagorno-Karabakh, ma, ancor più, è imperativo per la Repubblica Islamica Iraniana che l'Armenia preservi la regione di Syunik, prezioso corridoio verso i mercati russi e verso il Mar Nero e quindi l'Europa. La stabilità e pacificazione regionale del Caucaso meridionale è fondamentale per Teheran, perché il conflitto che attualmente sta interessando solamente Armenia e Azerbaigian potrebbe estendersi anche al territorio iraniano stesso, non solo per prossimità territoriale, ma ancor di più per via delle rivendicazioni azerbaigiane sulla regione settentrionale del Paese.

È importante a questo punto fare chiarezza su quelle che solo formalmente possono apparire posizioni contrastanti e quindi incoerenti dell'Iran. Per quanto riguarda i territori contesi del Nagorno-Karabakh, Teheran ha formalmente sostenuto il ritorno di queste terre sotto il controllo azerbaigiano (Motamedi 2020). Diverse sono le posizioni riguardo al territorio sovrano armeno, quindi sulla regione di Syunik, il cui passaggio sotto il controllo di Baku è per Teheran una linea rossa, così come qualsiasi variazione dei confini armeni attuali (Ilurer 2022).

Minoranza azera in Iran e il crescente nazionalismo azero/azerbaigiano

Iran e Azerbaigian annoverano la più alta percentuale di popolazione sciita a livello globale. Il processo storico aiuta a comprendere le ragioni dell'esistenza di una corposa minoranza azera presente nell'Iran nord-occidentale. Nel 1828, infatti, gli imperi zarista e safavide firmarono le clausole del Trattato di Turkmenchay che sanciva l'acquisizione da parte russa dell'attuale territorio dell'Azerbaigian diviso, invece, dal cosiddetto Azerbaigian meridionale che veniva incorporato all'interno del territorio persiano.

Anche se il territorio persiano ha subito cambiamenti per quel che concerne la sua leadership e dal XIX secolo ad oggi ha visto avvicendarsi prima la monarchia e poi, dopo la rivoluzione del 1979, la repubblica islamica sciita, la minoranza azera ha sempre fatto parte della società persiana/iraniana fino ai giorni nostri. Guardando i dati attuali, quindi, è possibile dichiarare che circa un quarto della popolazione iraniana, ossia 17 milioni di persone, sia di etnia azera e guardi al Governo di Baku e alla propaganda nazionalista azerbaigiana con favore. Avendo una minoranza etnica così corposa al suo interno, l'autorità centrale iraniana è ben consapevole che le spinte interne di questa influente parte di popolazione potrebbero rappresentare una minaccia alla stabilità nazionale, a maggior ragione in conseguenza alle posizioni che il governo di Teheran ha assunto rispetto al conflitto nel Nagorno-Karabakh e alle sue relazioni con l'Armenia.

Nell'ottobre 2020, durante i combattimenti del conflitto del Nagorno-Karabakh, in diverse città iraniane, tra cui Teheran e la città nord-occidentale di Tabriz, sono state registrate proteste a sostegno dell'Azerbaigian. I video pubblicati mostravano manifestanti che cantavano slogan in lingua azera, tra cui il maggiormente ricorrente recitava "Il Karabakh è nostro. Rimarrà nostro" (Twitter 2020). A fomentare le proteste, malgrado le dichiarazioni formulate da Teheran a sostegno di un ritorno dei 'territori occupati' del Nagorno-Karabakh sotto la leadership di Baku, vi erano stati dei video diffusi sulle piattaforme social che avrebbero mostrato consegne di armi e petrolio da parte della Russia alla popolazione armena attraverso il territorio iraniano (YeniCag 2020). In particolare, le popolazioni turcofone iraniane avrebbero ripreso veicoli militari russi sui lati siriano e iracheno che attraversavano il confine iraniano e venivano inviati nel Nagorno-Karabakh. Anche se le accuse vennero smentite dal portavoce del ministero degli affari esteri iraniano Said Khatibzadeh, rimase vivo tra la popolazione azera in Iran questo sentimento di diffidenza nei confronti della politica regionale caucasica di Teheran.

Guardando al nazionalismo azerbaigiano è possibile affermare che questo rappresenti una minaccia, o almeno preoccupazione, per il Governo iraniano. Questo fenomeno fonda le sue radici a metà del XIX secolo e vede tra i suoi elementi principali di rivendicazione quello linguistico. Nel 1857 Mirza Fath Ali Akhundzadeh, scrittore azero – iraniano, propose per la prima volta delle riforme linguistiche nel territorio azero sotto il controllo persiano dando il via ad un secolo di intensi sforzi per trasformare la lingua scritta dell'epoca, che era un ibrido di arabo, persiano e turco, nella lingua scritta standardizzata di oggi. Tale proposta venne da parte di uno scrittore che, seppur rivendicava la formalizzazione della lingua azera, aveva ampiamente utilizzato la lingua persiana per le sue opere a dimostrazione di come a livello sociale esisteva una differenziazione tra il turco-azero riconosciuto come lingua franca parlata tra i musulmani del Caucaso meridionale e il persiano inteso come la lingua veicolare principalmente usata da coloro che aveva accesso a una istruzione elitaria (Swietochowski 1985; Heß 2019).

Il processo storico del nazionalismo azerbaigiano è complesso e necessita di un'ampia analisi e una maggiore attenzione da parte del mondo accademico internazionale considerando che nel tempo questo fenomeno ha visto alternarsi una maggiore propensione al panturchismo per poi vedere affermarsi il rifiuto dell'ideale panturchista in favore dell'elemento azerbaigiano. Non è obiettivo di questa ricerca addentrarsi nel nazionalismo azerbaigiano, ma è importante evidenziare come una parte del mondo accademico e degli esperti del settore sostenga che fu proprio l'ideologia nazionalista a dare vita alla nazione azerbaigiana e non il contrario (Riaux 2008; Souleimanov 2011; Hirose 2016).

Un rapido excursus storico del fenomeno permette di sottolineare che, quando il movimento dei Giovani Turchi prese il potere nell'Impero ottomano, la nuova élite azera accolse con favore tale evento e decise di trasferirsi in Turchia per prendere parte ai cambiamenti in atto. Il trasferimento dell'élite azera in territorio turco influenzò la giovane intellighenzia azera favorendone al suo interno la diffusione dell'identità turca e dell'ideologia panturchista (Goyushov 2021) Tale ideologia continuò a dominare la vita pubblica e politica della società azera fino a quando, a seguito della Rivoluzione d'Ottobre del 1917, venne creata la prima Repubblica dell'Azerbaigian (1918 – 1920) nella quale il turco venne decretato come lingua di stato. Quando l'Armata Rossa riprese il controllo del territorio della Repubblica dell'Azerbaigian il governo centrale di Mosca decise di stabilire a Baku una leadership vicina ai principi sovietici il cui fine era quello di contrastare l'ideologia panturchista e il crescente nazionalismo azerbaigiano fino a quando non venne decretata nel 1937 la Repubblica Socialista Sovietica dell'Azerbaigian (Abasov e Krikorova 2016).

Venendo al contesto iraniano, durante la Seconda Guerra Mondiale Iosif Stalin decise di sfruttare la presenza azera nel territorio dell'Azerbaigian meridionale facente parte del territorio della monarchia persiana dei Pahlavi promuovendo movimenti etnonazionalistici azeri/azerbaigiani. Nel 1941, in pieno conflitto mondiale a seguito della rottura del patto Molotov-Ribbentrop tra la Germania nazista e l'Unione Sovietica, Mosca e Londra decisero come misura preventiva di occupare congiuntamente il territorio persiano che venne dichiarato neutrale. Al termine del conflitto mondiale, non rispettando quanto pattuito con la Gran Bretagna, il leader sovietico Iosif Stalin si rifiutò di rinunciare al territorio persiano dando vita alla cosiddetta 'crisi iraniana' del 1946, conosciuta anche con il nome di *Qa'ilih Āzarbāyjān* (crisi dell'Azerbaigian): gli azeri che vivevano nell'Azerbaigian meridionale facente parte del territorio persiano, supportati da Mosca e dichiarati per questo motivo 'filosovietici', proclamarono il Governo popolare separatista dell'Azerbaigian e la Repubblica separatista curda di Mahabad. I negoziati del premier iraniano Ahmad Qavam e la pressione diplomatica esercitata dagli Stati Uniti nei confronti dell'Unione Sovietica portarono al ritiro delle forze armate russe nella regione e alla dissoluzione degli stati separatisti azero e curdo (KurdishPeople.Org, s.d.; Hasanli 2006).

Non si può escludere dal processo storico della formazione e consolidazione del nazionalismo azero/azerbaigiano la questione del Nagorno-Karabakh/Artsakh: nel 1988, verso la fine dell'esperienza sovietica caratterizzata da una significativa debolezza del potere centrale di Mosca, l'*Oblast'* Autonoma del Nagorno-Karabakh a maggioranza armena richiese la secessione dalla Repubblica Socialista Sovietica dell'Azerbaigian provocando una forte reazione a livello popolare tra la società azera che diede vita al Fronte Popolare dell'Azerbaigian che non solo si opponeva fermamente alla secessione degli armeni ma assumeva anche uno stampo panturchista (Britannica s.d.). Con la dissoluzione dell'Unione Sovietica nacque la Repubblica dell'Azerbaigian che, rifacendosi alla prima repubblica del periodo 1918 – 1920, avanzò pretese territoriali sul Nagorno-Karabakh, processo che portò successivamente al primo Conflitto del Nagorno-Karabakh del 1992 – 1994.

La neonata repubblica azerbaigiana guidata dal presidente Abulfaz Elchibey sostenne l'unificazione della società azera in un unico stato includendo in linea teorica all'interno di questo progetto anche l'Azerbaigian meridionale facente parte della Repubblica Islamica dell'Iran e dichiarando il turco come lingua nazionale. Successivamente, il presidente azerbaigiano Heydar Aliyev, assunto al potere nel 1993, ripristinò l'azero come lingua di stato nel 1995 e avviò una campagna ideologica di promozione del nazionalismo azerbaigiano che ricalcava quello degli anni '40 promossa anche dall'Unione Sovietica, che comportò la 'crisi iraniana' del 1946, ma fondava le sue radici in un periodo storico precedente come la prima repubblica degli anni 1918 – 1920. All'inizio del XXI secolo fa la sua apparizione a Baku il *Güney Azərbaycan Milli Oyanış Hərəkatı* (Movimento del risveglio nazionale dell'Azerbaigian meridionale), organizzazione che sostiene l'autodeterminazione degli azeri che vivono in territorio iraniano e promuove la "unificazione degli azeri che vivono su entrambe le sponde del fiume Aras" (Peuch 2006).

L'Iran si trova a gestire non solo le aspirazioni separatiste delle sue minoranze etniche, ma anche il riverbero delle questioni di politica estera su queste ultime. Ad esempio, nel 2019 nello stadio di Tabriz, durante una partita di calcio che coincideva con l'operazione militare turca nelle terre siriane che causò l'uccisione di molti curdi[2], alcuni sostenitori del panturchismo sollevarono le bandiere della Turchia e dell'Azerbaigian lanciando slogan che incoraggiavano il governo turco e rendevano omaggio militare alle forze armate di Ankara. Questo evento, oltre all'operazione militare stessa, scatenò una serie di tumulti e conflitti interni all'Iran fra la minoranza curda e quella azera (Fadayn 2019).

Fa da contraltare al nazionalismo azerbaigiano e alle pressioni azere in territorio iraniano l'attività comunicativa e le organizzazioni religiose sciite iraniane in territorio azerbaigiano ricalcando un modello già visto in Libano e Iraq. Mentre nel teatro mediorientale l'Iran è riuscito ad aumentare la sua influenza locale attraverso la rete religiosa oppure il supporto nei confronti di collegi elettorali filoiraniani, in Azerbaigian questa strategia ha prodotto scarsi risultati principalmente perché soltanto una esigua parte della società azera è attratta dal modello governativo e sociale iraniano. Anche se la penetrazione iraniana in Azerbaigian è ancora molto limitata, il Governo di Baku vede come ostili le azioni di Teheran e, di conseguenza, ha avviato una politica interna volta a contrastare ogni forma di influenza iraniana come dimostrato dalla chiusura dei siti web e servizi di informazione accusati di promuovere propaganda in favore dell'Iran (il caso esemplare rimane quello di Azeri Sahar TV) e

---

[2] Nota con il nome in codice turco *Barış Pınarı Harekâtı* (Operazione Sorgente di Pace), questa è un'operazione militare condotta dall'esercito turco e dai suoi alleati appartenenti all'opposizione nazionale siriana (SNA) contro i territori sotto l'amministrazione autonoma della Siria del Nord-Est (Rojava) e le Forze Democratiche Siriane (SDF).

gli arresti di alcuni esponenti religiosi sciiti di spicco (AzeMedia 2021).

Le alleanze militari di Baku

Dal punto di vista dell'Iran, la minaccia azerbaigiana si contestualizza nei suoi legami con Israele, Turchia e Pakistan. I droni e gli armamenti ad alta tecnologia forniti dai suoi alleati hanno aiutato Baku a sconfiggere la controparte armena nella guerra del Nagorno-Karabakh del 2020.

La Repubblica Islamica dell'Iran ha accusato l'Azerbaigian di aver schierato nel conflitto militanti islamici sunniti e terroristi dalla Siria, come confermato successivamente dalle ONG occidentali e, ancor di più, di aver concesso ad Israele ampia libertà operativa di utilizzare il suolo azerbaigiano per organizzare operazioni ai danni dell'Iran. In un colpo diretto a Baku, l'Ayatollah Khamenei ha sottolineato che l'Iran non tollera le attività del 'regime sionista' nella regione e ha invitato i paesi vicini a seguire il suo esempio (PressTV 2021). Il consiglio di Teheran non è stato accolto da parte azerbaigiana: infatti, nell'ambito della quarta Mostra internazionale della difesa dell'Azerbaigian (ADEX) e della tredicesima Mostra internazionale delle attrezzature per la sicurezza ed il soccorso interno, il ministro dell'Industria e della Difesa azero Madat Guliyev ha dichiarato che Baku continuerà a collaborare con le aziende israeliane e turche aggiungendo, inoltre, che Azerbaigian e Turchia saranno impegnate nel collaborare congiuntamente su progetti militari per i prossimi dieci/quindi anni (IRNA 2022).

Se la vicinanza e 'fratellanza' tra Baku e Ankara è strutturale e comprensibile per l'Iran anche se pur sempre vista come una possibile minaccia, ancor più difficile è per il Governo iraniano accettare la crescente presenza israeliana in territorio azerbaigiano e la continua collaborazione tra le parti. L'intesa azerbaigiana-israeliana è confermata dal peso che Israele ha avuto nelle importazioni di armi dell'Azerbaigian dal 2011 al 2020: secondo una ricerca dello Stockholm International Peace Research Institute (SIPRI), infatti, il 27% delle importazioni di armi azerbaigiane sono di marca israeliana mentre, focalizzando l'attenzione sul periodo 2016 – 2020, è possibile sottolineare che Israele ha rappresentato il 69% delle principali importazioni di armi dell'Azerbaigian, interscambio che è stato identificato con il 17% delle esportazioni totali di armi israeliane (Wezeman, Kuimova, e Smith 2021).

Tra le principali armi fornite da Israele vi sono munizioni vaganti HAROP, veicoli aerei senza pilota (UAV) da ricognizione

Hermes-900 e missili balistici guidati LORA (con una portata di 430 km). Le armi israeliane in dotazione all'esercito azerbaigiano, in modo particolare i droni e le munizioni, sono state per alcuni analisti l'elemento fondamentale che ha garantito la superiorità militare di Baku nel conflitto del Nagorno-Karabakh del 2020 che si è concluso con la vittoria militare azerbaigiana sul campo di battaglia e con il cessate il fuoco firmato a Mosca il 9 novembre 2020.

Proprio il recente conflitto vinto dall'Azerbaigian nel 2020 grazie al supporto militare israeliano è stato un ulteriore segnale di allarme per il Governo iraniano: a tal proposito, il ministro degli esteri iraniano, Hossein Amir-Abdollahian, ha più volte ribadito che l'Iran identifica la presenza di attori stranieri nella regione come un elemento di squilibrio e per tale motivo vi si oppone (Tasnim 2022). Tali parole celano, però, il timore che l'Iran ha nei confronti di una maggiore presenza in loco di Israele che negli ultimi anni ha dimostrato non solo di essere riuscita ad avere un buon posizionamento nel mercato militare azerbaigiano, ma di aver condotto operazioni segrete contro obiettivi militari o personale iraniano tramite la rete di operatori di intelligence sparsa nel Caucaso meridionale e in Medio Oriente (Iran International Newsroom 2022).

La visita ufficiale, ma a sorpresa perché senza nessun preavviso, che il ministro della Difesa israeliano Benny Gantz ha svolto a Baku il 3 ottobre 2022 si è conclusa con la firma di accordi di cooperazione militare e nella sicurezza tra Israele e Azerbaigian, ulteriore prova di una forte intesa e collaborazione azerbaigiana-israeliana. Durante la sua permanenza nella capitale azerbaigiana, il ministro israeliano non solo ha ribadito l'opposizione di Tel Aviv nei confronti dell'accordo sul nucleare iraniano (*Joint Comprehensive Plan of Action* – JCPOA), ma ha posto l'enfasi sulla capacità e possibilità di Israele di reagire e "rispondere a qualsiasi sviluppo in Iran", parole che hanno trovato maggior conferma nell'incontro che Gantz ha avuto con il direttore del Servizio di frontiera di Stato azerbaigiano, il colonnello generale Elchin Guliyev (Asharq Al-Awsat 2022). Infatti, per Israele, già coinvolto in una guerra per procura contro le milizie iraniane in Siria, avere l'Azerbaigian come trampolino di lancio per una eventuale offensiva militare diretta contro l'Iran rappresenta un vantaggio tattico-strategico incommensurabile, eventualità confermata anche dalle attività che alcuni velivoli di ricognizione israeliani avrebbero svolto all'interno dello spazio aereo iraniano con l'intento di saggiarne le difese militari.

È importante sottolineare che la cooperazione tra Israele e Azerbaigian in ambito militare va oltre la vendita di armi. La sicurezza israeliana e la cooperazione militare hanno svolto un ruolo significativo nella costruzione delle capacità militari azerbaigiane e nella creazione del settore industriale della difesa interna. Specialisti israeliani si sono anche impegnati nella formazione di esperti militari azeri sul funzionamento di vari armamenti, lo sviluppo di metodi organizzativi e la formulazione della dottrina militare (Shaffer 2022).

In aggiunta alla collaborazione sul piano della difesa, Israele ha fatto dell'Azerbaigian la sua principale fonte di approvvigionamento energetico. Tel Aviv è uno dei principali importatori di petrolio da Baku attraverso l'oleodotto Baku-Tbilisi-Ceyhan. Inoltre, nonostante l'Azerbaigian sia un paese musulmano a maggioranza sciita, il paese ha una comunità ebraica molto antica localizzata principalmente nella zona di Qırmızı Qəsəbə, definita dalle fonti azerbaigiane come la Gerusalemme del Caucaso (Gut 2019). La convergenza di intenti tra Baku e Tel Aviv si riflette anche a livello della società azerbaigiana come si è visto durante le celebrazioni organizzate a Baku per la vittoria nel conflitto del Nagorno-Karabakh del 2020 dove sono state esposte non solo le bandiere dell'Azerbaigian e della Turchia, ma anche quelle di Israele a sottolineare nuovamente il forte legame esistente e anche il significativo supporto militare israeliano durante il conflitto.

Nella sfera delle alleanze militari dell'Azerbaigian è imprescindibile parlare della Turchia che ha fornito negli anni diversi armamenti come i veicoli corazzati da pattuglia, artiglieria missilistica, missili e UAV armati: proprio i droni UAV Bayraktar-TB2 armati di bombe guidate MAM-L si sono rivelati importantissimi durante il conflitto del 2020 e hanno permesso alla Turchia di salire alla ribalta del mercato militare internazionale. Il legame fra i due paesi è sottolineato dal motto "una nazione, due stati", slogan che è stato anche ripetuto durante la cerimonia che si è svolta nella città di Shusha (Shushi in armeno) passata sotto il controllo azerbaigiano nel novembre 2020. In questa occasione il presidente azerbaigiano Ilham Aliyev e quello turco Recep Tayyip Erdogan hanno firmato una dichiarazione che ha elevato le loro relazioni al livello di alleanza ed esteso la loro cooperazione nella difesa, nella creazione di nuove rotte di trasporto, nel coordinamento dei due eserciti e nella modernizzazione delle forze armate. Un accordo che ha sottolineato come l'apertura del corridoio di Zangezur, che collega la Turchia orientale e l'Azerbaigian, e la ferrovia Nakhchivan-Kars contribuiranno ulteriormente al rafforzamento delle relazioni (Hurriyet Daily News 2022).

Nel 2010 i due paesi avevano già stabilito l'Accordo sul Partenariato Strategico e sul Sostegno Reciproco (ASPMS) che includeva un principio simile all'articolo 5 della NATO che, in linea con l'articolo 51 della Carta delle Nazioni Unite, obbliga entrambe le parti a cooperare quando un paese subisce l'aggressione di un terzo stato o gruppo di stati. L'accordo fornisce anche una base giuridica per l'espansione della cooperazione militare, comprese esercitazioni militari congiunte regolari sia sul territorio azerbaigiano che su quello turco.

I trasferimenti di armi turche all'Azerbaigian non si devono solo ai forti legami economici e culturali tra i due paesi, ma anche ai più ampi interessi di politica estera della Turchia. Attraverso il rafforzamento delle relazioni con Baku, Ankara mira ad espandere la sua presenza politica e militare nel Caucaso meridionale, in particolare in concorrenza con la Russia, fino ad oggi potenza dominante nella regione che ha favorito la mediazione tra le parti durante il Conflitto del Nagorno-Karabakh del 2020. Il ruolo russo nello scacchiere geopolitico caucasico, in particolar modo in Armenia, è altresì confermato dalla presenza di una base militare russa a Gyumri, città a 10 chilometri dal confine turco (Koshechkina 2021).

Anche allo stato attuale, benché la Russia abbia disatteso le aspettative armene in sede dell'Organizzazione del Trattato di Sicurezza Collettiva (CSTO) per il mancato intervento in seguito all'aggressione da parte dell'Azerbaigian all'Armenia nel settembre 2022, la prima settimana di novembre 2022 gli azeri hanno accusato Mosca di consegnare armi e petrolio all'Armenia attraverso l'Iran a seguito dell'annuncio del Cremlino di aver consegnato 12 tonnellate di aiuti umanitari al Nagorno-Karabakh (Kostereva 2022).

Tra gli attori internazionali coinvolti maggiormente nelle dinamiche caucasiche e in supporto all'Azerbaigian si deve infine annoverare il Pakistan, paese musulmano sunnita. Baku, Islamabad e Ankara si sono continuamente sostenute a vicenda in vari forum internazionali su questioni di interesse nazionale come quelle del Kashmir, di Cipro e del Nagorno-Karabakh (Asian Parliament 2016). Il Pakistan è stato il secondo attore internazionale dopo la Turchia a riconoscere l'Azerbaigian come paese indipendente dopo il collasso dell'Unione Sovietica e, al contempo, è l'unico Stato che non riconosce l'Armenia causando l'opposizione di Yerevan alla richiesta di Islamabad di divenire un membro osservatore della CSTO (Kucera 2016).

Nel settembre 2002 Islamabad e Baku hanno firmato l'accordo di cooperazione nei campi militari e di difesa nella città di Karachi. Dai primi anni del XXI secolo ad oggi la cooperazione militare azerbaigiano-pakistana è cresciuta e ha posto un ulteriore tassello quando, nel marzo 2021, il ministro degli Esteri azero, Ceyhun Bayramov, ha incontrato la controparte pachistana, Shah Mahmood Qureshi, a Dushanbe, in Tagikistan, nell'ambito della Conferenza ministeriale denominata "The Heart of Asia-Istanbul Process", e discusso la cooperazione bilaterale nel campo dell'aviazione (Boltuc 2021). In sostegno a Islamabad il presidente dell'Azerbaigian Ilham Aliyev ha espresso preoccupazione per quelle che ha definito "le violazioni dei diritti umani da parte dell'India" nella regione contesa del Kashmir (Mehdiyev 2021).

La partecipazione pakistana nelle esercitazioni militari congiunte denominate *Three Brothers 2021* nel Mar Caspio insieme a Turchia e Azerbaigian ha confermato l'intesa esistente tra Islamabad, Baku e Ankara e, contemporaneamente, allarmato un altro attore caspico strategicamente importante come l'Iran il quale, tramite le parole del portavoce del ministero degli esteri iraniano, Saeed Khatibzadeh, ha definito tali esercitazioni come 'illegali' richiamando la Convenzione sullo stato giuridico della regione. Negli ultimi dieci anni oltre cento ufficiali militari azeri sono stati formati da professionisti militari pakistani. Nell'ottobre 2016 Aliyev ed il primo ministro pakistano Sharif hanno confermato i piani per condurre esercitazioni militari congiunte. I due paesi stanno negoziando la vendita di caccia multiruolo JF-17 Thunder e l'Azerbaigian ha mostrato interesse per l'acquisto di aerei da addestramento pakistani Super Mushak.(Vugar Khalilov 2022)

Infine, dopo l'aggressione azerbaigiana al territorio sovrano armeno nel settembre 2022, il primo ministro pakistano Shehbaz Sharif ha espresso la vicinanza di Islamabad a Baku per quelle che ha definito "provocazioni armate dell'Armenia" (Sajid 2022).

Iran-Armenia: una partnership che si rinnova negli anni

Le relazioni fra i territori che oggi costituisco la Repubblica Islamica dell'Iran e la popolazione armena hanno radici antiche. Già nel III secolo d.C. l'Iran aveva più influenza sulla cultura dell'Armenia rispetto a qualsiasi altro suo vicino, tanto che i matrimoni fra le due nobiltà erano molto comuni. I due popoli condividevano molti elementi e tradizioni religiose, politiche e linguistiche e, un tempo, vivevano sotto la stessa dinastia. Le politiche sasanidi e la conversione armena al cristianesimo nel IV secolo, tuttavia, alienarono gli armeni dall'Iran zoroastriano e li riorientarono verso l'Occidente.

Le conquiste arabe che posero fine all'impero persiano e la conversione della popolazione locale all'Islam iniziata nel VII secolo separarono culturalmente gli armeni ancora di più dal loro vicino persiano. Nell'XI secolo i turchi selgiuchidi portarono migliaia di armeni nell'Azerbaigian iraniano, dove alcuni furono venduti come schiavi, mentre altri lavorarono come artigiani e mercanti (Boltuc 2022).

La conquista mongola dell'Iran nel XIII secolo permise agli armeni, che furono trattati favorevolmente dai vincitori, di svolgere un ruolo importante nel commercio internazionale tra il Mar Caspio, il Mar Nero e il Mar Mediterraneo. Mercanti e artigiani armeni si stabilirono nelle città iraniane al confine con la storica Armenia. Sultanieh, Marand, Khoi, Saimas, Maku, Maraghe, Urmia e soprattutto Tabriz, il centro dell'Azerbaigian iraniano, avevano tutti, secondo le testimonianze che ci giungono da Marco Polo, una grande presenza armena (Gharoui 2017).

Anche se con il passare dei secoli i due popoli hanno vissuto sotto dominazioni differenti, i due paesi continuano ancora oggi a considerarsi fratelli al di là delle evidenti differenze religiose e politiche: la recente aggressione militare azerbaigiana ai danni del territorio sovrano armeno avvenuta nel settembre 2022 è stata una ulteriore prova della vicinanza tra armeni e iraniani sottolineata dallo stesso Governo di Yerevan quando ha affermato che Teheran si è dimostrato lo Stato più attivo nel promuovere la difesa dell'Armenia a livello internazionale (Boltuc 2022).

Le conseguenze del secondo conflitto del Nagorno-Karabakh del 2020 hanno posto la leadership armena, ed in particolare il primo ministro Nikol Pashinyan, sotto i riflettori, esponendolo a critiche e presunte responsabilità in merito alla perdita dei territori dell'Artsakh. Come risultato della guerra, la Repubblica Autonoma del Nagorno-Karabakh si è trasformata da un'entità politica impegnata nel promuovere una economia locale a una entità amministrativa dal territorio ridotto e sotto constante minaccia e dipendente dai sussidi esterni per la sopravvivenza (Azar 2022). L'attuale situazione dell'Artsakh a seguito degli eventi del 2020 rimane una annosa questione sia all'interno del Nagorno-Karabakh che in Armenia stessa: nel giugno 2022, ad esempio, gli oppositori del governo Pashinyan si sono radunati a Yerevan in occasione dell'anniversario dell'indipendenza dell'Artsakh in forma di protesta e critica nei confronti del primo ministro armeno reo, secondo i partecipanti alla manifestazione, di non aver difeso gli interessi dell'Armenia e del popolo armeno del Nagorno-Karabakh nei colloqui di pace che si sono svolti a Bruxelles (Radio Azatutyun 2022).

La questione del confine armeno-azerbaigiano e dell'Artsakh rientra negli interessi di Teheran specialmente per quel che concerne la regione armena di Syunik, perché una leadership armena debole potrebbe tradursi per l'Iran nella perdita del prezioso corridoio verso il Mar Nero e la Russia. All'aspetto logistico si deve aggiungere quello commerciale ed economico considerando che lungo la linea del confine armeno-iraniano avviene lo scambio di energia secondo un accordo swap (elettricità in cambio di gas). Non è un caso che sul tavolo delle recenti trattative nell'incontro di Soci tra il presidente russo Vladimir Putin, il presidente azerbaigiano Ilham Aliyev ed il primo ministro armeno Nikol Pashinyan, ci fosse proprio lo sblocco delle vie di comunicazione con l'Armenia (Tass 2022) isolata dalle chiusure dei confini con la Turchia e l'Azerbaigian.

Proprio per incentivare i commerci lungo il confine armeno-iraniano, il Governo armeno ha istituito una zona economica franca (FEZ) a Meghri nel dicembre 2017 sperando di rafforzare la cooperazione economica bilaterale e l'apertura di filiali di aziende iraniane sul proprio territorio. Essendo un paese membro dell'Unione Economica Euroasiatica l'Armenia gode di esportazioni esenti da dazi verso questo mercato, fattore che ha attirato l'interesse dell'Iran, perché Teheran potrebbe usare il territorio armeno come trampolino di lancio verso gli altri paesi dell'EAEU. Viceversa, attraverso la zona economica franca di Meghri, l'Armenia potrebbe a sua volta sfruttare il confine con l'Iran per attrarre i paesi membri dell'EAEU interessati ad entrare nel mercato iraniano (Patricolo 2017). Considerando che l'economia armena nel 2022 ha registrato un andamento positivo e di crescita, specialmente grazie al trasferimento dei cittadini russi e alla loro operatività nel mercato armeno dopo l'inizio del conflitto ucraino e l'imposizione delle sanzioni occidentali ai danni di Mosca, se Yerevan potesse concretizzare l'accesso al mercato iraniano attraverso zone economiche speciali, vie di trasporto moderne e ampliate e accordi bilaterali vantaggiosi, si aprirebbero per l'Armenia stessa opportunità di business interessanti che gli investitori esteri non tarderebbero a cogliere (Bifolchi e Boltuc 2022a).

A supportare ulteriormente l'interesse iraniano per l'Armenia e il ruolo strategico che il territorio e mercato armeno giocano per Teheran sono gli eventi di inizio novembre 2022 che hanno visto l'Iran aprire un consolato nella regione armena meridionale di Syunik in risposta alle continue richieste e pressioni turco-azerbaigiane per costituire un corridoio extra-territoriale (quindi non sotto la sovranità armena) che colleghi l'Azerbaigian all'exclave del Nakhchivan attraverso il territorio armeno (Motamedi 2022). Richieste di Baku e Ankara che non tengono conto di quanto stabilito nel paragrafo 9 dell'accordo di cessate il fuoco firmato nel novembre 2020 a Mosca in cui si era stabilito che l'Armenia avrebbe garantito i collegamenti di trasporto tra le regioni occidentali della Repubblica dell'Azerbaigian e la Repubblica autonoma del Nakhchivan al fine di organizzare la libera circolazione di cittadini, dei veicoli e delle merci in entrambe le direzioni mentre il controllo dell'area sarebbe stato effettuato dagli organi del servizio di frontiera dell'FSB (Servizio Federale per la Sicurezza della Federazione Russa) (Boltuc e Bifolchi 2022).

Conclusione

Terra di incontro e scontro, il Caucaso storicamente ha attratto le mire di diversi attori regionali e internazionali. Entrato nell'orbita russa durante il periodo dell'Impero zarista e rimasto tale durante l'epoca dell'Unione Sovietica, dagli anni '90 in poi, a seguito della caduta dell'URSS, la regione ha sperimentato una nuova fase in cui le repubbliche del Caucaso meridionale hanno ottenuto la loro indipendenza da Mosca e si sono dovute subito scontrare con problematiche ereditate dal recente passato caratterizzate da dispute territoriali non risolte, desideri di secessione, etnonazionalismo e minacce alla sicurezza locale. Mosse dalla necessità di mantenere la loro indipendenza, le repubbliche caucasiche hanno dovuto quindi riconfigurare le loro alleanze regionali e internazionali e bilanciarsi in un mondo che negli ultimi decenni ha visto il passaggio dal sistema monopolare a guida statunitense a un multipolarismo in cui il rischio geopolitico è sempre più elevato.

Il conflitto del Nagorno-Karabakh tra Armenia e Azerbaigian ha attratto un notevole interesse dei media internazionali in particolar modo da quando Baku è divenuta un asset importante nella strategia di sicurezza energetica per Bruxelles. Negli anni la politica estera di questi due attori si è molto differenziata: infatti, grazie al petrolio e al gas naturale, l'Azerbaigian è riuscito ad aumentare il suo consenso nelle sedi internazionali, ad accrescere il suo ruolo nel mercato energetico globale e ad attrarre nuovi partner commerciali e investitori. Di contro, l'Armenia, a causa delle chiusure delle frontiere da parte di Baku e Ankara a seguito del primo Conflitto del Nagorno-Karabakh (1992 – 1994), ha visto la sua operatività e capacità di condurre la politica estera molto ridotta e rivolta principalmente verso la Federazione Russa e gli alleati di Mosca non perdendo, però, il contatto con l'Europa e gli Stati Uniti dove vive una significativa Diaspora armena.

In questo contesto geopolitico l'Iran ha guardato maggiormente al vicino armeno come alleato per motivi di natura commerciale e strategici mentre l'Azerbaigian per Teheran ha da sempre rappresentato una incognita e, nel recente periodo, una minaccia per la propria sicurezza. Anche se la retorica azerbaigiana e iraniana parla di rapporti 'fraterni' e di un comune sostrato socioculturale, i rapporti tra Teheran e Baku hanno vissuto diversi momenti di crisi e di reciproche accuse come quelle che l'Azerbaigian ha mosso nei confronti dell'Iran di fornire armi all'Armenia e all'Artsakh anche se ufficialmente il Governo iraniano ha sempre sostenuto la posizione del ritorno dei territori del Nagorno-Karabakh sotto il controllo azerbaigiano. Neanche l'Azerbaigian è stato esente dalle accuse mosse dalla parte iraniana incentrate specialmente sui rapporti che Baku ha sviluppato con Tel Aviv che Teheran considera una minaccia per la propria sicurezza nazionale.

Si vanno a sommare a questa equazione altri attori fondamentali come la Turchia e il Pakistan, sostenitori dell'Azerbaigian, e la Federazione Russa, garante della sicurezza del Nagorno-Karabakh e partner dell'Iran nel contesto siriano così come in quello caucasico, che vanno a complicare il quadro geopolitico regionale. Se da un lato la recente escalation militare al confine armeno-azerbaigiano e il mancato intervento militare della CSTO in supporto all'Armenia hanno evidenziato spaccature e fragilità di questa organizzazione e, di conseguenza, della Russia attualmente impegnata militarmente nel conflitto in Ucraina, è anche vero che Mosca continuerà a giocare un ruolo importante nel Caucaso, regione facente parte del *blizhnee zarubezhe* (vicino estero) russo e *lebensraum* (spazio vitale) del Cremlino, anche se attori come la Turchia di Erdogan o l'Unione Europea stanno cercando di approfittare dell'attuale situazione geopolitica internazionale per ritagliarsi maggiore spazio nella regione.

Come illustrato in questa ricerca, ad influenzare i difficili equilibri del Caucaso meridionale concorrono una serie di attori regionali e internazionali i cui interessi a volte concordi a volte contrastanti influenzano le dinamiche locali in un'area che essendo 'ponte' naturale tra Europa e Asia, ma anche 'barriera/frontiera' tra mondo cristiano e mondo musulmano, deve evitare di essere destabilizzata, perché essendo connessa con l'intero scacchiere euroasiatico rischierebbe di farlo sprofondare in una grave crisi.

Fonti

1lurer, "Border changes in the region are our red line, Iran's Abdollahian says in Yerevan".
2022.
https://www.1lurer.am/en/2022/10/20/Border-changes-in-the-region-are-our-red-line-Iran-s
Abdollahian-says-in-Yerevan/818237.

A. Abasov e Z. Krikorova, "Opyt federalizacii gosudarstv Juzhnogo Kavkaza: proshloe i
nastojashhee", Kavkazskij Vypusk, 2016. https://caucasusedition.net/ru/опыт-
федерализации-государств-южног/.

A. Asharq, "Israel, Azerbaijan Sign Military and Security Deal", 2022.
https://english.aawsat.com/home/article/3912991/israel-azerbaijan-sign-military-and-
security-deal.

"Ilham Aliyev: Azerbaijan, Pakistan support each other on Nagorno-Karabakh, Kashmir".
Asian Parliamentary Assembly, 2016.
https://asianparliament.org/newsgroup/news/detail/Ilham-Aliyev--Azerbaijan--Pakistan-
support-each-other-on-Nagorno-Karabakh--Kashmir/3824/view/.

H. Azar, "استقلال سال 31 در باغ قره خودخوانده جمهوری دستاورد به نگاهی‌
تسنیم الملل بین اخبار ـ اوراسیا و ترکیه اخبار | Tasnim".
Tasnim News Agency, 2022.
https://www.tasnimnews.com/fa/news/1401/06/13/2769271/نگاهی‌
للاقتصادلـاس‌31ـدرـباغ‌قره‌خودخوانده‌جمهوری‌دستاوردـبه.

"Iranian anti-Azerbaijani fake news propaganda: Sahar TV", AzeMedia, 2021.
https://aze.media/iranian-anti-azerbaijani-fake-news-propaganda-sahar-tv/.

G. Bifolchi, "Nagorno-Karabakh: and the winner is… Russia", SpecialEurasia, 2020.
https://www.specialeurasia.com/2020/11/20/nagorno-karabakh-russia/.

G. Bifolchi e S. Boltuc, "2022 Armenia economy: an interview with Vahan Kerobyan".
Geopolitical Report 24 (8), 2022a.. https://www.specialeurasia.com/2022/10/25/armenia-
economy-vahan-kerobyan/.

"Paruyir Hovhannisyan discussed Armenia's foreign policy". *Geopolitical Report* 24 (10),

2022b, https://www.specialeurasia.com/2022/10/30/armenia-foreign-policy/.
S. Boltuc, "Pakistan strategy in the Caspian Sea between Baku and Tehran". *Geopolitical*
Report 12 (9), 2021.
"Gli interessi dell'Iran nel Caucaso", 2022. https://www.specialeurasia.com/2022/06/24/iran-caucaso-silvia-boltuc/.

S. Boltuc e G. Bifolchi, "Armenia's domestic and foreign policy: a meeting with Hripsime
Grigoryan and Artur Hovhannisyan", SpecialEurasia, 2022.
"Azerbaijan - Nagorno-Karabakh conflict, dissolution of the Soviet Union, and
presidency of Heydar Aliyev", Britannica. Consultato 11 maggio 2022.
https://www.britannica.com/place/Azerbaijan/Nagorno-Karabakh-conflict-dissolution-of-the-
Soviet-Union-and-presidency-of-Heydar-Aliyev.

B. Coppieters, *Westliche Sicherheitspolitik und der Konflikt zwischen Georgien und Abchasien.*
Köln: Bundesinstitut für Ostwissenschaftliche und Internationale Studien, 1999. https://nbn-
resolving.org/urn:nbn:de:0168-ssoar-43974.
K. Fadayn, "حزب چپ ایران (خلق فدائیان): فتنه انگیزی ناسیونالیسم افراطی در
تبریز را محکوم میکنیم! – اخبار روز – سایت سیاسی خبری چپ", 2019.
https://www.akhbar-rooz.com/11449/1398/08/18/.
C. Francis, *Conflict Resolution and Status: The Case of Georgia and Abkhazia (1989-2008).*
2011, Brussels: VUBPRES Brussels University Press.
T. German, "Abkhazia and South Ossetia: Collision of Georgian and Russian Interests",
Russie.Nei.Visions, n. 11, 2006.

F. Gharoui, "دو□ فصلنامه□ تخصصی□ تاریخ□ ایران□ اسلامی□ دانشگاه□
آزاد□ اسلامی□ واحد□ شوشتر□ سال□ ششم□ ، شماره□ اول□ بهار□
و□ Islamic Azad University 6: 119–38, 2017□□□□□□□□□□□□□□□□□□□□□□□□□□□□□□□
□□□□□.□□□□□□□□□□□□□□□□□□□□□□□□□□□□□□□
□□□□□□□□□□□□□□□□□□□□□□□□□□□□□□□□□□□□
□□□□□□□□□□□□□□□□□□□□□□□□□□□□□□□□□□□
□□□□□□□□□□□□□□□□□□□□□□□□□□□□□□□□□□□
□□□□□□□□□□□□□□□□□□□□□□□□□□□□□□□□□□□
□□□□□□□□□□□□□□□□□□□□□□□□□□□□□□□□□□□□

A. Goyushov, "A Brief Description of Azerbaijani Nationalism from its Inception to Today",
Baku Research Institute, 2021. https://bakuresearchinstitute.org/en/a-brief-description-of-azerbaijani-nationalism-from-its-inception-to-today/.
A. Gut, "Azerbaijan is a linchpin of energy diversity, security... Why?" The Jerusalem Post,
2019. https://www.jpost.com/diaspora/what-turned-azerbaijan-into-linchpin-of-energy-diversity-security-602702.
J. Hasanli, *SSSR-Iran: Azerbajdzhanskij krizis i nachalo holodnoj vojny*. Moscow: Geroi
Otechestva, 2006.
M. Heß, "Axundzadə, Mirzə Fətəli". *Encyclopaedia of Islam*, Brill, 2019.
https://referenceworks.brillonline.com/entries/encyclopaedia-of-islam-3/axundzad-mirz-ftli-
COM_24827?s.num=0&s.f.s2_parent=s.f.book.encyclopaedia-of-islam-
3&s.q=Axundzadə%2C+Mirzə+Fətəli.
Y. Hirose, "The Complexity of Nationalism in Azerbaijan". *International Journal of Social*
Science Studies 4 (5), 2016. https://doi.org/10.11114/ijsss.v4i5.1531.

"We elevated relationship with Azerbaijan to strategic alliance: Erdoğan - Türkiye News",
Hurriyet Daily News, 2022. https://www.hurriyetdailynews.com/we-elevated-relationship-
with-azerbaijan-to-strategic-alliance-erdogan-174133.
"Exclusive: Israeli Mossad Interrogated An IRGC Official Inside Iran". Iran International
Newsroom, 2022. https://www.iranintl.com/en/202207215925.
IRNA, "سلاح تولید برای ترکیه و اسراییل با آذربایجان جمهوری همکاری"
2022.
https://www.irna.ir/news/84880242/همکاری-جمهوری-آذربایجان-با-سلاح-تولید-برای-ترکیه-و-اسراییل.
V. Kaleji, "Iran and the 3+3 Regional Cooperation Format in the South Caucasus: Strengths

and Weaknesses". *Eurasia Daily Monitor* 18 (96), 2021. https://jamestown.org/program/iran-
and-the-33-regional-cooperation-format-in-the-south-caucasus-strengths-and-weaknesses/.
V. Koshechkina, "Stalo izvestno o vydvizhenii rossijskih soldat na liniju fronta v Armenii",
Lenta.ru, 2021. https://lenta.ru/news/2021/11/17/102/.
M. Kostereva, "Azerbajdzhan obvinil Armeniju v ispol'zovanii Lachinskogo koridora v
voennyh celjah", Kommersant, 2022 https://www.kommersant.ru/doc/5654439.
J. Kucera, "Armenia Nixes Pakistan's Ties With CSTO". Eurasianet2. 2016.
https://eurasianet.org/armenia-nixes-pakistans-ties-csto.
M. Mehdiyev, "Azerbaijan Calls for International Law-Based Resolution to Kashmir Conflict",
Caspian News, 2021. https://caspiannews.com/news-detail/azerbaijan-calls-for-international-
law-based-resolution-to-kashmir-conflict-2021-11-3-8/.
"The Referendum on Independence of the Nagorno Karabakh Republic", Ministry of Foreign
Affairs of the Republic of Artsakh, Consultato 11 maggio 2022.
http://www.nkr.am/en/independence-referendum-in-karabakh.
M. Motamedi, "Iran's delicate balancing act in the Nagorno-Karabakh conflict", Al Jazeera,
2020. https://www.aljazeera.com/news/2020/10/5/iran-nk.
"Iran opens consulate in Armenia's Kapan as it expands ties", Al Jazeera, 2022.
https://www.aljazeera.com/news/2022/10/22/iran-opens-consulate in-armenias-kapan-to
deliver-a-message.

C. Patricolo, "Meghri Becomes Armenia's Third FEZ", Emerging Europe, 2017.
https://emerging-europe.com/news/meghri-becomes-armenias-third-fez/.
J. Peuch, "Iran: Cartoon Protests Point To Growing Frustration Among Azeris", Payvand,
2006. http://www.payvand.com/news/06/jun/1006.html.
"Leader urges regional states to prevent foreign intervention", PressTV, 2021.
https://www.presstv.ir/Detail/2021/10/03/667755/Iran-Leader-foreign-threat-neighbors-
armed-forces-.

"V Brjussele otmechen progress na peregovorah liderov Armenii i
    Azerbajdzhana", Radio
Azatutyun, 2022. https://rus.azatutyun.am/a/31789710.html.

G. Riaux, "The formative years of Azerbaijani nationalism in
    post-revolutionary Iran", *Central
Asian   Survey   27   (1):   45–58,   2008.*
    https://doi.org/10.1080/02634930802214039.
I. Sajid, "Pakistan supports Azerbaijan's right to defend itself
    against Armenian attacks:
Premier", Anadolu Agency, 2022. https://www.aa.com.tr/en/asia-
    pacific/pakistan-supports-
azerbaijans-right-to-defend-itself-against-armenian-attacks-
    premier/2686475.
B. Shaffer, "Israel's Role in the Second Armenia-Azerbaijan War
    and Its Implications for the
Future",   FDD,   2022.
    https://www.fdd.org/analysis/2022/09/13/israels-role-
    armenia-
azerbaijan-war/.

E. Souleimanov, "The Evolution of Azerbaijani Identity and the
    Prospects of Secessionism in
Iranian Azerbaijan", *Connections* 11 (1): 77–84, 2011.
T. Swietochowski, *Russian Azerbaijan, 1905–1920: The Shaping
    of National Identity in a
Muslim Community*, Cambridge: Cambridge University Press,
    1985.
"منطقه این در بیگانگان حضور مخالف :آذربایجانی همتای به خطاب امیرعبداللهیان
,"تسنیم الملل بین اخبار ـ ایران دیپلماسی اخبار ـهستیم
Tasnim, 2022.
"Putin, Aliyev, Pashinyan commence trilateral meeting, Foreign
    Ministers meet separately",
Tass, 2022. https://tass.com/world/1530439.

Twitter, BBC News farsi su. 2020. ""اجتماعی های‌شبکه در ویدیوهایی
شهرهای در ایران های‌ترک دهدمی نشان که شده منتشر
اندکرده تظاهرات آذربایجان جمهوری از حمایت در تهران و تبریز.
    https://t.co/FYcK8gt2gV" / Twitter".

K. Vugar, "Azerbaijan-Pakistan ties: 30 years on the path of
    strategic partnership", Azer News,
2022. https://www.azernews.az/nation/200281.html.
P. Wezeman, A. Kuimova, e J. Smith,"Arms transfers to conflict
    zones: The case of Nagorno-

Karabakh", SIPRI, 2021. https://www.sipri.org/commentary/topical-backgrounder/2021/arms-transfers-conflict-zones-case-nagorno-karabakh.

YeniCag, "Yeİran'ın Azerbaycan'a ihanetinin görüntüleri sızdı. Her ne kadar yalanlasalar da kayıtlar ortadanicaggazetesi", 2020. https://www.yenicaggazetesi.com.tr/iranin-azerbaycana-ihanetinin-goruntuleri-sizdi-her-ne-kadar-yalanlasalar-da-kayitlar-ortada-304904h.htm.

Geopolitica del porto commerciale marittimo di Makhachkala nel Mar Caspio

Giuliano Bifolchi - Research Manager di SpecialEurasia

Negli ultimi anni, lo studio della connettività eurasiatica è divenuto un argomento ampliamente discusso e studiato sia nel mondo accademico che in quello mediatico specialmente a seguito del lancio da parte di Pechino della *Belt and Road Initiative*, conosciuta anche con il nome di Nuova Via della Seta, il cui fine ultimo è quello di favorire il collegamento di merci, risorse naturali ed umane tra l'Europa e l'Asia (Walcott e Corey 2014; Libman e Vinokurov 2021).

In questo contesto il Mar Caspio ha assunto un ruolo essenziale come punto di passaggio e connessione nello scacchiere geopolitico euroasiatico e via di comunicazione e scambio di merci. È innegabile che l'area caspica abbia un ruolo emergente e strategico sia nel settore logistico e dei trasporti che in quello energetico, in special modo a seguito dell'inizio del conflitto in Ucraina e dell'imposizione delle sanzioni occidentali ai danni di Mosca che hanno generato una crisi energetica e la necessità da parte europea di trovare nuovi partner commerciali da cui poter importare il gas naturale (Kondratiev 2022). Ne consegue, quindi, che il Mar Caspio si sia trasformato in un 'campo di battaglia' che vede gli interessi degli attori regionali e delle potenze internazionali scontrarsi nel tentativo di influenzare le dinamiche politiche e socioeconomiche locali.

Dopo il crollo dell'Unione Sovietica, e in particolare dall'inizio del XXI secolo, la regione del Caspio ha assistito al contrasto tra Occidente (Stati Uniti e Unione Europea) e la Federazione Russa. Bruxelles ha designato l'area caspica come un potenziale mercato per diversificare le sue importazioni di petrolio e gas naturale e così divenire meno dipendente dalle esportazioni russe, necessità che è divenuta impellente e fondamentale dopo l'inizio del conflitto ucraino nel febbraio 2022 (Russell 2020; European Parliament 2022). Nel contempo, anche Washington ha cercato di estendere la propria presenza e quella della NATO nella regione per controllare il Caucaso e l'Asia centrale, contrastare l'espansione del Cremlino e la politica estera di Teheran e, di conseguenza, raggiungere l'obiettivo finale di influenzare l'intera regione euroasiatica la quale, secondo la teoria dell'*Heartland* di Halford Mackinder, permette di dominare la 'isola mondo'(Mackinder 2004).

Dal 2013 Pechino è entrata con forza nella competizione tra Occidente e Russia sul bacino del Caspio dopo che il presidente cinese Xi Jinping ha lanciato la *Belt and Road Initiative* (BRI) delineando due rotte commerciali, una marittima e una terrestre, il cui fine ultimo è quello di connettere il mercato cinese con quello europeo e mondiale. Sin dal 2013 il Governo cinese ha finanziato in maniera ingente e preponderante lo sviluppo economico dei paesi dell'Asia centrale e del Mar Caspio così come i progetti infrastrutturali locali sfidando gli interessi statunitensi, europei, e russi nello spazio post-sovietico, specialmente nelle repubbliche di Kazakistan, Turkmenistan e Azerbaigian (Babayev e Fariz 2020; Tshkay 2021).

Guardando al quadro geopolitico della regione del Mar Caspio e considerandone le caratteristiche geografiche, questa area potrebbe essere definita un ponte naturale tra il mercato europeo e quello asiatico per la BRI di Pechino la quale, qualora dovesse essere completata e raggiungere la sua completa operatività, potrebbe escludere definitivamente la Federazione Russa dal sistema logistico, di trasporti e di scambi commerciali euroasiatico. Infatti, la regione caspica, grazie al potenziamento delle sue infrastrutture, assumerebbe un ruolo chiave nel collegamento tra il porto del Pireo, che ha visto copiosi investimenti cinesi (Pennisi 2021), e l'Asia centrale attraverso lo sfruttamento dei porti georgiani di Poti e Batumi sul Mar Nero e la loro connessione via terra con i porti di Baku in Azerbaigian e di Aktau in Kazakistan. In tal senso, l'accordo sulla creazione di un canale di trasporto marittimo a tre via che Baku, Tbilisi e Astana hanno firmato nel 2020 confermerebbe il tentativo di stabilire un corridoio eurasiatico per collegare la regione cinese dello Xinjiang con l'Europa attraverso il Mar Nero e il Mar Caspio (Kenderdine 2017; Bryza 2020; Birimzham 2020)

Lo studio della competizione geopolitica dell'area del Mar Caspio non può non tenere conto del crescente ruolo che il porto commerciale marittimo di Makhachkala nella Repubblica del Dagestan sta assumendo nella politica estera ed economica della Federazione Russa così come nelle dinamiche regionali. Makhachkala, capitale del Dagestan, è situata nel *Severo-Kavkazskij Federal'nyj Okrug* (Distretto Federale russo del Caucaso del Nord – DFCN), entità amministrativa creata dal Cremlino nel 2010 e separata dallo *Juzhnyj Federal'nyj Okrug* (Distretto Federale Meridionale – DFM) per far fronte alle problematiche socioeconomiche e di sicurezza che l'area ha sperimentato fin dalla caduta dell'Unione Sovietica e la creazione della Federazione Russa. La regione nord caucasica, infatti, è conosciuta al mondo per le sue difficoltà interne e locali dovute all'etnonazionalismo che negli anni '90 in Cecenia vide lo scoppio del Primo Conflitto Ceceno (1994 – 1996), al fenomeno della militanza armata e del terrorismo di matrice religioso islamico che ha visto nel 2007 la creazione di *Imarat Kavkaz* (Emirato del Caucaso), organizzazione terroristica fondata da Doku Umarov il cui fine era quello di stabilire in tutto il Caucaso del Nord uno stato islamico basato sui principi della *shari'a* (legge musulmana) (Vendina, Belozerov, e Gustafson 2007; Shlapentokh 2008; Hann 2014). Dalla sua creazione nel 2010 il Cremlino ha finanziato il distretto e creato la "Strategia per lo sviluppo socioeconomico nel Caucaso settentrionale fino al 2025" (Strategia 2025) e il progetto *Kurorti Severnogo Kavkaza* (progetto resort del Caucaso settentrionale) con l'obiettivo finale di migliorare le prestazioni economiche regionali e attrarre investimenti diretti esteri (IDE).

Il Caucaso settentrionale, di cui il Dagestan fa parte, ha un ruolo importante nella politica interna ed estera russa e nello scacchiere eurasiatico perché la regione è contemporaneamente un 'ponte' tra Europa e Asia e una 'barriera / frontiera' tra il mondo ortodosso e quello musulmano (Bifolchi 2018a). Incastonato tra il Mar Nero e il Mar Caspio, il Caucaso settentrionale collega geograficamente e culturalmente la Russia alla Turchia, all'Iran, all'Asia centrale e al Medio Oriente. Data la sua posizione geografica, il porto di Makhachkala è così divenuto vitale nella strategia russa orientata a stabilire un hub logistico in Dagestan collegato alla BRI, al Medio Oriente e all'Asia centrale, con l'obiettivo finale di garantire una crescita sostenibile regionale e rafforzare la cooperazione con attori locali e internazionali.

Pertanto, l'idea del Cremlino di trasformare Makhachkala nel principale corridoio eurasiatico potrebbe stimolare lo sviluppo socioeconomico regionale in una entità amministrativa che soltanto fino a pochi anni fa era stata definita la più turbolenta e problematica del DFCN e che aveva superato la Cecenia per numero di attacchi violenti e attività dei gruppi terroristici (Halbach e Isaeva 2015). È anche vero, però, che, qualora la strategia russa non dovesse portare i frutti sperati, considerando anche le attuali contingenze connesse con il conflitto in Ucraina e con le sanzioni occidentali, se Makhachkala così come l'intero Dagestan e Caucaso del Nord non dovessero riuscire ad attrarre investitori stranieri e migliorare la performance economica locale, esiste un reale rischio che l'intera regione possa vedere emergere nuovamente le problematiche legate al terrorismo, ai movimenti etnonazionalistici e alle dispute transfrontaliere comportando un deterioramento della sicurezza locale e della stabilità regionale.

Ne consegue, quindi, che un'attenta analisi del progetto del porto marittimo di Makhachkala sia necessaria per comprenderne la reale fattibilità, le potenzialità e capire se lo sviluppo di questo hub logistico e portuale possa realmente sostenere la Russia in un periodo di difficoltà economica come quello che sta vivendo a causa delle sanzioni occidentali oppure se questo progetto sia da annoverare come uno dei tanti tentativi che il Cremlino persegue senza avere una programmazione tale da valutarne il suo successo e la sua completa realizzazione. Importante, inoltre, è analizzare in che modo lo sviluppo del porto possa condizionare gli equilibri geopolitici regionali caspici considerando la crescente cooperazione russo-iraniana nell'area favorita propria dall'aumento del transito di merci che passano per il porto daghestano da e verso l'Iran.

Il porto commerciale del mare di Makhachkala

Il porto commerciale marittimo di Makhachkala è l'unico porto in acque profonde della Russia nel Mar Caspio che non è costretto a interrompere le proprie attività durante il periodo invernale a causa del ghiaccio e della neve. Questa infrastruttura ha una capacità tale da poter contenere navi fino a 150 metri di lunghezza e fino a 4,5 metri di pescaggio. L'infrastruttura portuale comprende un porto di merci secche con un complesso di trasbordo con una capacità di 3 milioni di tonnellate all'anno, ormeggi per merci generali e container per 1,2 milioni di tonnellate all'anno, terminal ferroviari e traghetti per auto con una capacità di 1,3 milioni di tonnellate e, ultimo ma non meno importante, un terminal di grano con un volume di 0,5 milioni di tonnellate annuali.
Il porto è collegato tramite una linea ferroviaria che è connessa con i traghetti Makhachkala-1, Petrovs e Sovetsky Dagestan e l'area portuale ospita il complesso di lavorazione dei prodotti petroliferi, il quale è dotato di strutture ad alte prestazioni e garantisce la movimentazione di petroliere con un volume di carico di 13 mila tonnellate e un pescaggio fino a 6,5 metri. Vicino al porto è situato il più grande giacimento di petrolio del Caucaso settentrionale che può immagazzinare contemporaneamente 540 mila metri cubi ed è collegato all'oleodotto Baku-Novorossiysk che trasporta 5 milioni di tonnellate di petrolio annui. Il porto marittimo di Makhachkala è in grado di movimentare merci e petrolio provenienti da Kazakistan, Turkmenistan, Iran e Azerbaigian, riducendo i tempi di consegna grazie al corridoio di trasporto Nord-Sud (AO "Mahachkalinskij morskoj torgovyj port" 2020).

Nel 2018, il ministro della Difesa russo Sergey Shoigu decise di trasferire la flottiglia del Caspio da Astrakhan a Makhachkala in Dagestan per superare il problema della prontezza militare che il porto di Astrakhan aveva considerando che questa infrastruttura si trova a 100 km dal bacino caspico sul fiume Volga, il quale durante il periodo invernale è solitamente congelato. Nel 2019, il vice primo ministro del Dagestan, Ramazan Jafarov, ha sottolineato l'importanza di un rapido completamento della costruzione e del ridispiegamento della flottiglia del Caspio e della creazione di infrastrutture adeguate per la situazione politica e socioeconomica regionale (Sidorkova e Tkachenko 2018).

Nel 2019 il porto commerciale marittimo di Makhachkala è stato per la prima volta il leader nel fatturato commerciale tra i porti russi nel Mar Caspio. La prima spedizione di gasolio prodotta in Turkmenistan è stata consegnata a Makhachkala alla fine del 2019, per la prima volta dal 2014. Guardando le statistiche annuali, l'allora direttore della compagnia Livecargo, Karen Gomktsyan, aveva dichiarato ai media russi che il Governo daghestano avrebbe dovuto creare rotte di transito tra la capitale Makhachkala e il tunnel Buynaksky per migliorare la rete di trasporto e incrementare la viabilità così come l'appetibilità del porto stesso (Aliyev 2019). In risposta a queste esigenze, nell'agosto 2020 il Cremlino aveva annunciato il progetto di migliorare il porto marittimo di Makhachkala con l'intento di trasformarlo in un hub logistico e così aumentare il volume di scambi e le possibilità di connessione regionali. A tal proposito, Mikhail Babich, primo viceministro russo dello sviluppo economico, aveva palesato l'interesse dell'autorità centrale russa nel comprendere gli step necessari per favorire l'attrazione di volumi di merci maggiori nella capitale daghestana e sviluppare l'economia locale così da rispondere sia all'esigenze del Dagestan stesso sia alla necessità russa di potenziare la propria presenza e le proprie attività commerciali sul Mar Caspio (RGVK Dagestan 2020).

Sebbene nel 2020 la quantità di merci movimentate dai porti marittimi russi sia diminuita del 2,3% a causa della pandemia, il porto di Makhachkala ha registrato un aumento del 10,1% (4,6 milioni di tonnellate) a dimostrazione del trend positivo che questa infrastruttura ha avuto in un periodo di criticità come quello dell'inizio del Covid-19. Lo stesso direttore generale del porto di Makhachkala, Murad Khidirov, aveva previsto un incremento delle merci gestite annualmente pari a 4,8 milioni di tonnellate per l'anno 2021 palesando ottimismo e fiducia nei confronti della capacità portuale locale (AO "Maxachkalinskij morskoj torgovyj port" s.d.; Korabel.ru 2020).

L'interesse nell'implementare le attività del porto di Makhachkala era stato ribadito anche nel febbraio 2021 dal ministro dei trasporti e delle strade del Dagestan, Shirukhan Gadzhimuradov, durante l'incontro insieme alla filiale locale di FSUE Rosmorport Makhachkala con la quale era stata discussa la strategia per migliorare il turismo marittimo della capitale daghestana e della vicina Derbent, attività necessaria per supportare l'ordine del Governo russo n. 1365-r del 25 giugno 2019 adottato per sviluppare i porti marittimi russi sul bacino del Caspio e le infrastrutture ferroviarie e stradali regionali nel periodo di tempo fino al 2030 (Morskie Vesti Rossiy 2021).

Il ruolo dell'Iran nello scacchiere nord caucasico e nello sviluppo del Dagestan

La storia moderna e contemporanea lega il mondo russo con quello iraniano. In passato le forze dell'impero zarista si erano scontrate con quelle dell'impero safavide e dei turchi ottomani per controllare il Caucaso e il bacino del Caspio. Nel periodo sovietico Mosca e Teheran hanno rafforzato i loro rapporti a seguito della rivoluzione islamica in Iran del 1979 quando l'autorità centrale sovietica era impegnata nella guerra russo-afghana (1979 – 1989) e vedeva la vicina Repubblica Islamica dell'Iran come un'opportunità nel continuo scontro/confronto con gli Stati Uniti, ma anche una minaccia per la propria sicurezza interna considerando il pericolo esistente che l'ideologia delle rivoluzione islamica potesse estendersi anche nei territori a maggioranza musulmana dell'Urss (Pilipenko 2014; Asinovsky 2018).
Nella Russia contemporanea l'Iran svolge un ruolo fondamentale nella politica estera del Cremlino perché Teheran è un alleato ideale di Mosca contro la 'strategia dell'Anaconda' statunitense che, secondo il pensiero strategico russo, Washington ha elaborato per circondare la Russia e creare una rete di sorveglianza in Europa orientale, Vicino Oriente, Asia centrale e Sud-Est asiatico (Jalali 2016). Negli ultimi anni il mondo delle relazioni internazionali ha assistito all'ascesa della partnership russo-iraniana su questioni regionali e globali come il Caucaso, l'Asia centrale e il Medio Oriente: è inevitabile constatare come Teheran condivida molti interessi geopolitici ed economici con Mosca in teatri strategici come quello siriano e iracheno e oggigiorno, considerando anche i recenti sviluppi nel Caucaso meridionale a seguito del Conflitto del Nagorno-Karabakh del 2020 e della recente escalation ai confini azerbaigiani-armeni (Bifolchi e Boltuc 2022), la Repubblica Islamica dell'Iran

potrebbe controbilanciare il crescente ruolo turco nel Caucaso e in Asia centrale e impedire che gli Stati Uniti possano estendere la loro influenza e presenza in Eurasia (Hamed Kazemzadeh, Andrea Weiss, Yana Zabanova 2017; Avdaliani 2019).

Poiché il Cremlino mira a svolgere un ruolo di primo piano nel Mar Caspio e il porto commerciale di Makhachkala è divenuto un asset cruciale in questa strategia, la Federazione Russa ha recentemente migliorato la sua cooperazione commerciale e culturale con l'Iran invitando Teheran a partecipare attivamente al mercato del Caucaso settentrionale e ai progetti di sviluppo infrastrutturale e socioeconomico del Dagestan. Affacciata sul Mar Caspio e confinante con l'Azerbaigian, la Repubblica del Dagestan ha una posizione strategica fondamentale nell'espansione del progetto del Corridoio internazionale di trasporto nord-sud (INSTC) che mira a connettere il mercato indiano con quello russo: in tale contesto l'Iran ha le potenzialità per giocare un ruolo di primo piano in questa strategia, perché territorio di passaggio delle merci indiane e russe e anche alleato chiave russo nel Mar Caspio in grado di ostacolare il vicino Azerbaigian sempre più necessario per la Strategia di sicurezza energetica di Bruxelles (Gadzhiev 2017; Trickett 2017; Aliyev 2019).

Se da un lato il Cremlino ha tentato negli ultimi anni di attirare gli interessi commerciali ed economici iraniani nel Caucaso settentrionale, è anche vero che il DFCN detiene un valore eccezionale per lo stesso Iran poiché rappresenta un mercato dove Teheran rimane il più grande esportatore insieme ad Azerbaigian, Cina e Germania. Le sanzioni statunitensi hanno spinto Iran e Russia a trovare mercati e rotte commerciali alternativi per evitare l'embargo economico e le attuali sanzioni occidentali imposte ai danni di Mosca dopo l'inizio del conflitto in Ucraina hanno rafforzato il legame russo-iraniano. Pertanto, il Mar Caspio ha assunto un ruolo primario nello scambio commerciale russo-iraniano con Teheran sempre più interessato ad ampliare la propria presenza nella regione nord caucasica, in special modo in Dagestan e Ossezia del Nord-Alania, dove l'Iran può esportare idrocarburi e prodotti agricoli (Torgovo-promyshlennaya palata Rossijskoj Federacii 2017).

Sulla base di obiettivi comuni sullo scacchiere eurasiatico e sulla partnership economica determinata dalle sanzioni occidentali, la Repubblica Islamica dell'Iran è diventata l'attore geopolitico privilegiato con cui Mosca può cooperare nel Caucaso settentrionale per attrarre investimenti e aumentare il capitale straniero nei progetti regionali incentrati sul turismo e sull'agrobusiness. Allo stesso tempo, Mosca sta privilegiando i rapporti con Teheran nel Caucaso del Nord non dimenticando, però, gli altri attori del mondo arabo-musulmano come le monarchie del Golfo: nell'ottobre 2022, infatti, nel territorio di Stavropol si è svolto il forum *Severnyj Kavkaz v menjajushhemsja mire* (Caucaso del Nord in un mondo in cambiamento) che ha visto la partecipazione di compagnie straniere e rappresentanti ufficiali del Medio Oriente e dell'Africa con l'obiettivo di favorire la cooperazione tra attori nord caucasici e realtà politiche e imprenditoriali estere e facilitare la connessione tra il mercato del DFCN con quello mediorientale e nord africano (Bifolchi 2022b).

Sebbene Mosca guardi alle monarchie del Golfo con diffidenza considerando che in passato il Cremlino ha più volte accusato attori come l'Arabia Saudita di aver esportato l'Islam politico o ideologie estremiste come la *Salafiyya* o il *Wahhabismo*, la Russia non può prescindere dall'estendere la partnership economico-commerciale e finanziaria con l'intero mondo arabo-musulmano: ne consegue, quindi, che alcune repubbliche nord caucasiche come la Cecenia, e in misura minore anche il Dagestan, abbiano iniziato a giocare un ruolo sempre più importante nella politica estera russa mediorientale (Bifolchi 2018b). Questa necessità russa trova riscontro nel recente interesse degli Emirati Arabi Uniti nel Caucaso del Nord così come nel tentativo russo di istituire banche islamiche in Dagestan e Cecenia come progetto pilota nel 2023 (Vestnik Kavkaza 2022). L'impegno iraniano in Dagestan e nel porto marittimo di Makhachkala è stato confermato in aprile 2022 quando una delegazione di Teheran si è incontrata con il Direttore Generale ad interim del porto Alibulat Bigunilayev per valutare le opportunità imprenditoriali e il ruolo strategico del porto per la regione caspica. La delegazione iraniana, guidata dal direttore generale di Daryadelan LLC, Hadad Yahya Mehdi, ha sottolineato che Makhachkala potrebbe contribuire profondamente allo sviluppo delle relazioni tra Russia e Iran. Il porto della capitale daghestana, quindi, continua a svolgere un ruolo di primo piano nelle relazioni russo-iraniane come dimostrano i dati degli scambi commerciali riportati dalla direzione generale del porto marittimo di Makhachkala nel novembre 2022 che evidenziano come l'export del grano russo verso il mercato iraniano sia aumentato del 25% nei primi dieci mesi del 2022 così come il fatturato delle merci è incrementato del 70% rispetto all'anno precedente (Boltuc 2022; Bifolchi 2022a).

Conclusioni

C'è una competizione aperta nel Mar Caspio tra Azerbaigian e Russia nella logistica energetica. L'ascesa e lo sviluppo del porto di Makhachkala può rafforzare la connettività Europa-Asia, ma anche causare significativi cambiamenti geopolitici negli equilibri regionali.

La Federazione Russa ha elaborato una strategia di sviluppo delle vie di trasporto e socioeconomico in Dagestan per trasformare la repubblica del Caucaso settentrionale in un centro logistico, in particolare la città di Makhachkala. Per realizzare questo progetto il Cremlino ha bisogno di stabilità e sicurezza interna, modernizzazione delle infrastrutture industriali e il pieno sviluppo dei porti locali. In questo contesto, l'ascesa di Makhachkala far parte del gioco geopolitico che ha caratterizzato l'intero Caucaso e le regioni del Caspio dall'inizio del XXI secolo. In effetti, il controllo degli oleodotti, delle vie di comunicazione e di interconnessione potrebbe aiutare il Cremlino a contrastare gli effetti delle sanzioni europee e statunitensi imposte ai danni di Mosca e infliggere un ulteriore danno alla Strategia di diversificazione energetica improntata da Bruxelles che si basa sullo sfruttamento dei depositi di gas naturale presenti proprio nel Caucaso meridionale e nel Mar Caspio.

Come visto in precedenza, l'Iran ha un ruolo strategico nello sviluppo del porto di Makhachkala: Teheran ha più volte affermato di voler supportare la crescita di questa infrastruttura e incrementare il passaggio di merci. Una stretta collaborazione tra Mosca e Teheran potrebbe contrastare la strategia dell'Unione Europea nel Caucaso meridionale e il tentativo di Bruxelles di sfruttare il porto di Baku come hub logistico interconnesso con i mercati dell'Asia centrale e della BRI. Questi interessi puramente economici potrebbero migliorare le relazioni russo-iraniane, promuovendo così l'immagine della Russia nel mondo musulmano sciita a scapito di quello sunnita. Al contrario, un importante coinvolgimento iraniano nello sviluppo socioeconomico del Caucaso settentrionale potrebbe accentuare alcuni contrasti tra Teheran e la comunità musulmana locale rappresentata principalmente dall'Islam sunnita sufi e nella minoranza, ma in rapida crescita, dall'Islam salafita sunnita. L'elemento etnico-religioso in questa parte di mondo non può essere trascurato anche se la possibilità di elevare gli standard di vita e favorire un aumento dei posti di lavoro grazie alla collaborazione economica e commerciale russo-iraniana potrebbero rappresentare un rovescio della medaglia che la popolazione nord caucasica sarà disposta a pagare/accettare per il benessere regionale.

L'ascesa del porto commerciale marittimo di Makhachkala minaccia la vicina città di Baku, la capitale dell'Azerbaigian, dove le autorità locali hanno investito ingenti somme di denaro nello sviluppo del porto cittadino e delle infrastrutture locali per trasformare Baku e l'intero paese in un hub logistico eurasiatico. Nel 2018 il Governo azero ha inaugurato il Baku International Sea Trade Port descrivendo questo progetto come il più grande del bacino del Caspio. Il porto si trova a 70 km dalla capitale azerbaigiana nell'insediamento di Alat dove convergono le reti ferroviarie e autostradali nazionali. Baku dovrebbe diventare il connettore tra l'Europa e Asia grazie alla ferrovia Baku-Tbilisi-Kars (BTK) che garantirebbe alle merci asiatiche di approdare nel mercato europeo. Inoltre, secondo quanto affermato dalle autorità azerbaigiane, la posizione del porto marittimo di Baku ne garantirebbe condizioni vantaggiose per l'espansione della cooperazione e l'aumento del volume di scambi tra gli attori regionali che supportano i corridoi nord-sud ed est-ovest (Baghirov 2020).

Ovviamente fa da contraltare al progetto azerbaigiano il porto commerciale marittimo di Makhachkala che negli ultimi anni si è trasformato in una delle principali risorse strategiche russe nel bacino del Caspio nei settori della logistica, del commercio e del trasporto di petrolio e gas. I massicci investimenti che il Cremlino ha promosso per migliorare le attività e la capacità del porto di Makhachkala sottolineano che questa infrastruttura potrebbe minacciare il porto azerbaigiano di Baku. Considerando che l'Azerbaigian è un paese fondamentale nel partenariato orientale di Bruxelles e nella strategia di sicurezza energetica europea e tenendo a mente il ruolo determinante del Mar Caspio divenuto l'epicentro e punto di passaggio di diversi gasdotti e oleodotti che collegano Asia centrale, Caucaso ed Europa, qualora il Cremlino riuscisse a far affermare il porto di Makhachkala come principale infrastruttura di trasporto caspica, l'Unione Europea vedrebbe svanire un'altra opportunità di diminuire la sua dipendenza e l'influenza russa nel continente europeo. Questa eventualità potrebbe cambiare gli equilibri geopolitici nella regione eurasiatica favorendo la Federazione Russa e spingendo Bruxelles a cambiare le sue politiche nei confronti di Mosca, qualcosa che al giorno d'oggi sembra oramai impensabile a seguito del conflitto in Ucraina e delle sanzioni imposte ai danni del Cremlino.

In conclusione, poiché la cooperazione russo-iraniana nel Mar Caspio è diventata più attiva in diversi campi e a causa dell'influenza che Mosca esercita su Kazakistan e Turkmenistan (altri due attori regionali caspici), Bruxelles dovrebbe considerare il ruolo crescente che il porto commerciale marittimo di Makhachkala sta giocando nella connettività Europa-Asia per elaborare strategie alternative e di contrasto. Mosca, invece, necessita di attirare ulteriori investimenti nello sviluppo regionale e locale per modernizzare o realizzare nuove infrastrutture ed evitare che gli obiettivi raggiunti in questi ultimi anni vadano persi e facciano ripiombare la regione in una serie di problematiche socioeconomiche locali le cui conseguenze sarebbero evidenti non solo nel Caucaso del Nord, ma in tutto il territorio russo.

Fonti

N. Aliyev, "Russia's Strategic Economic Projects in the Caspian: Reality and
Perspectives", The Central Asia-Caucasus Analyst, 2019. https://www.cacianalyst.org/publications/analytical-articles/item/13581-russias-strategic-economic-projects-in-the-caspian-reality-and-perspectives.html.
R. Alpaut, "Kak shiitskij Iran probiraetsja v sunnitskij Severnyj Kavkaz".
Kavkaz, Realii, 2017. https://www.kavkazr.com/a/kak-shiitskiy-iran-probirayetsya-v-sunnitskiy-severniy-kavkaz/28855726.html.
"Mahachkalinskij morskoj torgovyj port", "Mahachkalinskij torgovyj port – laureat
Nacional'noj premii "transportnaja bezopasnost'' Rossii-2020"'", AO , 2020.
"Mahachkalinskij morskoj torgovyj port". https://mmport.ru/махачкалинский-торговый-порт-лауре/.
"Maxachkalinskij morskoj torgovyj port". s.d. "Maxachkalinskij mezhdunarodnyj morskoj
torgovyj port. Obshhaya xarakteristika". AO "Maxachkalinskij morskoj torgovyj port".
Consultato 17 aprile 2021. mmport.ru: https://mmport.ru/общие-сведения/.
D. Asinovsky, "The Soviet Union and the Iranian Revolution how experts, Intelligence
Services and Politicians of the Two Superpowers missed the Birth of Islamic fundamentalism".
Russia in Global Affairs 16 (3): 190–208, 2018. https://doi.org/10.31278/1810-6374-2018-16-3-190-208.
E. Avdaliani, "Tehran-Moscow Cooperation Goes Beyond Syria", 2019.
https://besacenter.org/wp-content/uploads/2019/01/1072-Iran-Russia-Cooperation-Beyond-Syria-Avdaliani-final.pdf.
B. Babayev, e F. Ismailzade, "Azerbaijan's Contribution to the Chinese Belt Road Initiative".
MPRA Paper, n. 100415, 2020. https://mpra.ub.uni-muenchen.de/100415/3/MPRA_paper_100415.pdf.
O. Baghirov, "Competition Among Ports in the Caspian Sea and the Significance of the Port
of Baku - Jamestown". *Eurasia Daily Monitor* 17 (145), 2020.

https://jamestown.org/program/competition-among-ports-in-the-
     caspian-sea-and-the-
significance-of-the-port-of-baku/.
G. Bifolchi, "Panorama Geopolitico del Mundo Actual:
     Geopolítica del Cáucaso del Norte en clave ", *Didácticas
     Específicas*, n. 19: 112–19, 2018a.
"The role of the North Caucasus in the Russian Middle East
     strategy and Russian-Arab world
relations". *IOSR Journal Of Humanities And Social Science
     (IOSR-JHSS* 23 (6): 26, 2018b.
https://doi.org/10.9790/0837-2306062126.
"Makhachkala port plays a decisive role in the Iran-Dagestan
     grain trade", SpecialEurasia,
2022a. https://www.specialeurasia.com/2022/11/07/makhachkala-
     iran-dagestan/.
"The North Caucasus connects Russia with the Middle East and
     Africa", *Geopolitical Report,*
24 (6), 2022b. https://www.specialeurasia.com/2022/10/15/north-
     caucasus-mena-russia/.
G. Bifolchi, e S. Boltuc, "Azerbaijani aggression against Armenia
     and local stability".
Geopolitical   Report   23   (3),   2022.
     https://www.specialeurasia.com/2022/09/13/azerbaijan-
armenia-caucasus/.
M. Birimzham, "Kazakhstan will be a key node in the road to
     recovery | Seatrade Maritime".
Seatrade   Maritime   News,   2020.   https://www.seatrade-
     maritime.com/opinions-analysis/post-
covid-world-kazakhstan-will-be-key-node-road-recovery.
S. Boltuc, "Iran seeks cooperation with the Dagestani port of
     Makhachkala", SpecialEurasia,
2022. https://www.specialeurasia.com/2022/04/13/iran-dagestan-
     makhachkala/.
M. Bryza, "The Greater Caspian region: A new Silk Road, with or
     without a new belt - Atlantic
Council",   Atlantic   Council,   2020.
     https://www.atlanticcouncil.org/blogs/new-atlanticist/the-
greater-caspian-region-a-new-silk-road-with-or-without-a-new-
     belt/.
"Russia's war on Ukraine: implications for EU energy supply",
     European Parliament, 2022.
http://www.europarl.europa.eu/thinktank.
K. Gadzhiev, "Dagestan sozdal kombinaciju dlitel'nosti v
     transportnom koridore
"Sever-Jug", Argumenti i Fakti Dagestan, 2017.

https://dag.aif.ru/society/dagestan_sozdaet_platformu_dlya_integr
    acii_v_transportnyy_korido
r_sever-yug.
U. Halbach e I. Manarsha, "Dagestan: Russia's most troublesome
    republic: political
and religious developments on the "Mountain of Tongues"", *SWP
    Reserch Paper* 7, 2015.
https://www.ssoar.info/ssoar/handle/document/62346.
Hamed Kazemzadeh, Andrea Weiss, Yana Zabanova, David
    Jijelava. 2017. "Iranian Influences
in the Caucasus". *Caucasus Analytical Digest* 92: 1–18.
    www.laender-analysen.de/cad.
Hann, Gordon M. 2014. *The Caucasus Emirate Mujahedin:
    Global Jihadism in Russia's North
Caucasus and Beyond (9780786479528): Gordon M. Hahn:
    Books*. Jefferson, NC: McFarland
& Company.
A. Jalali, "Il limes tra il mondo russo e mondo iranico. Una
    questione geopolitica
controversa". *Geopolitical Report* 2: 63–73, 2016.
    http://www.asrie.org/wp-
content/uploads/2016/10/Geopolitical-Report-Volume-
    2_2016_Russia.pdf.
T. Kenderdine, "Caspian Sea is China's best bet for Belt and
    Road - Nikkei Asia",
Nikkei Asia, 2017. https://asia.nikkei.com/Politics/Caspian-Sea-
    is-China-s-best-bet-for-Belt-
and-Road.
V. Kondratiev, "Ukraine conflict and the Caspian Sea regional
    geopolitics". *Geopolitical
Report* 17 (2), 2022.
    https://www.specialeurasia.com/2022/03/06/ukraine-
    conflict-caspian-
sea/.
"Maxachkalinskij port v 2020 godu perevalil 60 % vsex gruzov v
    Kaspijskom
bassejne v RF". Korabel.ru, 2020.
https://www.korabel.ru/news/comments/mahachkalinskiy_port_v
    _2020_godu_perevalil_60_
vseh_gruzov_v_kaspiyskom_basseyne_v_rf.html.
A. Libman e E.Vinokurov, "One Eurasia or Many? Regional
Interconnections and Connectivity Projects on the Eurasian
    Continent". Washington D.C,
2021. https://www.centralasiaprogram.org/wp-
    content/uploads/2021/03/ONE-EURASIA-

OR-MANY_-1.pdf.

H. Mackinder, "The geographical pivot of history (1904)". *The Geographical Journal*
170 (4): 298–321, 2004.

"V Dagestane rassmatrivayut vozmozhnost' stroitel'stva morskix passazhirskix terminalov v Maxachkale i Derbente", Morskie Vesti Rossiy, 2021.
http://www.morvesti.ru/news/1679/88284/.

L. Pennisi, "Greece between geopolitical games in the Eastern Aegean".
Geopolitical   Report   14   (4),   2021.
https://www.specialeurasia.com/2021/11/05/greece-between-the-hammer-and-the-anvil-geopolitical-games-in-the-eastern-aegean/.

V. Pilipenko, "Transformaciâ sovetsko-iranskih otnošenij posle islamskoj revolûcii".
Vostok, n. 5: 113–18, 2014.

RGVK   Daghestan.   2020.   "Perspektivy   razvitiya Maxachkalinskogo morskogo porta". RGVK
Dagestan. https://www.rgvktv.ru/obshchestvo/67410.

M. Russell, "Energy security in the EU's external policy". *In-Depth Analysis.*
Brussels: European Parliamentary Research Service, 2020.
https://doi.org/10.2861/10775.

D. Shlapentokh, "The Rise of the Chechen Emirate?" *Middle East Quarterly* 15 (3), 2008.
https://www.meforum.org/1931/the-rise-of-the-chechen-emirate.

Sidorkova, Inna, e Konstantin Tkachenko. 2018. "Zachem Shojgu perevodit Kaspijskuyu
flotiliyu iz Astraxani v Dagestan". RBC.ru.
https://www.rbc.ru/politics/02/04/2018/5ac204939a79472f9efd74 f7#.

Torgovo-promyshlennaya palata Rossijskoj Federacii. 2017. "Severnyj Kavkaz – samyj
vygodnyj region dlya vyxoda na rynki Irana". Torgovo-promyshlennaya palata Rossijskoj
Federacii.
https://tpprf.ru/ru/news/severnyy-kavkaz-samyy-vygodnyy-region-dlya-vykhoda-na-rynki-irana-i219267/.

N. Trickett, "Russia and Iran on the North-South transport corridor: security,
control, and power | Global Risk Insights". Global Risk Insights, 2017.
https://globalriskinsights.com/2017/03/russia-iran-north-south-

transport-corridor-security-
control-power/.
A. Tshkay, "China and Geoconomic Dynamics in Central Asia. Balancing Global
Strategies, Local Interests and Multiple Partners", *FIIA Working Paper*, n. 126 (ottobre), 2021.
www.fiia.fi.
O. Vendina, V. Belozerov, e A. Gustafson, "The wars in Chechnya and their
effects on neighboring regions", *Eurasian Geography and Economics* 48 (2): 178–201, 2007.
https://doi.org/10.2747/1538-7216.48.2.178.
"Islamskij banking prihodit v Rossiju", Vestnik Kavkaza, 2022.
https://vestikavkaza.ru/analytics/islamskij-banking-prihodit-v-
rossiu.html.
S. Walcott e J. Corey, *Eurasian Corridors of Interconnection: From the*
South China to the Caspian Sea. New York: Routledge, 2014.
https://www.routledge.com/Eurasian-Corridors-of-
Interconnection-From-the-South-China-to-
the-Caspian/Walcott-Johnson/p/book/9780415857710#.

Medio Oriente

La nomenclatura delle attuali proteste in Iran. Il ruolo delle donne.

Matteo Restivo - Senior Researcher, Mondo Internazionale G.E.O.- Cultura e Società

Abstract

La seguente analisi ha l'obiettivo di proporre un approfondimento circa le attuali proteste in Iran. Al contrario di quanto è possibile interpretare dalle fonti mediatiche, le correnti manifestazioni non costituiscono un *unicum* nella storia della Repubblica islamica iraniana: i suoi quarant'anni di storia, infatti, sono stati contrassegnati da diversi momenti di dissenso che hanno avuto alla base differenti, ma anche analoghe, motivazioni.

Per queste ragioni, il presente trattato si articola in diverse sezioni che stimolano l'osservazione del lettore verso quelli che sono stati i principali movimenti di protesta in Iran e verso le rispettive richieste politiche, economiche e sociali avanzate. Solo dopo una tale introduzione al tema è possibile determinare e capire il livello di coinvolgimento delle donne all'interno dei movimenti sociali e politici nel tempo. Infine, si procederà ad analizzare le possibili rotture con il passato nell'organizzazione, nei metodi e nelle richieste delle attuali manifestazioni, nonché dei possibili futuri scenari.

Introduzione

La morte di Mahsa Amini ha innescato una serie di manifestazioni e proteste che hanno coinvolto tutto il territorio iraniano. Le manifestazioni in Iran, guidate principalmente dalle donne, hanno galvanizzato un'ampia fascia della società iraniana, che si è sollevata in uno dei movimenti politici più significativi che la Repubblica islamica abbia visto dai suoi albori nel 1979 (Taub, 2022). Per questo motivo, la morte di Amini ha rappresentato la scintilla che ha fatto esplodere le manifestazioni in una protesta contro – in realtà – una serie di cambiamenti che si stanno verificando da decenni in Iran (Taub, 2022). In particolare, si fa riferimento all'implementazione di politiche in contrasto con le richieste civili e sociali contemporanee, oltre che alla persistente crisi economica che affligge le classi sociali più povere.

L'Iran è già stato scosso da movimenti di protesta a livello nazionale in passato. Il Paese ha assistito a diverse proteste violente e non violente nel corso dei suoi quarant'anni (Abdoh-Tabrizi & Shahi, 2020). Più recentemente, a causa dei risultati elettorali che sono stati oggetto di contestazione nel 2009 e per la stagnazione e la crisi economica nel 2017 e nel 2019 (Arraf & Fassihi, 2022). Queste due ultime grandi proteste suggeriscono che le dinamiche prevalenti delle contestazioni di carattere politico in Iran stanno cambiando: c'è un crescente senso di radicalizzazione tra i manifestanti – che hanno iniziato a diversificare anche i propri mezzi di divulgazione, di militanza attiva o passiva – mentre lo Stato è pronto a ricorrere alla violenza estrema per mantenere il controllo (Abdoh-Tabrizi & Shahi, 2020; Arraf & Fassihi, 2022).

Quarant'anni di Repubblica Islamica scanditi da frequenti proteste

Durante le lotte di potere nei primi anni dopo la rivoluzione del 1979, i rivoluzionari islamici devoti a Khomeini furono coinvolti in una lotta di potere post-rivoluzionaria contro vari rivali politici. Tale lotta si trasformò nella primavera del 1981 in scontri di piazza e manifestazioni armate nelle quali i khomeinisti furono presto impegnati in una feroce guerriglia urbana con vari gruppi armati. Nel 1983, dopo aver subito pesanti perdite, i khomeinisti avevano annientato i loro rivali. Gli anni '80, culminati con l'esecuzione di massa dei prigionieri politici nel 1988, rimarranno come uno dei periodi più sanguinosi della storia moderna dell'Iran (Abdoh-Tabrizi & Shahi, 2020).

Nel secondo decennio dopo la Rivoluzione, il regime ha dovuto affrontare una serie di rivolte urbane in diverse città dal 1992 al 1995, nonché le note proteste studentesche del 1999 (Abdoh-Tabrizi & Shahi, 2020). Nel primo caso, durante il tentativo di sfratto da parte delle autorità locali e della polizia degli abitanti delle baraccopoli del quartiere di Kou-ye Tollab a Mashhad, la morte di un minorenne ha scatenato una serie di attacchi alle stazioni di polizia, saccheggi delle banche e incendi degli uffici governativi. Questi disordini si sono inoltre estesi ad Arak, nella provincia di Markazi, a Mobarakeh, nella provincia di Isfahan, e al quartiere Chahardangeh di Teheran (Alfoneh, 2019). Nel 1995, le rivolte sono cominciate ad Eslamshahr, un sobborgo povero di Teheran, quando gli autisti degli autobus hanno rivolto la propria protesta verso l'insufficiente rifornimento di benzina. Allo stesso tempo, i pendolari hanno manifestato in seguito all'aumento del

30% delle tariffe dalla periferia al centro di Teheran. Si stima che circa 50.000 persone abbiano attaccato stazioni di servizio ed edifici governativi e bloccato le strade della capitale (Alfoneh, 2019). Infine, nel 1999, dopo che gli studenti iniziarono una rivolta contro la chiusura da parte della magistratura del giornale riformista "Salam", la polizia rispose facendo irruzione in un dormitorio dell'Università di Teheran – dove uno studente rimase ucciso – scatenando così sei giorni di proteste e tumulti in tutto il Paese (Alfoneh, 2019).

Tuttavia, è stato il "Movimento Verde", che ha avuto origine nel 2009, a costituire la più grande sfida all'autorità della Repubblica Islamica contemporanea. Quello che è stato considerato un "colpo di Stato elettorale", orchestrato dalla fazione del presidente Mahmoud Ahmadinejad, sanzionato dalla Guida Suprema ed eseguito dalle Guardie della Rivoluzione, nonché dall'apparato di sicurezza interno, per garantire la rielezione dello stesso presidente, si è scontrato con una resistenza inaspettata e ostinata in molte grandi città (Abdoh-Tabrizi & Shahi, 2020). Dopo mesi di manifestazioni e scontri di piazza a Teheran e in altre grandi città, le forze di sicurezza hanno sciolto il movimento con brutalità, alcune uccisioni e arresti di massa. La capacità del "Movimento Verde" di sfidare efficacemente lo Stato è terminata nel febbraio 2011, quando i suoi leader Mir-Hossein Mousavi e Mehdi Karroubi sono stati messi agli arresti domiciliari, che durano tuttora.

Contestualizzare le attuali proteste: i fattori scatenanti e la centralità del ruolo delle donne

Le proteste del 2017 e del 2019 hanno contrassegnato una svolta nei motivi e nei metodi di protesta delle cittadine e dei cittadini iraniani. Per questo motivo, per contestualizzare le proteste del 2022, è possibile analizzare i principali fattori che hanno contrassegnato quelle dell'ultimo quinquennio. L'Iran sta affrontando una crisi su larga scala derivante da:

a) Stallo politico interno
Molti iraniani - se non la maggioranza - hanno perso la speranza di osservare una transizione politica significativa attraverso le riforme (Abdoh-Tabrizi & Shahi, 2020), considerata la struttura della Repubblica quasi interamente dipendente dalla volontà dell'Ayatollah e della sua cerchia ristretta di giuristi, politici e filosofi. Tale entourage, dominato da figure integraliste e intransigenti, ha sempre usato il proprio potere istituzionale, non legittimato tramite elezioni, al fine di annullare o minare qualsiasi

processo democratico. La tensione che si è venuta a generare tra le istituzioni non elette e i rami eletti del sistema politico - unita ad una sempre più aspra rivalità tra le fazioni - e la repressione del summenzionato "Movimento Verde", hanno condotto alla perdita di fiducia da parte dei cittadini iraniani nella possibilità di un processo di riforme e di interventi utili a sanare le tensioni economiche e sociali. Nonostante il governo di Hassan Rouhani - dal 2013 al 2021 - sembrasse coincidere con una svolta riformista per il Paese, il contrasto con la Guida Suprema su diversi temi di politica interna ed esterna è capitolato con l'intromissione delle Guardie della Rivoluzione, coadiuvate dalle fazioni dalla linea più dura, per il mantenimento dello status quo e la marginalizzazione delle richieste democratiche dei moderati rappresentati da Rouhani (Abdoh-Tabrizi & Shahi, 2020; Hubbard & Fassihi, 2022).

b)   Isolamento internazionale
Negli ultimi quarant'anni, il costo dell'incessante ricerca della Repubblica islamica di opporsi allo status quo occidente-centrico e di raggiungere il dominio regionale è stato molto significativo per gli iraniani comuni, costretti a sopportare le rappresaglie degli avversari del regime, in particolare le continue misure economiche punitive degli Stati Uniti (Abdoh-Tabrizi & Shahi, 2020). Anche in questo caso, ulteriore malcontento popolare e sfiducia nelle istituzioni sono derivati dalle conseguenze dell'accordo sul nucleare raggiunto nel 2015, quando Rouhani era in procinto di riuscire nella distensione dei rapporti con i Paesi occidentali, ma la Guida Suprema Khamenei lo bloccò su ogni fronte che non avesse a che fare con il nucleare. Di lì in avanti, qualsiasi ulteriore accordi con gli Stati Uniti - e persino con l'Europa - è stato sabotato dalle Guardie della Rivoluzione (Abdoh-Tabrizi & Shahi, 2020).

c)   Condizioni economiche paralizzanti
Se le pressioni esterne sono sempre state un fattore importante per i problemi economici dell'Iran, è doveroso comunque evidenziare la presenza di una complessa serie di cause interne. Negli ultimi quarant'anni, l'Iran ha attraversato numerosi periodi economici difficili e varie crisi economiche, come inflazione, frequenti crisi valutarie e improvvise impennate dei prezzi dei beni di prima necessità e dei carburanti. A tutto ciò si aggiungono fenomeni di corruzione dilagante e la presenza di cartelli politico-economici semi-statali che espandono ulteriormente tale fenomeno (Abdoh-Tabrizi & Shahi, 2020). Si pensi che ad oggi, l'Iran occupa la 150esima posizione su 180 del *Corruption Perceptions Index* - il

principale indicatore globale della corruzione nel settore pubblico (CPI, 2021). I principali beneficiari di questa situazione sono le organizzazioni quasi-statali e i cartelli, nonché spesso le Guardie della Rivoluzione stesse, a scapito dei comuni cittadini. Difatti, oggi, il sistema economico della Repubblica islamica consiste in un misto di economia statalista e capitalismo clientelare. La struttura del regime e i cartelli politico-economici intensificano le inefficienze dell'economia iraniana e alimentano la corruzione. I problemi economici sono stati una costante fonte di ansia per la Repubblica islamica. Le varie accuse di cattiva gestione, incompetenza e corruzione hanno danneggiato tutte le fazioni del regime nelle varie amministrazioni. Ciò ha minato a lungo termine la legittimità del regime nel suo complesso (Abdoh-Tabrizi & Shahi, 2020).

d) *Crisi climatica*

Le sfide politiche ed economiche della Repubblica islamica diventeranno sempre più difficili, mentre un nuovo fattore acquista importanza nell'equazione politica e di sicurezza dell'Iran: l'emergenza climatica. La crescente desertificazione ha intensificato la consistente e già rapida migrazione dalle aree rurali verso i centri urbani, contribuendo all'innalzamento dell'inquinamento di questi ultimi e all'abbandono dei villaggi, dei campi e degli allevamenti. Non sorprende che tale situazione causi proteste e manifestazioni contro le autorità locali e statali. Queste pressioni ambientali potrebbero aprire la strada a disordini sociali e radicalizzazioni ecologiche più diffuse all'interno del Paese (Abdoh-Tabrizi & Shahi, 2020), che potrebbero convogliare anche verso le proteste in corso.

e) *Crisi etnico-culturale*

All'indomani del trionfo dei khomeinisti, i cittadini iraniani con vedute più moderne, laici della classe media e alta, si trovarono presto assediati dall'assalto culturale del regime rivoluzionario e a lottare per la loro stessa sopravvivenza. Essi venivano costantemente rimproverati a causa di uno stile di vita e di comportamenti *non islamici*, come il mancato rispetto della segregazione dei sessi, e perseguitati per le loro idee culturali e politiche. Ed è proprio in questo contesto di censura e dominio ideologico che tra i principali movimenti di protesta degli ultimi quaranta anni si sono presentati quelli di tipo femminista, che oggi vediamo protagonisti e figure guida delle manifestazioni che hanno seguito dalla morte di Mahsa Amini. Nel 1979, i khomeinisti iniziarono la loro campagna per la totale islamizzazione della società e della cultura iraniana. Dopo i successi iniziali dovettero affrontare un'ostinata resistenza: mezzo secolo di governo Pahlavi aveva prodotto un alto numero di donne laiche e istruite della classe media e alta, che non erano disposte a perdere le loro libertà. Queste donne sfidarono coraggiosamente Khomeini all'apice della sua popolarità, nella Giornata internazionale della donna del 1979, con manifestazioni di massa, rifiutando il velo obbligatorio nonostante la presenza minacciosa di guerriglieri pro-Khomeini. Queste donne riuscirono a ritardare l'imposizione del velo obbligatorio per qualche tempo. Tuttavia, quando i khomeinisti vinsero la sanguinosa lotta per il potere post-rivoluzionaria, nulla poté impedire loro di portare avanti la loro rivoluzione culturale con maggior vigore e ferocia, reprimendo qualsiasi movimento - e relative richieste - fino ad oggi.

Le donne iraniane hanno sfidato la regola dell'hijab, dunque, fin dalla sua introduzione nel 1981. Quando le giovani generazioni di donne sono diventate maggiorenni, sono diventate più coraggiose nel rimuovere i foulard in pubblico e nel chiedere la fine dell'hijab obbligatorio. Questo fa parte di una spinta più ampia tra le donne iraniane su questioni come il divorzio, la custodia dei figli, il diritto di lavorare e viaggiare senza l'approvazione di un tutore maschile e contro altre leggi discriminatorie (Engelbrecht & Fassihi, 2022).

Per queste ragioni, risulta fondamentale sottolineare - nel delicato contesto attuale - il ruolo ricoperto dalle donne nelle manifestazioni. Soprattutto perché quando "le donne sono oppresse, nessuno vince". L'Iran di oggi è pieno di donne istruite e capaci, che hanno raggiunto i vertici dei loro settori e i cui corpi, paradossalmente, sono regolamentati dal governo. Indipendentemente dalla loro istruzione o dal loro contributo alla società, al di fuori delle mura domestiche, ogni donna in Iran è alla mercé della polizia morale (Dumas, 2022). È una situazione offensiva, che non è sostenibile e che risulta centrale nel legittimare il potere politico e la sua stabilità.

Le forme di protesta delle donne nel tempo: l'organizzazione, i metodi e le richieste

Con l'emergere del movimento islamico nel 1979 e il conseguente dominio del nuovo discorso islamico, il futuro sembrava fosco per i diritti e l'uguaglianza delle donne in Iran. Le élite clericali della Repubblica islamica dell'Iran affermarono che le donne e gli uomini dovevano avere ruoli e funzioni diverse nella società islamica. Una conseguenza della Rivoluzione Islamica è stata l'istituzione di una costituzione ideologicamente patriarcale. In base alle nuove leggi stabilite subito dopo la rivoluzione islamica, l'uso dell'hijab è diventato obbligatorio (Ghoreishi, 2021).

- *L'ascesa dell'attivismo femminile attraverso le ONG (- 2005)*

La nascita e la crescita delle ONG che operano in favore delle donne - a partire dalla Rivoluzione islamica del 1979 - non possono essere analizzate senza considerare la Conferenza Mondiale sulle Donne del 1995, tenutasi a Pechino. La partecipazione delle donne iraniane a tale Conferenza è stata importante per il ruolo che ha svolto nel campo dei diritti delle donne dopo la Rivoluzione islamica: un'importante attivista iraniana per i diritti delle donne sostiene che "la conferenza di Pechino del 1995 ha dimostrato che il femminismo non è contrario all'Islam. Inoltre, ha dimostrato che si può essere musulmani e allo stesso tempo essere egualitari e sostenitori dei diritti delle donne" (Ghoreishi, 2021).

Nonostante le politiche limitate a sostegno delle ONG femminili (indipendenti) durante il periodo in cui il governo conservatore di Rafsanjani (1989-1997) dominava la scena politica, cercando e trovando i punti ciechi e adottando una strategia contestuale, le donne hanno iniziato a fondare alcune ONG indipendenti. A causa della sensibilità del governo conservatore rispetto alla questione dei diritti delle donne, le donne hanno creato ONG in altri campi, come quello dei diritti dei bambini. Poiché l'Iran aveva già aderito alla "Convenzione sui diritti del fanciullo", all'interno del pubblico dominante c'era uno spazio (una sorta di punto cieco) in cui le donne potevano generare il loro attivismo pubblico, uno spazio di auto-rappresentazione femminile in un contesto ideologico e patriarcale (Ghoreishi, 2021).

Dal maggio 1997, sono stati 21 milioni i cittadini iraniani, tra cui 11 milioni di donne, che hanno votato per il candidato riformista il cui slogan principale era lo sviluppo della società civile, e sono nate diverse organizzazioni non governative. Secondo le statistiche, se nel 1996 erano attive 55 ONG femminili, nel 2007 il numero è salito fino a 800 (Ghoreishi, 2021). Dopo la dominazione del governo riformista, si formò la prima associazione femminile: "L'Unione delle Donne Editrici".

Nonostante le difficoltà ad operare nei suoi primi anni di crescita, tra il 2000 e il 2003, il "Centro culturale femminile" è stato uno dei principali attori nell'organizzare vari incontri, seminari, discorsi, workshop e così via, tutti legati ai diritti e alle questioni delle donne in Iran, secondo uno dei membri principali del Centro (Ghoreishi, 2021).

Dalle operazioni del "Centro culturale femminile" - primi esempi di deliberato impegno delle donne nella società iraniana - è emersa una delle prime coalizioni pluraliste nei movimenti femministi in Iran: "Il consenso del pensiero femminile", movimento che organizzò nel 2004 il suo primo raduno di protesta per contrastare la serie televisiva nazionale che promuoveva cliché patriarcali e contrari alle donne e accordi come la poligamia. All'incontro hanno partecipato diverse organizzazioni e associazioni femminili, le quali hanno contribuito all'organizzazione di altre quattro proteste collettive: ad esempio, la protesta contro le minacce e le chiusure rivolte alle ONG o per l'eliminazione del concetto di "giustizia di genere" dal Piano di sviluppo del Paese (Ghoreishi, 2021).

Tuttavia, dopo altri sei incontri nel 2004 e l'organizzazione di cinque azioni di protesta, le minacce e gli arresti alla fine del 2004 hanno fortemente scosso questo consenso di donne. Ciononostante, le donne hanno continuato a lottare per contrastare le pressioni politiche, come evidenzieremo nel successivo sottoparagrafo.

- *Lo sviluppo dell'attivismo femminile (2005-2017)*

Nonostante le pressioni politiche dopo il 2005, le donne hanno formato altre quattro coalizioni di stampo pluralista fino al 2017, tra cui le seguenti (Ghoreishi, 2021):

a) La *One Million Signatures Campaign* nel 2006,
b) la Campagna contro la lapidazione nel 2007,
c) la Coalizione contro la legge sulla famiglia del 2008,
d) la Coalizione per la promozione delle richieste delle donne nelle elezioni presidenziali del 2009,
e) il "Consenso del pensiero femminile" per sollevare le richieste delle donne nelle elezioni presidenziali del 2013,
f) la Coalizione e la Dichiarazione delle donne alle elezioni presidenziali del 2017.

La prima di queste, in particolare, ha contrassegnato il delineamento degli scopi e la corretta impostazione di un chiaro metodo di condurre le proteste e le richieste della società civile. L'obiettivo procedurale di raggiungere la cooperazione tra i diversi attivisti sociali, la diversità, l'inclusione, la promozione della deliberazione e della comunicazione attraverso l'interazione faccia a faccia e la raccolta di firme porta a porta, la sensibilizzazione, la costruzione culturale, la pubblicizzazione delle leggi discriminatorie di genere, l'emergere di una nuova generazione di attivisti e femministi uomini, la nascita dell'attivismo online attraverso vari siti web femminili, principalmente il sito *Change for Equality*, sono tutti risultati positivi significativi della *One Million Signatures Campaign* (Ghoreishi, 2021).

In tempi più recenti, all'interno del contesto teocratico dominante esistente, le donne sono state in grado di identificare le lacune, articolare un nuovo spazio per l'attivismo pubblico e muoversi verso la riforma. Dal momento che i gruppi target di queste organizzazioni indipendenti includono persone in tutte le masse della società, esse possono aiutare le femministe e le attiviste del movimento delle donne a reclutare nuovi membri, a promuovere il discorso dell'uguaglianza di genere e a generare un profondo collegamento con l'intero corpo sociale. Inoltre, nell'attuale società iraniana, seguendo una forma di politica prefigurativa e di strada, i gruppi sociali hanno articolato altri nuovi spazi di attivismo. Caffè, gallerie d'arte e librerie stanno diventando uno spazio significativo di apparizione, deliberazione e attivismo per diversi gruppi sociali, in particolare per le donne (Ghoreishi, 2021).

Oltre all'attivismo e alla cooperazione delle donne nelle ONG, nelle associazioni, nelle gallerie d'arte, nei caffè e nelle librerie, va menzionato anche il ruolo di alcune comunità femminili all'interno dell'attuale società iraniana. La funzione di queste piccole comunità è diversa dal lavoro di beneficenza privato di un gruppo di donne iraniane che fa parte della cultura e della tradizione iraniana. Queste comunità hanno un approccio di empowerment per i gruppi sociali e le loro problematiche in Iran e, per questo motivo, possono essere considerate come piccoli gruppi indipendenti che lavorano parallelamente alle ONG attualmente attive nel campo dei diritti delle donne, dei bambini e dell'ambiente (Ghoreishi, 2021).

Articolando nuovi spazi di attivismo all'interno delle strutture politiche e culturali esistenti e spostando il loro attivismo in settori diversi, le attiviste per i diritti delle donne e i movimenti femministi sono riusciti a coinvolgere gruppi sociali e individui di provenienza eterogenea. Questo è dovuto anche alle strategie, alla flessibilità tattica di tali gruppi nel cambiare le forme di attivismo a seconda del momento. Ce ne possiamo accorgere anche con le presenti manifestazioni, le quali presentano alcune differenze con quelle passate.

Conclusioni. Possibili scenari

A differenza delle precedenti manifestazioni, quella attuale non trova la sua principale fonte di malcontento in una specifica norma o problematicità economica, né in una decisione politica isolata. Lo slogan principale dei manifestanti finora è "Donne, Vita, Libertà", che indica un'opposizione più generalizzata e profonda all'intero sistema totalitario della Repubblica Islamica. Pertanto, la dignità umana e la libertà sono al centro delle attuali richieste del movimento, incentrate sul riconoscimento delle donne come vittime principali della tradizione patriarcale e dell'ideologia islamista autoritaria del regime. Questa base potrebbe rendere il movimento una forza umanistica, egualitaria, liberale e laica particolarmente potente in Iran, con un enorme potenziale per stimolare un cambiamento fondamentale (Khalaji, 2022).

Inoltre, l'attuale movimento non è affatto legato al clero. Questo non vuol dire che sia un movimento antireligioso, anzi, i manifestanti hanno deliberatamente evitato l'uso di qualsiasi simbolo o retorica religiosa. Le autorità religiose rappresentano la *sharia*, un sistema legale intrinsecamente discriminatorio che rivendica l'autorità divina per abusare dei diritti umani e, in particolare, sottomettere le donne. Pertanto, questa classe non può condividere gli obiettivi principali o la visione del mondo del movimento. Quest'ultimo, dunque, rappresenta una rottura con quelli passati nella possibilità di rappresentare un momento di svolta nel graduale divorzio del clero sciita dalle principali forze della società iraniana (Khalaji, 2022).

L'enfasi posta sulla questione dell'hijab non risulta essere una coincidenza in quanto dal 2021, con la presidenza Raisi, l'applicazione della regola del velo è stata via via più stringente. Rispetto al passato, la priorità data al rifiuto del velo obbligatorio consiste sicuramente in una novità poiché precedentemente esisteva una generalizzata riluttanza nel prioritizzare tale richiesta politica (Khalaji, 2022).

In ultima istanza, uno degli aspetti più sorprendenti dell'attuale movimento è che risulta composto per la maggior parte da giovani iraniani di età inferiore ai venticinque anni, che si identificano come più che semplici oppositori dell'ideologia islamista: essi sono anche dichiaratamente estranei alla mentalità della vecchia generazione, compresi i politici anti-regime (Khalaji, 2022).

Questi aspetti dimostrano che le vere forze di cambiamento possono emergere e auto-organizzarsi senza l'intervento di gruppi o personalità dissidenti convenzionali. Ciò solleva anche la questione per chi dirige il movimento di essere in grado di stabilire una leadership organica prima di esaurirsi o di crollare sotto una violenta repressione.

Fonti

A. Alfoneh, "More bloodshed, harsher repression in Iran's protests", The Arab Weekly, dicembre 2019.
https://thearabweekly.com/more-bloodshed-harsher-repression-irans-protests
Corruption Perceptions Index (CPI), "Iran", Transparency International, 2021.
https://www.transparency.org/en/countries/iran
F. Dumas, "Iran Has Lost Sight of Its Greatest Asset: Women", New York Times, settembre 2022.
https://www.nytimes.com/2022/09/28/opinion/iran-protest-women.html?searchResultPosition=46
C. Engelbrecht, F. Fassihi, "What's Driving the Protests in Iran?", New York Times, settembre 2022.
https://www.nytimes.com/2022/09/22/world/middleeast/iran-protests.html?searchResultPosition=60
F. Fassihi, J. Arraf, "Protests in Iran Spread, Including to Oil Sector, Despite Violent Crackdown", New York Times, ottobre 2022.
https://www.nytimes.com/2022/10/12/world/middleeast/iran-women-protests-strike.html?searchResultPosition=20
S. Ghoreishi, *Women's Activism in the Islamic Republic of Iran*, Palgrave Macmillan, 2021.
B. Hubbard, F. Fassihi, "Iran's Loyal Security Forces Protect Ruling System That Protesters Want to Topple", New York Times, ottobre 2022.
https://www.nytimes.com/2022/10/17/world/middleeast/iran-protests-revolutionary-guards.html?searchResultPosition=23
M. Khalaji, "How Iran's Protests Differ from Past Movements", The Washington Institute, settembre 2022.
https://www.washingtoninstitute.org/policy-analysis/how-irans-protests-differ-past-movements
A. Shahi, E. Abdoh-Tabrizi, "Iran's 2019-2020 demonstrations: the changing dynamics of political protests in Iran", Asian Affairs, Vol. LI, febbraio 2020.
https://www.tandfonline.com/doi/pdf/10.1080/03068374.2020.1712889?needAccess=true
A. Taub, "Unveiled and Rising Up: How Protests in Iran Cut to the Heart of National Identity", New York Times, ottobre 2022.
https://www.nytimes.com/2022/10/05/world/middleeast/iran-protests-women-hijab.html?searchResultPosition=28

Il panorama geopolitico mediorientale a due anni dagli Accordi di Abramo: sfide e prospettive

Sara Oldani - Caporedattore, Mondo Internazionale Post-Framing the World

Abstract:

Due anni fa, il 15 settembre 2020, il Presidente degli Stati Uniti Donald Trump ha annunciato la normalizzazione dei rapporti tra Israele, Emirati Arabi Uniti e Bahrain. Così è iniziata ufficialmente la svolta diplomatica degli Accordi di Abramo, una serie di trattati bilaterali tra lo Stato ebraico e i due Paesi del Golfo, volta a disegnare un nuovo Medio Oriente all'insegna della pace, della stabilità politica e della prosperità economica. La capacità attrattiva degli Accordi di Abramo ha raggiunto Marocco e Sudan, rispettivamente il 10 dicembre 2020 e il 6 gennaio 2021 e, in maniera informale, l'Egitto con la partecipazione al Forum del Negev dello scorso marzo. L'intesa abramitica è subito sfociata in cooperazioni nei settori chiave dei rispettivi Stati firmatari: dal commercio all'energia, dagli investimenti in campo digitale e sanitario a Memorandum d'Intesa su difesa e sicurezza, dallo sviluppo del turismo a iniziative culturali allo scopo di rafforzare i legami tra i popoli. A due anni dalla firma degli accordi, Israele è ancora il punto cardine di quell'intesa che – in ottica del parziale ritiro americano dal Medio Oriente – dovrebbe portare ad un'alleanza regionale in funzione anti-iraniana, a beneficio degli interessi statunitensi nel quadrante geopolitico. Le differenti percezioni di minaccia e i divergenti interessi nazionali degli Stati firmatari, però, potrebbero rallentare la realizzazione del progetto. La mancanza di ulteriori adesioni dopo due anni dalla firma sarebbe il sintomo di un trend negativo. Nonostante l'importante impatto avuto a livello diplomatico ed economico, le società civili arabe continuano a guardare con diffidenza alla normalizzazione con Israele, non solo per la tradizionale ostilità verso lo Stato ebraico, ma anche per il supporto alla causa palestinese. Causa che non viene risolta in seno agli Accordi di Abramo, ma solo congelata. In conclusione, gli Accordi di Abramo hanno fotografato il nuovo allineamento geopolitico regionale post-Primavere Arabe ed è previsto che gli effetti derivanti dall'intesa provocheranno benefici importanti per tutta l'area. Rimangono ancora però dei nodi da sciogliere, come il rafforzamento dei legami culturali tra i popoli dei Paesi firmatari e la ricerca di un fondamento per un'unione politica regionale, capace di resistere all'influenza degli attori (statali e non) e alle scosse interne e internazionali sul processo di normalizzazione.

Introduzione

Il 15 settembre 2022 si è celebrato il secondo anniversario della firma degli Accordi di Abramo, una serie di accordi bilaterali volti a formalizzare e promuovere le relazioni diplomatiche ed economiche tra Israele e Emirati Arabi Uniti, Bahrain, e successivamente, anche con Marocco e Sudan. Così chiamati per il riferimento alla comune derivazione abramitica delle tre religioni monoteiste, sono stati patrocinati dall'amministrazione Trump nella cornice del più ampio Accordo del Secolo, il quale, secondo gli obiettivi della Casa Bianca, avrebbe dovuto portare la pace in Medio Oriente e porre fine una volta per tutte alla questione israelo-palestinese. Per quanto l'ideale della pace non sia ancora stato raggiunto, gli Accordi di Abramo hanno però favorito una distensione tra Israele e alcuni Paesi arabi e/o musulmani, anche al di fuori degli Stati firmatari, cosa impensabile solo 10 anni fa.

A livello concreto, le strette collaborazioni in campo economico, culturale e di difesa tra gli Stati firmatari dell'intesa abramitica, hanno messo nero su bianco il nuovo assetto geopolitico regionale, la cui evoluzione prende origine già dai primi anni 2000 – tramite i rapporti clandestini di Paesi ufficialmente avversari – e riceve una spinta dai cambiamenti politici innescati dalle Primavere Arabe. In questo nuovo assetto geopolitico, Israele si presenta come la forza propulsiva in grado di diffondere stabilità e prosperità in Medio Oriente, ampliando il suo bacino di utenze in ambito commerciale e di difesa e puntando tutto sul settore chiave dell'*hi-tech* (De Martino, 2022). Come ha dichiarato l'allora premier israeliano Naftali Bennet "Israele è molto più forte del conflitto israelo-palestinese e non può più essere definito da questa guerra" (INSS, 2022): tale presa di coscienza sembrerebbe essere condivisa anche dai vicini arabi (specialmente Emirati, Bahrein e Marocco), i quali hanno firmato un accordo di normalizzazione con Israele nonostante la mancata risoluzione della questione israelo-palestinese.

L'ascesa di Israele a potenza regionale in quanto leader degli Accordi di Abramo è stata ed è tuttora fortemente supportata dall'amministrazione statunitense. Il rafforzamento degli accordi e una cooperazione integrata di difesa e sicurezza garantirebbero la stabilità in Medio Oriente, in linea con gli interessi strategici americani rivolti già con il *pivot to Asia* del Presidente Obama verso il quadrante dell'Indo-Pacifico. Basando l'architettura securitaria regionale su Israele, Emirati e Bahrain – che hanno firmato il trattato grazie al beneplacito saudita – si vuole infatti creare un argine alla minaccia iraniana, anche se percepita in maniera diversa dagli attori coinvolti, e grazie alle relazioni con Marocco e Sudan avere una maggiore influenza nelle dinamiche nordafricane e saheliane. Tale "autosufficienza" securitaria permetterebbe agli USA sia di aiutare gli alleati oltreoceano nell'ambito del *disengagement* sia di evitare la formazione di una potenza e/o una coalizione di potenze ostili che minino l'egemonia statunitense nell'area.

In quest'ottica deve essere letta l'Alleanza di difesa aerea del Medio Oriente, un progetto di alleanza militare comune tra Israele e i Paesi del Golfo, pronto a fronteggiare gli attacchi iraniani, oppure la cooperazione di sicurezza marittima tra Israele e Bahrain per la V◻ Flotta statunitense. Nonostante questi importanti esempi, un vero e proprio impianto securitario regionale è ancora lontano, per le divergenti posizioni dei firmatari dell'accordo che condividono un'intesa tattica sugli interessi securitari, ma non strategica.

Il ruolo degli Stati Uniti e l'influenza del contesto regionale saranno determinanti nell'evoluzione degli Accordi di Abramo e in una loro possibile apertura ad altri Stati. L'attività diplomatica di Washington – fatta di pesi e contrappesi – ha spinto gli Stati firmatari ad esporsi e normalizzare i rapporti con Israele: prima tra tutti Abu Dhabi, in cambio della vendita di caccia F-35, Manama, per avere una maggior autonomia dal giogo saudita, Rabat, grazie al riconoscimento ufficiale della sovranità marocchina sul Sahara Occidentale e infine Khartum con la rimozione del Paese dalla lista statunitense degli Stati sponsor del terrorismo.

Il rinnovato legame con gli USA, insieme ai benefici guadagnati, hanno portato ad una archiviazione di fatto delle aspirazioni palestinesi e del loro sostegno da parte degli statisti arabi. Più importanti risultano essere gli interessi nazionali dei singoli Stati, che hanno avuto una ricalibratura strategica a seguito del mutato ordine internazionale e regionale, e gli ingenti guadagni dati dagli scambi economici e commerciali.

Secondo uno studio della *Rand Corporation*, l'impatto della crescita del PIL degli Stati firmatari sarebbe paragonabile a quello generato dal Piano Marshall nell'Europa del dopoguerra e si prevedono volumi commerciali pari a miliardi di dollari. Tali prospettive attraggono le leadership dei contraenti per vari motivi: da parte israeliana un aumento del PIL permetterebbe di aumentare la spesa militare e produrre armamenti ancora più sofisticati, ammortizzando le spese dello scudo difensivo *Iron Dome*; da parte araba, al netto delle specificità nazionali, maggiori entrate significherebbero una diminuzione delle disuguaglianze sociali e del malcontento della popolazione. Popolazione che – come analizzeremo in seguito - non appoggia completamente la normalizzazione con lo Stato ebraico. Per legittimare la scelta di politica estera, le leadership arabe hanno implementato iniziative imprenditoriali e culturali volte a rafforzare i legami tra la società civile araba e quella ebraico-israeliana: voli diretti tra i Paesi, pacchetti turistici, mostre ed eventi volti a rilanciare le antiche relazioni tra i popoli fanno parte di un lento processo che produrrà i suoi frutti nel medio-lungo periodo, nonostante alcune forti resistenze.

Le relazioni bilaterali all'interno degli Accordi di Abramo

La priorità degli interessi nazionali rispetto ad un progetto propriamente regionale ha fatto da catalizzatore per la stipula degli accordi. Proprio per questo, gli interessi nazionali, insieme alle rispettive tradizioni storico-culturali, hanno determinato una maggiore o minore intensità nelle relazioni tra Israele e gli altri contraenti.
Gli Emirati Arabi Uniti hanno inaugurato la rivoluzione storica delle relazioni internazionali in Medio Oriente (El Khaddar, 2022) rilasciando il 13 agosto 2020 un comunicato insieme a Israele e Stati Uniti volto ad annunciare la normalizzazione dei rapporti diplomatici con lo Stato ebraico. Da quel momento le relazioni bilaterali sono avanzate in settori chiave: quello commerciale, con la stipulazione di un accordo di libero scambio che ha fatto crescere il commercio di oltre 309 milioni di dollari nel 2021 e in generale quello economico, con investimenti in settori strategici quali la difesa, l'*hi tech* e la *cybersecurity*.
Di rilevante importanza è l'intesa industriale tra la *Israel Aerospace Industries* e il gruppo emiratino EDGE la quale prevede un'integrazione dei sistemi tecnologici di difesa avanzata – droni e aerei senza equipaggio – in ottica anti-iraniana. Le relazioni economiche tra i due Stati, che nei prossimi anni cresceranno fino a oltre 10 miliardi di dollari (Mazzucco & Alexander, 2022), comprendono anche l'ideazione di un fondo di 3 miliardi di dollari, finanziato dai due Paesi e da USA e Uzbekistan, volto a creare nuovi posti di lavoro. Altri settori significativi dell'intesa tra Israele ed Emirati sarebbero quello sanitario ed energetico. Un posto di prim'ordine è riservato alle risorse energetiche rinnovabili, come previsto dal progetto per la costruzione di un impianto a energia solare in Giordania:

l'impianto verrà realizzato da un'impresa emiratina che produrrà energia solare per Israele in cambio della desalinizzazione delle acque per il Regno hashemita.

Per quanto attiene i legami culturali, l'attuale emiro Mohammed bin Zayed Al Nahyan e il suo *entourage* hanno tenuto nel Paese la prima mostra in ricordo della *Shoah* e hanno nominato un rabbino come guida spirituale dell'esigua comunità di *expats* ebrei, la quale crescerà nei prossimi anni in vista del trasferimento di alcune società israeliane negli Emirati.

Il Bahrain, piccola monarchia del Golfo, è il secondo Stato per ordine cronologico a decidere di intrattenere rapporti diplomatici con Israele. Desideroso di guadagnare maggiore autonomia dagli altri Stati del Golfo, specialmente dall'Arabia Saudita, il Bahrain ha stretto con Israele 12 *Memorandum of Understanding* in settori prioritari quali l'aviazione, lo sviluppo tecnologico, le telecomunicazioni, il turismo e l'innovazione in campo agricolo e urbanistico (Dentice, 2022). Sul versante della sicurezza, come detto poc'anzi, la posizione strategica della monarchia bahreinita ha determinato una spinta per la cooperazione sulla sicurezza marittima, attraverso esercitazioni navali congiunte con il supporto della V Flotta americana. Di notevole impatto sia per il settore militare che per quello civile è invece l'adozione di nuove tecniche di intelligence basate sull'intelligenza artificiale, le quali permetteranno al regno di sviluppare le proprie capacità di deterrenza non convenzionali.

Per quanto riguarda gli scambi commerciali con lo Stato ebraico, l'assenza della legge sul boicottaggio israeliano, abolita da più di 15 anni, ha permesso una veloce evoluzione delle dinamiche di investimento e delle collaborazioni imprenditoriali tra i due Paesi. Grazie anche al contributo della comunità ebraica locale, si prevede che gli introiti economici derivanti dall'intesa possano superare i 100 milioni di dollari nel giro di pochi anni (Egel, Efron & Robinson, 2021). Ciò che è stato davvero determinante nella tessitura delle relazioni con Israele, è il ruolo della leadership bahreinita che ha affermato di non fare distinzioni tra le importazioni da Israele e quelle delle colonie in Cisgiordania (Ali & Coleman-Pecha, 2021). Decisione non condivisa da buona parte dell'opinione pubblica, soprattutto quella musulmana sciita, pari al 65% della popolazione.

La popolazione marocchina è stata quella che ha accolto più favorevolmente la normalizzazione del Marocco con Israele il 10 dicembre 2020. Il re marocchino Mohammed VI, che tradizionalmente porta l'epiteto di *Amir al-Mouminine* (lett. "comandante dei credenti", di tutte le tre religioni monoteiste), ha basato l'opera di legittimazione degli Accordi di Abramo sull'attiva, anche se poco importante dal punto di vista demografico, comunità ebraica nel Regno. Storicamente, prima della nascita dello Stato di Israele, in Marocco viveva una folta comunità ebraica che è poi emigrata nel nuovo stato indipendente: in Israele oggigiorno vive un milione di ebrei di origine marocchina, mentre nel Regno ce ne sono meno di 10 mila. Il legame culturale è stato rinvigorito anche dai nuovi accordi sul turismo e sui voli diretti previsti tra i due Paesi.

Inoltre, sono stati stipulati altri accordi in ambito economico ad oggetto i settori digitale, agroalimentare, automobilistico, aeronautico, energetico e farmaceutico. Ciò che è rilevante dal punto di vista strategico, in considerazione del nuovo attivismo della politica estera marocchina, è la firma nel giugno 2021 di un Memorandum d'Intesa per la cooperazione strutturata in materia di cyber sicurezza e intelligence, rafforzata dall'acquisto di sistemi d'arma ad alta tecnologia israeliana e del sistema di spionaggio Pegasus.

Il Sudan è invece l'ultimo Stato, in ordine cronologico e di importanza, ad avere stretto rapporti con Israele. Il Paese africano ha aderito agli Accordi di Abramo solo il 6 gennaio 2021, ma fino ad ora, ha firmato solo la Dichiarazione generale. A differenza degli altri Stati firmatari, le relazioni bilaterali tra i due Paesi hanno avuto effetti di minore portata a partire dalla non apertura delle rispettive sedi diplomatiche. Il rapporto con Israele è vissuto dal Sudan in materia pragmatica e controversa. I benefici derivanti dalla stipulazione dell'accordo sono stati il rientro nel sistema bancario mondiale grazie al prestito ponte degli Stati Uniti, un passo importante verso la fine dell'isolamento internazionale. Tuttavia, l'instabilità politica nel Paese - a seguito del colpo di stato militare dell'ottobre 2021 - ha rallentato le prospettive di sviluppo dell'intesa con lo Stato ebraico. Il capo del governo di transizione militare Abdel Fattah Al-Burhan ha affermato che la cooperazione con Israele sta proseguendo per rendere più efficaci le operazioni di *counter-terrorism* a livello domestico e regionale (Espanol, 2022).

A prescindere dalle specificità nazionali, gli Accordi di Abramo hanno permesso una collaborazione di difesa e sicurezza, ma anche un'integrazione economica che avrà impatti determinanti in tutta la regione del Medio Oriente allargato. La normalizzazione dei Paesi arabi con Israele "rappresenta un possibile nuovo capitolo per lo sviluppo della regione" (Meriano & Coco, 2022) in grado di creare 4 milioni di posti di lavoro e oltre 1 trilione di dollari in nuove attività se agli Accordi aderiranno altri 6 Paesi.

Le prospettive di allargamento

In occasione del secondo anniversario dalla firma degli Accordi di Abramo, il Segretario di Stato degli Stati Uniti Anthony J. Blinken ha riaffermato l'impegno americano a favorire l'espansione del numero dei firmatari. L'obiettivo è quello di diffondere "sicurezza, prosperità e pace" (Dipartimento di Stato USA, 2022) nella regione, toccando quanti più Stati possibili, non solo arabi, ma anche a maggioranza musulmana. Gli importanti risultati della cooperazione abramitica - e l'ottimismo circa i suoi futuri sviluppi - potrebbero risultare determinanti nel provocare nuove adesioni.

Sono state formulate le più svariate ipotesi in merito alle possibili e più prossime adesioni. Secondo le dichiarazioni rilasciate a *The Times of Israel* da Jared Kushner, genero dell'ex Presidente Trump, la precedente amministrazione sarebbe stata in procinto di far entrare negli accordi altri sei Stati, tra cui la Mauritania con cui le trattative erano a buon punto. La scadenza del mandato di Trump avrebbe però interrotto i negoziati e l'amministrazione Biden avrebbe invece prediletto un rafforzamento delle relazioni tra i partner già segnatari.

Anche alcuni Paesi islamici sembrerebbero rientrare nell'orbita degli Accordi di Abramo, tra questi l'Indonesia e l'Uzbekistan che hanno iniziato a riprendere molto cautamente le relazioni con lo Stato ebraico. Un discorso a parte merita invece il caso del Pakistan che a livello di opinione pubblica risulta fortemente ostile all'idea di un'apertura verso Israele sia per il sostegno ferreo alla causa palestinese che per lo strisciante anti-semitismo diffuso nel Paese. L'élite economica e, nello specifico, l'industria della sicurezza gradirebbero invece un'accelerazione nelle relazioni sotterranee tra i due Stati; pensiero condiviso da Israele che ambisce a servirsi del mercato pakistano, mantenendo allo stesso tempo dei buoni rapporti con l'India.

Tra i Paesi della Valle del Nilo e dell'Africa subsahariana, l'obiettivo principale di Israele è quello di fare un salto di qualità nei rapporti con il Sudan. A causa dell'instabilità politica interna e dello scetticismo statunitense in merito all'attuale governo di transizione, i progressi diplomatici sono in stallo. È nell'interesse di Israele ampliare il proprio bacino di acquirenti di sistemi di sorveglianza e proseguire nelle attività di intelligence e di repressione della minaccia terroristica in Sudan, contribuendo alla stabilizzazione securitaria della regione. In tal senso va letto l'invio di lettere credenziali nel maggio 2022 da parte di un diplomatico israeliano al Presidente del Ciad Mahamat Idriss Deby Itno. La ripresa delle relazioni tra i due Stati è avvenuta nel

2019, dopo decenni di rottura a causa della vicinanza ciadiana alla Libia di Muhammar Gheddafi. L'apertura a Israele ha permesso al Ciad, vittima di conflitti interni tra milizie e nonostante il governo di transizione, ad uscire parzialmente dall'isolamento internazionale.

Il nuovo attivismo israeliano in Africa è guardato con attenzione dall'Egitto che, forte della sua identità poliedrica (africana, mediterranea e medio orientale), non può essere escluso dalle dinamiche innescate dagli Accordi di Abramo. Primo Paese ad avere firmato un trattato di pace con Israele, è un *player* fondamentale per i meccanismi regionali: la mediazione egiziana nella questione israelo-palestinese è cosa nota, ultimo esempio la cessazione delle ostilità tra Hamas e lo Stato ebraico e in seno alle fazioni palestinesi stesse. È improbabile che l'Egitto possa essere il prossimo Stato aderente all'intesa abramitica, ma viene considerato un "fidato collaboratore esterno". La diplomazia egiziana ha partecipato a numerosi incontri ufficiali insieme ai Paesi firmatari degli accordi e agli Stati Uniti, non ultimo il Forum del Negev il 28 marzo scorso. Si è trattato di un vertice senza precedenti per due ragioni fondamentali: da una parte, per il luogo simbolico del forum, Sde Boker, kibbutz di ispirazione sionista fondato nel 1952, e, dall'altra, per la struttura della tavola rotonda, diventata un incontro permanente (Petronella, 2022). Gli Stati partecipanti si sono assunti l'impegno di cooperare per fronteggiare le sfide prioritarie dell'area: risorse energetiche, *water* e *food security*, salute e integrazione infrastrutturale.

Lo "spirito del Negev", così definito dal ministro degli esteri marocchino in occasione del forum, potrebbe spingere anche altri Paesi del Golfo ad aderire agli accordi. L'Oman, tradizionalmente neutrale, intrattiene relazioni ufficiali con Israele da 50 anni e potrebbe essere un possibile firmatario; l'impiego dell'*expertise* israeliana nel centro di ricerca per la desalinizzazione di Muscat farebbe pensare ad un avvicinamento tra i due Stati. Allo stesso modo il Qatar intrattiene rapporti pragmatici con lo Stato ebraico, ma il suo ferreo sostegno per l'Iniziativa di Pace Araba (IPA) – progetto di pace proposto dalla monarchia saudita per la creazione di uno Stato palestinese indipendente – non permetterebbe l'adesione dell'emirato agli Accordi di Abramo. Inoltre, il mantenimento del dialogo con attori come la Turchia e, soprattutto, l'Iran, non garantirebbero una comunanza di interessi strategici nel breve periodo.

La minaccia iraniana, invece, è particolarmente sentita dall'Arabia Saudita, la cui adesione agli accordi sarebbe la principale ambizione dell'amministrazione israeliana e di quella statunitense. Biden, poco prima del suo viaggio a Jeddah lo scorso luglio, avrebbe cercato di sondare il terreno per un possibile avvicinamento della monarchia saudita, ma, a causa delle frizioni tra le alte cariche istituzionali dei rispettivi Stati, avrebbe ottenuto solo l'apertura dei voli israeliani allo spazio aereo saudita. La normalizzazione tra i due Paesi prosegue a rilento e in forma "clandestina", in quanto, l'Arabia Saudita non può permettersi di intavolare ufficialmente delle relazioni diplomatiche con Israele: in primis per l'ostilità della popolazione, parteggiante per la causa palestinese e dall'impianto conservatore e, in secundis, per il ruolo regionale e religioso detenuto dai Saud.

Il cambio di politica intrapreso da Mohammad bin Salman, principe ereditario del regno, potrebbe spingere in una direzione inaspettata le relazioni internazionali dello Stato arabo: l'avvicinamento a Israele è inscritto nella filosofia di potere che sta alla base di Arabia Saudita, Paesi del Golfo ed Egitto, cioè una lettura pragmatica della forza propulsiva islamica, ovvero la sua "statalizzazione" (Sbailò, 2022). La "statalizzazione dell'islam", dunque il suo controllo da parte delle alte cariche dello Stato, a discapito della società civile e degli antichi intermediari tradizionali, è quella che ha garantito l'ideazione di progetti come *Vision 2030* e la promozione della transizione energetica nel regno. Il cambio di leadership in Arabia Saudita, quindi, potrebbe forse permettere un avanzamento nelle relazioni ufficiose con lo Stato ebraico e renderebbe la sua adesione agli Accordi di Abramo non impossibile nel lungo periodo. La normalizzazione con Israele potrebbe passare da due isole posizionate strategicamente nel Mar Rosso, Tiran e Sanafir, che dal 2017 sono state cedute dall'Egitto all'Arabia Saudita. Israele ha accettato la sovranità saudita su queste isole, ma la questione della loro demilitarizzazione tramite una forza di interposizione americana è ancora aperta (Schenker, 2022). Il Presidente Biden, durante il suo viaggio in Medio Oriente, sembra però non aver smosso le acque.

La scarsa efficacia dell'attività diplomatica di Biden, insieme alla guerra in Ucraina, avrebbero parzialmente modificato gli allineamenti nell'area del Medio Oriente allargato. Il desiderio dei Paesi arabi di avere un'influenza nel futuro mondo multipolare avrebbe spinto l'Arabia Saudita ad assumere maggiore autonomia rispetto all'alleato americano. Esempio emblematico risulta essere la decisione in seno all'OPEC+ di non aumentare la produzione petrolifera, a differenza di quanto consigliato dall'amministrazione Biden. Non si tratta di una rivoluzione strategica, ma solo tattica nella definizione delle alleanze, per cui l'Arabia Saudita continuerà ad essere partner privilegiato insieme

ad Israele della politica estera americana. La presa di autonomia
diplomatica è comunque importante. In merito ai rapporti tra i due
partner, rilevanti saranno gli esiti delle elezioni americane di
midterm che permetteranno di comprendere se la presa
statunitense sulla monarchia saudita sarà più o meno proficua.
La previsione più probabile, tenuto conto delle pressioni
ideologiche interne all'*entourage* saudita, è che la monarchia dei
Saud continuerà a relazionarsi *de facto* sotterraneamente con
Israele, fino a che il cambio di leadership palestinese non
permetterà un superamento dello status quo e una risoluzione
(presumibilmente con effetti negativi per gli abitanti di
Cisgiordania, Gerusalemme Est e Striscia di Gaza) della
questione israelo-palestinese. Da quel momento, si potrà pensare
all'adesione agli Accordi di Abramo.

Il grande assente negli Accordi di Abramo: l'unione politica

L'alleanza regionale nel Medio Oriente allargato, alla base degli
obiettivi degli Accordi di Abramo, presenta notevoli capacità di
sviluppo, ma altrettante incognite date dall'influenza e
dall'evoluzione delle dinamiche internazionali e regionali sugli
attori protagonisti. L'incapacità, a seguito di due anni dalla firma
degli accordi, di portare nuove adesioni è sintomo di un trend
negativo riscontrabile in tutti gli Stati firmatari: la mancanza di
legittimità dell'intesa abramitica in seno alle società civili arabe.
In base ai sondaggi del *Washington Institute*, il consenso dei
bahreiniti nei confronti degli Accordi di Abramo è sceso dal 45%
al 20% nel 2022. Secondo *Arab Barometer*, la disapprovazione
nei confronti dell'intesa con Israele raggiunge i 2/3 della
popolazione emiratina; lo stesso andamento negativo si riscontra
in Marocco dove solo il 31% dei cittadini si dichiara favorevole
alla normalizzazione dei rapporti diplomatici. Il declino del
supporto popolare, a seguito dell'affievolirsi dell'entusiasmo
scoppiato per l'annuncio degli accordi, è un dato strutturale che le
leadership dei Paesi firmatari non dovrebbero ignorare: la
tradizionale e radicata ostilità delle società civili arabe, soprattutto
quelle di stampo conservatore e delle vecchie generazioni, verso
lo Stato ebraico non è stata ancora eliminata dalle reciproche
iniziative culturali.
La mancata soluzione della questione israelo-palestinese –
praticamente "congelata" all'interno degli Accordi di Abramo –
rende poco credibile la realizzazione e il raggiungimento della
pace in Medio Oriente come paventato dall'intesa. Lo stop
temporaneo (ed esclusivamente formale) di Israele alla creazione
di altre colonie in Cisgiordania non viene ritenuto un impegno

sufficiente per le popolazioni arabe, abituate ad un certo tipo di discorso politico pro palestinese dal 1948 in avanti. I governi dei Paesi arabi firmatari non sono ancora riusciti, a livello di opinione pubblica, a instillare fiducia nella popolazione e non hanno sentito la necessità di spiegare i benefici che il Paese potrà trarre dalla normalizzazione con Israele.

La tattica dell'autoritarismo, inoltre, non ha fatto altro che sviluppare una dimensione "asimmetrica" (Berman, 2022) all'interno degli Accordi di Abramo, non solo tra Stati firmatari, tra i quali il diretto beneficiario per aspetti economici e securitari è Israele, ma anche tra la dimensione istituzionale e collegiale in seno agli Stati stessi. Esempi di ciò si sono riscontrati negli Emirati e in Bahrein in occasione della ripresa delle ostilità nel maggio 2021 tra Hamas e Israele e per la questione degli scontri tra arabo-israeliani e forze di sicurezza israeliane alla Spianata delle moschee a Gerusalemme: la popolazione ha parteggiato per i palestinesi, scendendo in piazza con stendardi e slogan pro Palestina. Altro caso emblematico è quello del Marocco, in cui il precedente premier Al-Othmani, leader del partito islamista *Justice et Développement* (PJD), aveva provocato una drammatica crisi politica tra governo e re riguardo alla politica estera marocchina (di esclusiva competenza del sovrano). In Sudan, invece, la scarsa popolarità di cui gode l'attuale Presidente del governo di transizione, che ha represso molto duramente le proteste contro l'anniversario del colpo di stato dell'ottobre 2021, acuisce lo scollamento tra leadership e società civile.

L'altro limite che mina il salto di qualità degli Accordi di Abramo è la differente percezione della minaccia iraniana. Se per Israele l'Iran è il nemico principale in Medio Oriente e il suo antagonismo viene visto come un pericolo totalizzante ed esistenziale per lo Stato stesso, così non è per gli altri Stati firmatari. In particolare, Bahrain ed Emirati intrattengono relazioni con l'Iran. Di fronte al dossier iraniano, essi si dimostrano molto più flessibili ed aperti alle trattative rispetto allo Stato ebraico: per quanto riguarda il problema nucleare, Emirati e Bahrain sono disponibili e premono per una ripresa dei negoziati in vista di una riduzione più controllata e verificata del programma nucleare iraniano; per la questione sanzioni, specialmente gli Emirati vedono l'Iran come fruttuoso mercato di esportazione, per cui preferiscono piuttosto un mantenimento dello status quo. Dal canto suo, Israele si è mostrato fortemente contrario ad una ripresa delle trattative di Vienna sul nucleare ed è stato convinto solo dalle rassicurazioni americane circa la strutturazione di un'alleanza di difesa integrata in Medio Oriente, di cui Israele sarebbe la pedina cardine. A causa di questa diversità di interessi strategici, però l'alleanza avrebbe delle basi politiche molto fragili su cui fondarsi, essendo basata su comuni obiettivi di breve periodo, ma non di lungo termine. Emirati e Bahrain, date le loro piccole dimensioni sia geografiche che militari, hanno infatti prediletto perseguire i propri interessi nazionali – migliorando le relazioni anche con Qatar e Turchia, paladini del disegno geopolitico dell' "islam popolare" (Sbailò, 2022) – cosa che però li ha anche portati alla normalizzazione con Israele.

La de-escalation in corso nel Medio Oriente allargato ha generato un parziale scongelamento delle relazioni tra Stati prima impensabile. La *fitna* intra-sunnita (lett. "frattura") che aveva ridisegnato i rapporti di forza geopolitici nella regione è stata parzialmente superata in tutti gli archi di crisi, ad eccezione della Libia. Il cauto riavvicinamento tra Arabia Saudita e Iran, grazie alla mediazione irachena, potrebbe davvero portare la stabilità in Medio Oriente, la meta fondamentale degli Accordi di Abramo. Le divergenze tra interessi nazionali, insieme ai disegni geopolitici opposti, potrebbero però minare la delicata concordia tra i vari *player*. La de-escalation, infatti, potrebbe provocare un allontanamento degli Stati firmatari da Israele, vedendo diminuita la percezione di minaccia iraniana. Nel breve-medio periodo, però, i benefici derivanti dall'intesa con lo Stato ebraico, sembrerebbero preferibili ad un'uscita dagli accordi stessi.

Le sfide ancora aperte sono numerose e tutte volte ad un maggiore sviluppo economico e culturale in seno alla cornice degli accordi. La costruzione di una rotta commerciale stradale tra Israele e Paesi del Golfo, secondo l'ultimo report dell'Istituto Nazionale per la Sicurezza Nazionale (INSS) è il primo obiettivo dello Stato ebraico per rilanciare il suo *soft power* nella regione e rafforzare i legami con gli Stati firmatari. Secondo Israele, lo sviluppo economico incentivato dagli accordi darebbe vita ad un ciclo virtuoso di prosperità e stabilità politica. La scelta però di collaborare con Stati autoritari e legittimarne indirettamente la leadership attraverso la continuazione o l'implementazione degli accordi – come per il post-golpe in Sudan – potrebbero significare la diffusione di un modello di sviluppo liberista (e non liberale) con effetti negativi sul rispetto dei diritti umani nella regione. La mancata partecipazione agli Accordi di Abramo della leadership palestinese, inoltre, sarebbe l'emblema della controversa democraticità in seno al più ampio progetto di pace in Medio Oriente.

Per il futuro degli Accordi di Abramo, risulta imprescindibile per l'ideazione di un'unione politica, l'impiego della componente araba d'Israele. Grazie al loro background linguistico e culturale, essi potranno contribuire alla tessitura di legami resilienti con le altre società civili arabe. Inoltre, "i dividendi della pace" (Egel, Efron & Robison, 2021) dovranno essere distribuiti equamente tra leadership e popoli, in modo che le disuguaglianze economiche e sociali vengano appianate: solo così si potrà pensare ad un nuovo Medio Oriente, senza conflitti e con una stabilità politica duratura.

Fonti

Africanews, "Chad appoints opposition leader, Kebzabo, as new PM", 12 ottobre 2022, https://www.africanews.com/2022/10/12/chad-appoints-opposition-leader-kebzabo-as-new-pm/

U. Ali, J. Coleman-Pecha, "The Abraham Accords and Normalization of Relations with Israel", DWF Group, Marzo 2021, https://bit.ly/3EXYLIZ

Al-Jazeera, "Israel, Bahrain sign security cooperation agreement in Manama", 3 febbraio 2022, https://www.defenseone.com/ideas/2022/04/security-dimension-abraham-accords/366147/

I. Bayo, "Industrie, formation, armament: Rabat et Tel-Aviv signent leur premier accord militaire", Telquel, 24 novembre 2021, https://telquel.ma/2021/11/24/industrie-formation-armement-rabat-et-tel-aviv-signent-leur-premier-accord-militaire_1744309

J. Bell, "Abraham Accords: A year of business ties between UAE, Israel, Bahrain, experts", Al-Arabiya, 13 agosto 2021, https://english.alarabiya.net/News/middle-east/2021/08/13/Abraham-Accords-A-year-of-business-ties-between-UAE-Israel-Bahrain-experts

M. Ben-Shabbat, D. Aaronson, "The Abraham Accords, Two Years On: Impressive Progress, Multiple Challenges and Promising Potential", INSS, 15 agosto 2022, https://www.inss.org.il/publication/abraham-accords-two-years/

L. Berman, "Biden visit proves a far cry from Israel's fanciful expectations", The Times of Israel, 18 luglio 2022, https://www.timesofisrael.com/biden-visit-proves-a-far-cry-from-israels-fanciful-expectations/

L. Berman, "Two years after Abraham Accords, worrying trends emerge amid achievements", The Times of Israel, 15 settembre 2022, https://www.timesofisrael.com/two-years-after-abraham-accords-worrying-trends-emerge-amid-achievements/

A. J. Blinken, *Second Anniversary of the Signing of the Abraham Accords*, Dipartimento di stato americano, 15 settembre 2022

N. Del Gatto, "Pakistan e Arabia Saudita nell'orbita degli Accordi di Abramo", Affari Internazionali, 21 giugno 2022, https://www.affarinternazionali.it/pakistan-e-arabia-saudita-nellorbita-degli-accordi-di-abramo/

C. De Martino, "Come gli Accordi di Abramo disegnano un nuovo Medio Oriente – in attesa dei dividendi della pace per tutti", Aspenia online, 22 marzo 2022, https://aspeniaonline.it/come-gli-accordi-di-abramo-disegnano-un-nuovo-medio-oriente-in-attesa-dei-dividendi-della-pace-per-tutti/

G. Dentice, "Il Bahrain negli Accordi di Abramo: ruolo e prospettive", Centro Studi Geopolitica.info, 7 aprile 2022, https://www.geopolitica.info/bahrain-accordi-abramo-ruolo-prospettive/

G. Dentice, "La nuova normalità in Medio Oriente due anni dopo gli Accordi di Abramo", Centro Studi Internazionali, 22 settembre 2022, https://www.cesi-italia.org/it/articoli/la-nuova-normalita-in-medio-oriente-due-anni-dopo-gli-accordi-di-abramo

G. Deutch, "U.S. warns Israel not to move on Sudan normalization", Jewish Insider, 27 maggio 2022, https://jewishinsider.com/2022/05/israel-sudan-abraham-accords-normalization/

D. Egel, S. Efron, L. Robinson, "Peace Dividend. Widening the Economic Growth and Development Benefits of the Abraham Accords", Rand Corporation, marzo 2021, https://www.rand.org/pubs/perspectives/PEA1149-1.html

M. El Khaddar, "Marocco-Israele: le relazioni dopo gli Accordi di Abramo", OSMED, 11 luglio 2022, https://www.osmed.it/2022/07/11/marocco-israele-le-relazioni-dopo-abramo/

M. Espanol, "Sudan moves ahead with Israel ties", Al Monitor, 22 febbraio 2022, https://www.al-monitor.com/originals/2022/02/sudan-moves-ahead-israel-ties

G. M. Feierstein, Y. Guzansky, "Two years on, what is the state of the Abraham Accords", Middle East Institute, 14 settembre 2022, https://www.mei.edu/publications/two-years-what-state-abraham-accords

L. Gambardella, "Gli accordi di Abramo diventano un'alleanza militare, ma il loro futuro è incerto", Il Foglio, 22 giugno 2022, https://www.ilfoglio.it/esteri/2022/06/22/news/gli-accordi-di-abramo-diventano-un-alleanza-militare-ma-il-loro-futuro-e-incerto-4143483/

J. Goldberg, "Iran and the Palestinians Lose Out in the Abraham Accords", The Atlantic, 16 settembre 2020, https://www.theatlantic.com/ideas/archive/2020/09/winners-losers/616364/

T. Joffre, "UAE-Israel trade exceeded $2.5 billion since Accords were signed", Jerusalem Post, 26 maggio 2022, https://www.jpost.com/business-and-innovation/all-news/article-707837

L. Mazzucco, K. Alexander, "The Abraham Accords two years on: from ambition to reality", Royal Institute Elcano, 17 agosto 2022, https://www.realinstitutoelcano.org/en/analyses/the-abraham-accords-two-years-on-from-ambition-to-reality/

F. Meriano, D. Coco, "A due anni dalla firma degli Accordi di Abramo", Fondazione Med-Or, 23 settembre 2022, https://www.med-or.org/news/a-due-anni-dalla-firma-degli-accordi-di-abramo

Ministero bahrainita degli affari esteri, *The Diplomatic Relations Between the Kingdom of Bahrain and the State of Israel*, comunicato ministeriale, 12 gennaio 2020

Ministero israeliano dell'economia e dell'industria, *Historic Agreement between Israel and the United Arab Emirates was signed this morning in Dubai – a free trade zone*, comunicato ministeriale, 31 maggio 2022

F. Petronella, "Summit del Negev, più stretti i rapporti tra Israele e i vicini arabi", Treccani in *Atlante geopolitico*, 31 marzo 2022, https://www.treccani.it/magazine/atlante/geopolitica/Summit_Negev.html

M. Robbins, "How Do MENA Citizens View Normalization With Israel?", Arab Barometer, 12 settembre 2022, https://www.arabbarometer.org/2022/09/how-do-mena-citizens-view-normalization-with-israel/

E. Rossi, "Come procedono gli Accordi di Abramo. Conversazione con Dentice", Formiche.net, 25 settembre 2022, https://formiche.net/2022/09/accordi-abramo-dentice/

B. Y. Saab, "The Security Dimension of the Abraham Accords", Defense One, 26 aprile 2022,

https://www.aljazeera.com/news/2022/2/3/israel-bahrain-sign-security-cooperation-agreement-in-manama

C. Sbailò, *Diritto pubblico dell'Islam mediterraneo. Linee evolutive degli ordinamenti nordafricani contemporanei: Marocco, Algeria, Tunisia,* Libia, Egitto, Edizione II, CEDAM, aprile 2022, cap. I

D. Schenker, "Getting to an Israeli-Saudi Deal on Tiran and Sanafir", The Washington Institute for Near East Policy, 7 luglio 2022, https://www.washingtoninstitute.org/policy-analysis/getting-israeli-saudi-deal-tiran-and-sanafir

M. Soliman, "How tech is cementing the UAE-Israel alliance", Middle East Institute, 11 maggio 2021, https://www.mei.edu/publications/how-tech-cementing-uae-israel-alliance

T. Staff, "Israeli envoy presents credentials in Chad after 50-year hiatus", The Times of Israel, 17 maggio 2022, https://www.timesofisrael.com/israeli-envoy-presents-credentials-in-chad-after-50-year-hiatus/

"Sudan denies cutting relations with Israel", Middle East Monitor, 21 giugno 2022, https://www.middleeastmonitor.com/20220621-sudan-denies-cutting-relations-with-israel/

D. J. Trump, B. Netanyhau, A. bin Zayed Al Nahyan, *Abraham Accords Peace Agreement: Treaty of Peace, Diplomatic Relations and Full Normalization between the United Arab Emirates and the State of Israel,* 13 agosto 2020

Washington Institute Arab Polling Project, "TWI Interactive Polling Platform", 30 giugno 2022, https://www.washingtoninstitute.org/policy-analysis/twi-interactive-polling-platform

Asia-Pacifico

La Cina nella Shanghai Cooperation Organisation tra diplomazia economica e cambiamenti nel (dis)ordine internazionale

Marco Zecchillo - Head Researcher Mondo Internazionale G.E.O. Area Economia

Abstract

La seguente analisi si propone di discutere le motivazioni originali della SCO, dalle iniziali divergenze di vedute relative allo scopo dell'organismo internazionale, ampliatesi dal mutamento nei rapporti di forza economici tra Mosca e Pechino. Inoltre, sarà evidenziata la potenziale convergenza tra le basi fondanti dell'azione economica internazionale cinese e la SCO, definendone i punti più cruciali.

È ragionevole osservare la Shanghai Cooperation Organisation come sempre più simile a uno specchio, se non a uno strumento atto a incanalare e aumentare la portata dell'iniziativa internazionale politico-economica cinese. Mediante essa, la Repubblica Popolare può ottenere una chiave verso i territori del centro Asia, da sempre considerati fondamentali per una varietà di motivazioni.

Le attrattività per il gigante orientale nell'utilizzo dell'organizzazione risiedono nella connotazione strategica che l'Asia Centrale assume nell'idea cinese di collocazione all'interno del sistema internazionale. Trattandosi di un ente prettamente orientato verso l'Asia Centrale, è importante, inoltre, stabilire le possibilità di un allargamento dei membri a includere alcuni stati dell'ASEAN e discutere la verosimiglianza di un nuovo asse Delhi-Pechino, sostitutivo della fragile e problematica intesa con Mosca.

Introduzione

Il lungo corso della Shanghai Cooperation Organisation (in italiano "Organizzazione per la Cooperazione di Shanghai", d'ora in avanti SCO per questioni di brevità) vede tale organismo internazionale mutare la sua essenza e missione, in un'evoluzione che è stata parzialmente indirizzata dalle divergenti priorità tra Cina e Russia. Queste ultime rappresentano, storicamente, all'interno dell'associazione di stati, le due nazioni che hanno guidato e promosso il dialogo regionale, influenzandolo secondo le proprie preferenze, data l'importanza economica che esse rivestono. Tuttavia, è doveroso notare come Pechino e Mosca abbiano imboccato due differenti strade di sviluppo e che molto è cambiato nei rapporti di forza economica tra le due nazioni. Sin dalla creazione dell'organizzazione, avvenuta in forma embrionale nel 1996 e in qualità definitiva nel 2001, la Cina ha superato sensibilmente la concorrente che si è ritrovata, al contrario, afflitta da pressioni inflazionarie e diffusa povertà in seguito al crollo dell'Unione Sovietica.

Tale trend, come discusso nell'articolo, suggerirebbe uno spostamento dell'agenda e dei temi cardine in favore di Pechino, vista la sua crescita relativa. Ciò risulta esemplificato nella realtà dei fatti dalla crescente presenza di tematiche relative alla cooperazione economica, al commercio e agli investimenti nelle discussioni del gruppo.

È ragionevole supporre che questa tendenza possa essere sintomatica della relativa crescita della Cina e della sua preminenza, se comparata con gli altri membri costitutivi della SCO, Russia inclusa. Secondo una prospettiva storica, ciò riflette i precetti fondamentali che costituiscono il sostrato filosofico dell'azione economica cinese, ascrivibile alle tradizioni del "Peaceful Development", "New Diplomacy" e "Harmonious World". Esse sono, possibilmente a loro volta, sviluppi dei decenni recenti dei precetti filosofici dei Cinque Principi di Coesistenza Pacifica, la base teorica dell'impegno regionale di Pechino sin dai tempi della Guerra Fredda e del Movimento Non Allineato (Harris, 2014).

Motivazioni in Origine ed Evoluzione della Shanghai Cooperation Organisation

La prima pietra della costruzione dell'entità regionale è certamente costituita dal Gruppo Shanghai Five, istituito nel 1996. Esso racchiudeva al suo interno rappresentanti di Russia, Cina, Kazakhstan, Tajikistan e Kyrgyzstan.

Ragionevolmente, si tratta di un tempo storico largamente differente dal mondo odierno. La Cina era agli albori della sua crescita esponenziale e del suo affacciarsi ai mercati internazionali, in quanto l'ingresso nell'Organizzazione Mondiale del Commercio (WTO) sarebbe avvenuto solamente nel 2001. La Russia si trovava nel pieno della sua fase post-Sovietica, caratterizzata da un parziale collasso del sistema economico del paese appena divenuto, di fatto, indipendente, sebbene mantenesse una posizione predominante all'interno dell'area delle Repubbliche Socialiste.

Per gli stati dell'Asia Centrale si delineava, in quegli anni, la necessità di definire la propria collocazione all'interno del nuovo ordine globale (Liu, 2011). Era il periodo del Momento Unipolare, che ha caratterizzato, convenzionalmente, l'epoca immediatamente successiva al termine dell'URSS fino all'inizio del Terzo Millennio (11 Settembre 2001 o Invasione dell'Iraq, a seconda dei punti di vista).

Già allora si prefigurava un'unione eterogenea tra stati con nature diverse e traiettorie di sviluppo differenti. Tuttavia, esse apparivano accomunate da una volontà di controbilanciare l'unipolarismo derivante dalla sparizione dell'Unione Sovietica, come può essere evinto dalla celebre dichiarazione congiunta di Boris Yeltsin e Jiang Zemin sulla desiderabilità di un *nuovo mondo unipolare*. E quest'ultima idea ancora traspare dalle basi teoriche supportanti l'azione di Pechino a livello internazionale.

Alcuni pareri occidentali, ancor oggi presenti, tendevano a criticare la SCO in qualità di raggruppamento di stati illiberali accomunati dalla volontà di resistere a cambi di regime, supportati dall'ondata di democratizzazione di quegli anni (Serikkaliyeva, 2016).

La SCO va a delinearsi, nel 2001, come un'organizzazione fondata sulla costruzione di un network di fiducia (*trust-building*) con una chiara componente legata alla sicurezza. Difatti, essa nasce primariamente al fine di fornire un fronte comune nella lotta al terrorismo, fenomeno che accomunava le priorità dei paesi membri al tempo (Blank, 2013). Tuttavia, successive evoluzioni e ramificazioni dell'organizzazione renderanno quest'ultima più variegata a livello tematico.

Attualmente la SCO è un forum intergovernativo tra stati che costituiscono cumulativamente il 40 percento della popolazione mondiale e un terzo del Prodotto Interno Lordo complessivo globale (UN, 2022).

Ciò, tuttavia, non rappresenta un dato definitivo sull'effettivo potere consequenziale del gruppo, che invece dipende da regole interne e rapporti tra gli stati.

La struttura istituzionale appare composta da cerchi concentrici di paesi possedenti più o meno potere decisionale all'interno dell'associazione. In questo rispetto, vi sono otto membri permanenti, quattro osservatori e nove *Dialogue Partners* (a cui vanno a sommarsi 5 ulteriori stati che hanno espresso interesse allo status di partner di dialogo durante l'incontro di settembre 2022) (SCO, 2016). A essi si aggiungono ulteriori organizzazioni internazionali (tra cui Nazioni Unite e ASEAN) e il Turkmenistan, che ricoprono il ruolo di ospiti ai lavori della SCO.

Appare chiara l'impronta prevalentemente economica come guida delle priorità della Cina nella formulazione di proposte per la SCO. E alcuni esempi storici sembrano confermare tale direzione e l'acuirsi delle divergenze nelle aspettative con Mosca.

Durante l'amministrazione di Hu Jintao e del Primo Ministro Wen Jiabao (2002-2013), Pechino ha rafforzato la sua posizione rispetto agli altri membri date le valide performance economiche, soprattutto se relativizzate alla Russia. Data l'importanza che la Cina riponeva nel continuare tale periodo di crescita (in seguito alla flessione della Crisi Finanziaria Asiatica) e nei mercati degli stati della SCO come trampolino di lancio per le strategie di internazionalizzazione, Wen propose la creazione di un'Area di Libero Scambio parallela alla *membership* nell'organizzazione (Gao, 2010).

Ciononostante, l'idea dell'amministrazione di Pechino si scontrò con la coesistenza dell'Unione Economica Eurasiatica (*Eurasian Economic Union, EEC*) che già includeva alcuni membri, tra cui la Russia.

Il difficile Dualismo Sicurezza-Commercio tra Mosca e Pechino

Come può essere dedotto, l'esistenza della Shanghai Cooperation Organization è costellata da intenzioni che hanno avuto poi poco riscontro su *policies* effettive (Grainger, 2012) e la loro implementazione. Certamente, sebbene non abbia avuto le conseguenze attese in termini materiali, la SCO rimane un mezzo attraverso il quale alcune nazioni hanno potuto incanalare e amplificare la loro voce, Cina inclusa.

È importante notare come due membri, Cina e Russia, abbiano plasmato l'origine dell'organizzazione, ma anche diverse aspettative e priorità, che si sono delineate in corso d'opera. È possibile che qualche aspetto cambierà come conseguenza della Guerra Russo-Ucraina, che la struttura dualistica possa affievolirsi a discapito di Mosca e appannaggio di Pechino.

Al momento della scrittura, si nota una coesistenza di due missioni differenti. La Russia prediligeva un'organizzazione fortemente improntata sul tema della sicurezza. La Cina lo era in origine, ma il suo percorso di sviluppo ha portato quest'ultima a orientarsi maggiormente su temi relativi al commercio e alla cooperazione economica a livello regionale (Blank, 2013b).

La SCO comincia, dunque, largamente caratterizzata da una comunanza di vedute. Esse erano relative alla costruzione di un blocco regionale in un nuovo *mondo multipolare* e alla cooperazione in materia di sicurezza interna, contro il terrorismo o gruppi secessionisti.

Nonostante ciò, l'efficacia dell'azione nella sicurezza regionale della SCO potrebbe essere definita come meno consequenziale della CSTO (Collective Security Treaty Organization, fondata nel 1992), un'associazione di stati a trazione russa, presente ugualmente nell'area centro asiatica ma non in Cina.

Contrariamente, alcune istanze appaiono concilianti con il lavoro nell'ambito della sicurezza svolto dalla Shanghai Cooperation Organization. Ad esempio, ciò si evince dalla capacità che ha dimostrato nel riunire rappresentanti di Stati Uniti e NATO durante il Forum di Mosca del 2009, orientato alla cooperazione per mitigare i fenomeni terroristici e il traffico di droga in Afghanistan.

In tal senso, l'organizzazione ha posseduto certamente un valido potere negoziale a livello globale e ha goduto di riconoscimento dai partner occidentali. Tuttavia, la sua posizione appare segnata dall'inabilità di implementare ampie politiche regionali che siano comprensive e condivise da tutti i membri.

Due anime coesistono dunque all'interno della SCO. Il disaccordo sulla visione a lungo termine e sull'utilità dell'organizzazione stessa hanno portato il gruppo ad avere un'azione meno decisiva: si delinea, quindi, un'azione multilaterale che traspare più dalla retorica che dai fatti, dovuta a una distanza nelle visioni tra i due principali membri. Ciò ha bloccato la capacità del forum di rendersi meno dipendente da istanze e finanziamenti governativi e di sviluppare delle policy autonome transnazionali senza dover attendere il consenso di tutti i membri.

Porsi domande sull'effettivo fine della SCO è quanto mai ragionevole, soprattutto in luce delle diverse aspettative tra i due principali pilastri che la compongono. È forse essa nata in qualità di contrappeso alla presenza occidentale, come mezzo dissuasivo per un'avanzata degli Stati Uniti nei cuori e nelle menti dello spazio Post-Sovietico? Si tratta forse di un'organizzazione che fa della non-interferenza il proprio caposaldo, raggruppando paesi disposti a proteggere la propria sovranità appena acquisita o percepita come minacciata? Una risposta affermativa a questi quesiti ha, possibilmente, avvicinato la Cina e la Russia in origine ma il fluire degli eventi ha amplificato la distanza tra le due nazioni, rendendo la SCO una reliquia di un'epoca passata dell'ordine internazionale. Effettivamente, il multipolarismo promosso dalla dichiarazione congiunta Yeltsin-Jiang si avvicina, con le dovute differenze, all'immagine dell'ordine dei giorni nostri. Di certo, la fase unipolare è stata lasciata alla storia e promuovere modelli alternativi sembra anacronistico, ora che un multipolarismo è in effetti realtà.

La Russia può aver avuto molte occasioni per ergersi a *security provider* della regione. Ma essa ha subito svariati arresti nel ramo economico, performando al di sotto della Cina secondo vari indicatori. La sempre più presente componente di cooperazione economica e commerciale ha fornito, dunque, a Pechino lo spazio per affermarsi e per asserire il suo peso nella SCO.

Un ulteriore punto meritevole di attenzione è la potenziale elevazione dell'India come futuro secondo pilastro dell'organizzazione, nel caso in cui continuasse il declino relativo della Federazione Russa. Al fine di evitare speculazioni su eventi in corso (i.e., la guerra Russo-Ucraina), che possono produrre effetti a lungo termine e nel definire come deterministica la continua crescita dell'India ad infinitum, non è possibile al momento affermare la futura creazione di un nuovo asse.

Al contrario, la visione di Delhi come necessariamente allineata a Pechino risulta un'interpretazione semplicistica della realtà delle relazioni tra le due nazioni. Infatti, dare per scontato un avvicinamento di queste ultime, all'interno e al di fuori dell'ombrello della SCO, non tiene in considerazione le storiche e più recenti diatribe che hanno aumentato la distanza, sia in termini politici che economici.

Ciò che è più atteso risulta essere una rinnovata prossimità di Delhi con gli Stati Uniti (Juster, 2022), causa di una serie di fattori quali i recenti problemi di sicurezza nelle regioni settentrionali dell'India. Tra 2020 e 2021, un numero consistente di militari è rimasto ucciso (una ventina secondo il New York Times) nelle schermaglie nella regione dell'Aksai Chin (NYT, 2021). Inoltre, a tali tensioni si somma la vicinanza tra la Cina e il Pakistan. Islamabad ha ricevuto ingenti flussi di Investimenti Diretti Esteri in forma di acquisizioni parziali e creazione di joint ventures per la realizzazione del Corridoio Economico Cina-Pakistan. Il progetto, tuttavia, appare in una fase di stallo dovuta ai problemi legati alla sicurezza regionale e al debito pakistano.

Anche se una visione comune con l'India sarebbe appetibile per la Cina per promuovere i suoi obiettivi regionali, è improbabile che ciò avvenga materialmente dato il recente miglioramento delle relazioni con gli Stati Uniti. Sebbene la strategia indiana sia sempre stata quella di "trovare un equilibrio" tra americani e cinesi (Razdan, 2022), sembra più probabile una leggera inclinazione a favore degli Stati Uniti, viste le frizioni precedentemente dichiarate. L'India risulta essere in quarta posizione in termini di ricezione di Investimenti Diretti Esteri, ma traspare un trend discendente del loro volume in seguito alla pandemia e una scarsa fungibilità di questi ultimi in investimenti lordi (Gross Capital Formation) (UNCTAD, 2021). Mentre i flussi tra Stati Uniti e Cina crollano, similmente scendono sensibilmente gli investimenti di Pechino verso Delhi (Times of India, 2021). Ciò avviene nonostante la Repubblica Popolare abbia raggiunto il picco storico di Investimenti Diretti Esteri nel 2021, con una crescita del 15% rispetto al 2020 per un valore complessivo di 1.15 trilioni di Yuan (Zhang, 2022).

La SCO può, date queste tensioni, tramutarsi, se già non lo è al momento, in uno strumento più riflessivo della direzione politica di Pechino, una piattaforma che proietti autenticamente le iniziative proposte dalla Cina sul piano, soprattutto, dell'Asia Centrale (Melniková, 2020). Quest'ultima area è fondamentale sotto molti punti di vista che la rendono meritevole di un'analisi più dettagliata in un paragrafo a sé stante. È ragionevole, inoltre, supporre uno scenario futuro nel quale gli stati dell'ASEAN saranno più inclusi dalla Cina all'interno della costruzione regionale.

Naturalmente, è complesso fornire una risposta alla domanda di ciò che avverrà, a causa della situazione ancora confusa relativa alla traiettoria della Russia, storicamente meno incline alla cooperazione economica regionale e promotrice di una linea legata maggiormente alla sicurezza. Può, in tale senso, la Cina ergersi a promotrice dell'organizzazione diventandone lo *sponsor* di gran lunga principale, e dettare la linea della stessa?

Nel 1996 la Russia e la Cina avevano percepito una comunanza di vedute che hanno spinto i due paesi a unire le forze nel forum dello Shanghai Five, al fine di promuovere e di proteggere le loro sovranità in opposizione alle sfide dell'imminente Ventunesimo Secolo e del Momento Unipolare. La congiunzione si faceva promotrice di un nuovo multipolarismo. Quest'ultimo, tuttavia, è andato inevitabilmente a crearsi. Ciò, possibilmente, rende la missione originale della SCO come anacronistica e impone al gruppo di ricreare un nuovo paradigma che possa giustificare la sua esistenza. In questo contesto, Pechino può proseguire la crescita della sua preminenza e della sua gravità in termini relativi rispetto agli altri partner e perseguire i suoi obiettivi strategici legati alla cooperazione regionale.

Le preoccupazioni degli stati membri per la Guerra Russo-Ucraina potrebbero ulteriormente rendere la Russia meno significativa nel promuovere proprie iniziative. Un'invasione dalla durata supposta di pochi giorni continua a spingere sempre più il mondo sull'orlo dell'abisso. La guerra sta certamente cominciando a impattare la mutua sicurezza delle nazioni, a causa di potenziali flussi migratori incontrollati, verso il Kazakhstan in primis, e agli impatti economici delle ostilità su tutti i membri. Tuttavia, era proprio la protezione della sovranità e della sicurezza a essere il valore originale della SCO. Esso, è, in questo momento, quanto mai messo in discussione.

Mutamenti nella *Economic Foreign Policy* di Pechino

Pechino ha costruito un network di iniziative e di azioni di cooperazione collettiva nella regione, come esemplificato, tra le altre, dalla Nuova Via della Seta *(Belt and Road Initiative)*. Si denota infatti un particolare accordo e una congruenza nell'agire della Cina che si può iscrivere agli ideali di quest'ultima relativi alla sua posizione nel sistema internazionale.

Dunque, una futura rinnovata Shanghai Cooperation Organisation, con una Cina predominante, plasmatrice e promotrice della cooperazione economica regionale, sarebbe in linea con i principi strategici del paese. L'approccio alla SCO può iscriversi al concetto di *New Diplomacy,* un ideale di strategica diplomatica che si costruisce su vari concetti, quali l'Armonia e la narrativa dell'Ascesa Pacifica *(Peaceful Rise)*.

L'origine ancestrale di tali valori si rifà alla tradizione di Confucio (ad esempio, l'idea di *hexie shehui*, di una "Società Armoniosa", si rivede a oggi nella recente narrativa del PCC). Tutt'ora, in un modo o nell'altro, essa costituisce il sostrato che motiva la politica estera cinese.

La *New Diplomacy* si materializza in una ricerca cinese di stabilire relazioni armoniose volte all'ottenimento di relazioni vicendevolmente benefiche *(win win relations)* che possano aumentare la soddisfazione interna al paese e nella regione allo stesso momento, in un circolo virtuoso. La politica estera economica di Pechino si situa nella sintesi dialettica tra sviluppo interno e sviluppo esterno, proponendo delle iniziative e degli accordi che vadano a rafforzare entrambe contemporaneamente.

A ciò si aggiunge inoltre il concetto dello *Shanghai Spirit,* il quale possiede anche una componente di fiducia reciproca, come necessariamente collegata all'azione cinese nella creazione di un armonioso ambiente regionale. La Cina dunque si narra come promotrice della prosperità esterna perché essa aumenta il grado di benessere interno, in una sintesi tra interesse nazionale e altruismo. Tali ideali possono rendere Pechino molto appetibile agli occhi dei partner regionali, soprattutto quando accordi vicendevolmente benefici vengono proposti.

Può la SCO essere plasmata per riflettere queste spinte e volontà strategiche? Lo è già, sotto certi aspetti.

Essa di fatto costituisce una piattaforma per la RPC per promuovere il dialogo economico verso l'obiettivo del mutuo beneficio, un elemento che ritroviamo anche nella dialettica della BRI. Questi principi sono stati gradualmente perfezionati in seguito all'accelerazione del processo di apertura della Cina negli anni Novanta e nei primi anni Duemila con la formulazione del Nuovo Concetto di Sicurezza (*New Security Concept*), del Nuovo Approccio allo Sviluppo (*New Development Approach*), dell'Ascesa Pacifica (*Peaceful Rise*) e del Mondo Armonioso (*Harmonious World*). In questo quadro, Pechino si contraddistingue dall'Occidente per il rispetto della regola della non interferenza ed evita di essere coinvolta negli affari interni degli altri Paesi. Questo può consentire alla Repubblica Popolare Cinese di essere agevolata nella concessione di fondi per i suoi progetti grazie alla presenza di minori vincoli per i suoi partner nell'ottenimento di finanziamenti.

I sintomi, ora materializzati, di uno spostamento verso l'arena economica e la preferenza della Cina per quest'ultima sono avvenuti in modo graduale dai primi tempi dell'organizzazione. Nei primi mesi di vita della SCO, un documento noto come il *Memorandum on the Basic Goals of Regional Cooperation* venne firmato dai membri originali nella città kazaka di Almaty, nel Settembre del 2001 (CisLegislation, 2001). Certamente, si tratta di un evento che simboleggia quanto il gruppo fosse già predisposto ad abbracciare la cooperazione economica e non esclusivamente la componente di sicurezza.

Il documento propone alle parti contraenti di collaborare nel rispetto delle regole dell'Organizzazione Mondiale del Commercio, nel ridurre le barriere tecniche agli scambi e nell'armonizzare gli standard per il riconoscimento di certi beni, della promozione delle esportazioni e degli IDE (o FDI).

Unendo le basi teoriche alla realtà dell'impegno cinese è ragionevole asserire come i principi strategici interni alla Cina possano coesistere, se non essere esplicativi, dell'interesse a sviluppare una parte economica nella SCO.

Si può ipotizzare che alla base della ricerca di legami economici più stretti con i Paesi del suddetto gruppo vi siano delle motivazioni di natura energetica in primis, per le quali la cooperazione con la Russia è stata particolarmente significativa. Svariate sono le dichiarazioni di carattere politico che riferiscono la volontà di esplorare congiuntamente nuovi giacimenti.

Probabilmente è stata la crisi finanziaria globale a spingere la Cina a perseguire una più stretta cooperazione in ambito economico. La crisi ha interessato la Cina in modo più marginale se paragonata ad altri Paesi europei, agli Stati Uniti e persino alla Russia. In Russia, il prodotto interno lordo tra il 2008 e il 2009 è sceso da 1,67 trilioni a 1,22 trilioni (WB, 2009). A partire da quegli eventi, la curva di crescita complessiva del PIL russo ha registrato il suo picco (2013), poi seguito dal brusco declino della metà degli anni 2010 e dalla stagnazione degli ultimi tempi. Il PIL pro capite sembra essere correlato e in sintonia con la struttura del PIL complessivo.

I trend negativi di Mosca sembrano confermati per il 2022 e per il 2023 (WEO, 2022), sebbene con delle flessioni meno marcate delle previsioni iniziali.

Naturalmente non è stato così per la Cina che ha mantenuto una costante progressione a causa dell'assenza di sanzioni e di un minor impatto delle crisi globali di quel periodo.

Durante la crisi finanziaria globale la Cina ha assunto un atteggiamento propositivo nel sostenere la ripresa finanziaria all'interno dei membri della SCO, impegnandosi a concedere un prestito di 10 miliardi di dollari agli Stati partecipanti per rivitalizzare le economie dell'area (China View, 2009) e ha rinvigorito la sua adesione allo "Sviluppo Pacifico". Questa posizione "altruistica" della Cina può essere nuovamente ricondotta alle tesi già illustrate in precedenza.

Il Centro di Gravità dell'Azione Cinese nella SCO

La SCO rappresenta una delle numerose modalità mediante le quali Pechino proietta la propria presenza nella regione. In primo luogo, il ruolo dell'organizzazione nei confronti della Cina è stato probabilmente marginalizzato dalle promettenti iniziative proposte durante la presidenza di Xi Jinping. Senza dubbio i nuovi progetti inaugurati da Xi si presentano come reciprocamente vantaggiosi per la SCO. In tal senso l'organizzazione potrebbe divenire un amplificatore e un convogliatore formale e permanente delle proposte cinesi ai suoi Stati membri. Ciò permetterebbe alla Repubblica Popolare Cinese di ridurre i costi dei negoziati con i paesi partner a livello bilaterale, grazie all'esistenza della SCO in qualità di forum permanente.

Da questo punto di vista la recente partecipazione della RPC al Forum di Tashkent potrebbe essere un segnale della fiducia che il Paese nutre nei confronti dell'organizzazione in qualità di mediatore del dialogo. È altresì ragionevole sostenere che la Cina sia al contempo allarmata dal comportamento della Federazione Russa, che rischia di scardinare la rete di collaborazioni in cui Pechino si è impegnata per decenni e di scontrarsi violentemente con l'ideale del "Mondo Armonioso".

L'Asia Centrale è essenziale per Pechino per un insieme di fattori. È opportuno sottolineare che l'interesse della RPC è olistico e comprende molte questioni, che spaziano dalla sicurezza all'economia (Global Times, 2022).

In primo luogo l'area si presenta come un mercato nuovo e in continua espansione per i beni di consumo. In questo modo si potrebbe imprimere ulteriore slancio all'economia della RPC, che si basa in misura relativamente minore sui consumi: la popolazione cinese, infatti, predilige in genere il risparmio.

La Cina è al 10° posto a livello mondiale in termini di tasso di risparmio (Savings Rate) (45%) nel 2019, un fenomeno unico se si considera la sua crescita economica e la sua posizione di superpotenza commerciale (Banca Mondiale, 2019).

La regione riveste poi un ruolo chiave per la sicurezza e il benessere economico della Cina. Pechino ha concordato prestiti ingenti e incentivato gli Investimenti diretti esteri, soprattutto in Kirghizistan e Tagikistan, paesi considerati scarsamente affidabili dall'Occidente (Horn, 2019; Melnikova, 2022).

Sebbene l'area non ospiti membri determinanti in sé per la struttura delle esportazioni e delle importazioni cinesi (in tal senso, nessun paese dell'Asia Centrale occupa una posizione altamente significativa nel totale dei flussi commerciali entranti e uscenti dalla Cina) (Università di Harvard, 2022), essa risulta di rinnovata importanza considerando la magnitudo di fenomeni come il *transit trade* e il *quasi-transit trade* (Khitakunov, 2022).

In aggiunta, come è possibile evincere dalle dichiarazioni della leadership di Pechino (incluso lo stesso Presidente Xi), il paese sarebbe pronto a disporre provvedimenti volti all'aumento in termini quantitativi delle relazioni commerciali con la regione (Kumenov, 2022). Sono infatti attesi incrementi nei flussi bilaterali, resi possibili dall'utilizzo della SCO come vettore di proposte, sotto l'egida della BRI.

Contrariamente, è chiaro che la Cina rappresenti un partner commerciale ben più predominante nella struttura delle importazioni e delle esportazioni delle nazioni centro-asiatiche. Ad esempio, essa importava il 27% della produzione Kazaka del 2020 di combustibili minerali, oli e prodotti da essi distillati (Eurasian Research Institute, 2022).

Sviluppi Futuri nella Politica Economica Regionale Cinese: Integrazione dell'ASEAN e India

Un tema finora tralasciato all' interno di questo testo è la crisi della guerra in Ucraina. Questo non perché si tratti di un tema difficile per l'autore del documento, bensì perché neppure lo stesso Xi Jinping ha accennato all'Ucraina durante il summit di Samarcanda, in Uzbekistan (Reuters, 2022).
Naturalmente, gli ideali di "ascesa pacifica" e "mondo armonioso" della Cina si sono trovati in contrasto con il comportamento della Russia in Ucraina. Benché le dottrine cinesi non neghino l'idea di guerra, quest'ultima è da considerarsi un'opzione solo nel caso in cui vengano oltrepassate alcune "linee rosse", tra le quali la sovranità o l'integrità territoriale. Per quanto non siano una minaccia diretta per la Cina, al momento esiste il pericolo che le ripercussioni della guerra possano compromettere decenni di partecipazione della Repubblica Popolare Cinese nella costruzione di un solido contesto economico e di gestione della sicurezza nella regione finalizzato alla definizione di un mercato regionale. I progressi in ambito economico rivestono un'importanza fondamentale per la Cina, in considerazione delle loro implicazioni per la tenuta del governo e per la sua stessa leadership, prediligendo un'attenzione mirata alla *diplomazia di vicinato* (Zhang, 2022).
Si è visto come l'impatto e la durata della guerra d'Ucraina siano stati probabilmente sottovalutati in origine.
Il discorso di Xi Jinping ha sollecitato i paesi membri a non imporre la propria sicurezza a discapito di altri membri (Reuters, 2022). Ed è qui che risiede la contraddizione. Sebbene la guerra in Ucraina non sia stata dannosa per la sicurezza dei membri della SCO in senso stretto, la consequenziale minaccia alla crescita economica della Cina e i consistenti flussi migratori verso il Kazakistan e altri paesi costituiscono questioni di sicurezza di ampio respiro che potrebbero generare pericolosi effetti sulle nazioni SCO. Pertanto, la guerra in Ucraina rappresenta una minaccia non solo per la sovranità dell'Ucraina, ma anche per le posizioni del gruppo nel contesto regionale.

Altri possibili cambiamenti potrebbero essere legati a una più intensa partecipazione dell'ASEAN alle sedute della SCO, che potrebbe persino preparare la strada a un'adesione di questi Paesi. È tuttavia improbabile che ciò si verifichi, poiché significherebbe che i membri dell'ASEAN dovrebbero prendere una decisione fermamente a sostegno della Cina, abbandonando teoricamente i tradizionali partner occidentali nell'area, quali il Giappone o l'Australia.

Ora che la Russia è in una situazione di difficoltà, potrebbero aprirsi spiragli per la prosecuzione dell'agenda economica di Pechino. È comunque possibile che la SCO sia destinata a rimanere tale e a non espandersi, per ora, ai Paesi dell'Asia-Pacifico. La molteplicità delle iniziative promosse dalla Cina mostra come Pechino utilizza la SCO quale vettore per proposte e piattaforma per comunicare con gli Stati dell'Asia centrale attraverso una voce unitaria. Pertanto, è probabile che le iniziative promosse dalla Cina raggiungano la SCO piuttosto che viceversa (è improbabile che le discussioni della SCO possano produrre effetti sulle iniziative cinesi di punta come la BRI).
A quanto pare, sarà la SCO ad assomigliare di più alla Cina e non il contrario.
Uno sviluppo importante è rappresentato dalla creazione della Zona di Sviluppo di Qingdao (SCO Local Economic and Trade Cooperation Demonstration Area) e dal trattamento preferenziale riservato ai membri SCO per accedervi (SilkRoadBriefing, 2022).
Tuttavia, è evidente che attualmente, data la posizione problematica della Russia e la continua crescita della Cina, la SCO potrebbe diventare monotematica e focalizzata in materie economiche.
Tuttavia, la Cina stessa presenta i propri problemi. La crescita sta subendo un rallentamento al 2,8% per quest'anno (2022), ben al di sotto della "soglia di soddisfazione" del 5,5% (White, 2022).
La nuova strategia economica cinese per la promozione della crescita (legata al rafforzamento della propensione alla spesa dei consumatori) richiederà una forte inversione di rotta al fine di ridimensionare gli incentivi che finora hanno indotto i cinesi a risparmiare in misura elevata (tra i quali, un senso di insicurezza derivante da reti di sicurezza meno sviluppate).
Sustainable Growth è la parola chiave. Il suo raggiungimento passa necessariamente attraverso la creazione di un ambiente esterno sereno per poter costruire la fiducia che i consumatori dovrebbero avere quando decidono di ridurre il loro tasso di risparmio e di aumentare i consumi a parità di livelli salariali.
In termini metaforici, citando la preferenza della Cina per le infrastrutture, la SCO può diventare la ferrovia su cui far viaggiare il treno delle iniziative cinesi (tra le quali, le iniziative della banca regionale, la BRI, le esportazioni e l'energia).

Conclusione

Date queste condizioni, la Cina otterrà probabilmente un primato indiscusso nella SCO, ancor più che in passato e sarà un veicolo per l'attuazione e la portata regionale delle sue iniziative. Tuttavia, sembrano improbabili gli allargamenti e una più stretta collaborazione con l'India, ora che la Russia potrebbe perdere il suo posto. Una condivisa collaborazione e sinergia tra Cina e gli altri membri sembrerebbe uno scenario ideale secondo l'idea di Mondo Armonioso. La realtà è che i Paesi dell'ASEAN devono ancora intraprendere delle misure per essere pienamente integrati e fiduciosi nei confronti di Pechino, mentre le relazioni con l'India sembrano congelate. Quest'ultima è sempre più diffidente nei confronti delle iniziative economiche cinesi, che potrebbero minare l'obiettivo del raggiungimento del ruolo di attore regionale e di importante stakeholder nei regimi economici multilaterali.
Pertanto, la SCO potrebbe entrare in una fase di predominio cinese, che renderebbe il Paese da solo al comando, nella speranza di coinvolgere gli altri membri in progetti selezionati e più ristretti, senza grandi spostamenti di alleanze o allargamenti, almeno in ambito commerciale.
La sicurezza potrebbe rivelarsi, invece, una storia a sé stante.

Fonti

A. Aydintasbas, M. Dumoulin, E. Geranmayeh, J. Oertel, 2022. *Rogue NATO: the New Face of the Shanghai Cooperation Organisation.* European Council on Foreign Relations.
S. Blank, 2013. *Making Sense of the Shanghai Cooperation Organisation.* Georgetown Journal of International Affairs, Vol.14, No. 2, Georgetown University Press.
D. Chadhury, 2022. *Iran Signs MoU to Join SCO.* In *Defence,* The Economic Times.
Eurasian Research Institute, 2022. *Chinese View on the Expansion of the SCO.* ERI, Akhmet Yassawi University.
F. Gao, 2010. *The Shanghai Cooperation Organisation and China's New Diplomacy.* Netherlands Institute of International Relations Clingendael.
S. Grainger., 2012. *The Shanghai Cooperation Organisation (SCO): Challenges Ahead and Potential Solutions.* Conference Paper, May 2012, University of Notre Dame Australia.
S. Harris, 2014. *China's Foreign Policy.* Polity Press, Cambridge, UK. Pp. 21- 50.
K. Juster, M. Kumar, Cutler W., Forbes N., 2022. *It's Time for America and India to Talk Trade.* Foreign Affairs.
Liu, 2011. *Central Asia in the Post Cold War World.* In *Annual Review of Anthropology,* Vol. 40, pp. 115-131.
L. Melnikova, 2020. *China's Interest In Central Asian Economies.* In *Human Affairs,* Vol. 30, Issue 2, De Gruyter.
K. Razdan, 2022. *A Confident India Attempts to Strike a Difficult Balance with Both US and China.* In *China-India Relations,* South China Morning Post.
Reuters, 2022. *China's Xi Urges Russia and Other Countries to Work at Preventing Color Revolutions.*
SCO Banks to Prompt Collaboration in Key Areas to Boost Regional Economic Recovery, *Economy,* Global Times, 2022.
Serikkaliyeva, 2016. *Shanghai Cooperation Organisation: Risks of Expansion.* Eurasian Research Institute.
Silk Road Briefing, 2022. *Shanghai Cooperation Organisation Establishes Economic Cooperation Zones,* Silk Road Briefing.
G. Scott, 2019. *How Effective is the SCO as a Tool for Chinese Foreign Policy?* University of East Anglia.
Times of India, 2020. *Little FDI from China since Last Year.* In *Business,* Times of India.

E. White, 2022. *China Growth to Fall Behind Rest of Asia for First Time Since 1990.* In *Chinese Economy,* Financial Times.

H. Zhang, et al., 2022. *Xi to Attend SCO Summit in First Foreign Visit Since Pandemic.* In *China Politics,* Global Times.

Z. Zhang, 2022. *China's FDI Hit Record High, Global FDI Rebounds in 2021.* China Briefing.

Per le Statistiche legate al Commercio: Harvard University's Atlas of Economic Complexity. Disponibile a: www.atlas.cid.harvard.edu

Per le Statistiche legate allo Savings Rate della Cina: www.ceicdata.com (Rielaborazione dei dati della Banca Mondiale), www.imf.org.

Per i documenti legali relativi al Memorandum SCO del 2001: www.cis-legislation.com/document.fwx?rgn=3861